北朝鮮外交と東北アジア

高 一

北朝鮮外交と東北アジア

1970－1973

❀❀❀

学術選書
2011
政　治

信 山 社

まえがき

　2010年1月11日、朝鮮民主主義人民共和国（北朝鮮）外務省は、「朝鮮戦争勃発60年となる今年に、停戦協定を平和協定に換えるための会談を速やかに開始することを停戦協定当事国に丁重に提案する」との声明を発表した。
　この声明においても指摘されているように、2010年6月、我々は朝鮮戦争勃発60周年を迎える。朝鮮戦争は冷戦が軍事化する契機となったが、冷戦が終結してから久しい時の経つ21世紀の今日においても、この「忘れられた戦争」はいまだ完全には終わっていない。朝鮮での内戦であり、米中戦争でもあった朝鮮戦争の停戦協定は、1953年7月27日に締結された。停戦協定では政治会議を開催することによって朝鮮問題を平和的に解決することが勧告されていたが、今日に至るまでこの戦争の平和的解決が図られることはなく、停戦協定は57年にもわたる年月の間、維持されてきている。つまり朝鮮での分断は、停戦協定という機制によって、戦争でも平和でもない状態として半世紀以上持続してきたといえよう。停戦協定体制という軍事的対峙状況が朝鮮分断の基本構造となっているのである。
　停戦協定体制を平和体制に転換する必要があるという意味においては、6者協議における合意を評価することができよう。すなわち、2005年9月19日に発表された南北朝鮮と中国、米国、日本、ロシアによる6者協議共同声明において、東北アジア地域の「永続的な平和と安定のための共同の努力」が約束され、朝鮮半島における恒久的な平和体制について協議することが明示されたのであるが、このことは、朝鮮での停戦終結と平和体制の構築、さらに東北アジアに恒久的な平和を定着させるうえでの重要な第一歩としての意義を有するからである。
　しかしながら2010年現在、この地域の先行きは依然不透明であると言わざるを得ない。いや、危機的状況にあるといってもいいのかもしれない。2010年5月に北朝鮮の金正日（キムジョンイル）国防委員長が中国を非公式訪問したことにより、やはり北朝鮮と中国は特殊関係にある様相を呈しているが、南北朝鮮

関係、日朝関係、朝米関係は極めて深刻な停滞状況にある。とりわけ南北関係の現況は、危険な水域に達しつつあるようでもある。このような状況を打開するための一つの方法として6者協議の進展が望まれるが、協議の開催には難題が立ちはだかっている。危機的状況から脱却すべく、関係諸国政府の努力が求められている。

　このように今日なお、朝鮮情勢、とりわけ北朝鮮をめぐる東北アジアの国際関係は複雑であるが、この地域における平和を創出するためには、歴史的視点にたって現在の状況を把握するという作業が必要とされていよう。歴史を知ることによってのみ未来を構想しうると考えられるからである。このような問題意識から、本書では1970年代前半における「北朝鮮外交と東北アジア」についての分析を進めることにする。というのも、当時の北朝鮮による政策展開の帰結として、実はこの時期にこそ、現在の北朝鮮をめぐる東北アジア国際関係の構図の原型が浮き彫りになりつつあったと考えられるからである。1970年代前半、停戦協定体制という基本構造の下で韓国、米国、日本と対峙していた北朝鮮は、緊密な朝中関係を軸に、南北対話を進めるとともに日本や米国との関係改善も試みていたのであった。今から40年ほど前、北朝鮮は何を求めて行動し、どのような国際環境に遭遇することになったのだろうか。

　　2010年5月

　　　　　　　　　　　　　　　　　　　　　　　　　　　高　一

【目　次】

まえがき

序　章 ——————————————— 3
第1節　問題の提起 ……………………………… 3
第2節　先行研究と分析の視角 ………………… 4

第1章　北朝鮮の統一政策と内外情勢 ——— 9
第1節　統　一　論 ……………………………… 10
第2節　1960年代後半における北朝鮮の対外関係 ……… 14
　　　1　日韓条約の締結と日朝関係の断絶（14）
　　　2　対中・ソ自主路線と文革の脅威（18）
　　　3　モスクワの協力と不安（23）
第3節　国内の緊張 ……………………………… 27

第2章　危機的状況からの脱却 ——————— 32
第1節　対中関係回復と日本軍国主義批判 …… 33
　　　1　周恩来訪朝（33）
　　　2　日本軍国主義批判（39）
第2節　対日基盤の構築 ………………………… 44
　　　1　社会党との関係強化（44）
　　　2　「国民」と「公民」のせめぎあい
　　　　　――法的地位協定と朝鮮国籍回復運動（47）
　　　3　帰国事業の合意（54）

第3章　米中関係の変化と南北対話の開始 ——— 59
第1節　米中接近と朝中関係の緊密化 …………… 60
　　　1　キッシンジャー訪中と金日成の対中支援演説（60）

　　　　　　　　　　【目　次】

　　　2　「代理交渉者」としての中国とニクソン訪中 (68)

　第2節　南北対話の始まり ……………………………………………… 74
　　　1　対南接触の試みと8項目平和統一方案 (74)
　　　2　南北赤十字会談 (80)

　第3節　7.4南北共同声明への道 ………………………………………… 85
　　　1　政治対話への発展 (85)
　　　2　南北共同声明と北の成果 (94)

　第4節　第27回国連総会 ………………………………………………… 101

第4章　対日攻勢の展開と朝鮮総聯 ─────────── 107

　第1節　金日成の対日国交正常化アピール ………………………… 109
　第2節　対日関係の拡大 ………………………………………………… 123
　　　1　日朝友好促進議員連盟と自民党 (123)
　　　2　中国との協調
　　　　　　──朝鮮総聯在外外交機関化とスポーツ・文化交流 (126)
　第3節　日朝貿易と金炳植による財界接触 ………………………… 131
　　　1　幻に終わった財界訪朝団 (131)
　　　2　伸び悩む日朝貿易 (141)
　第4節　在日朝鮮人の「祖国往来」への道 ………………………… 146

第5章　対話の限界と代理交渉の限界 ─────────── 157

　第1節　難航する南北対話と対米直接接触の模索 ………………… 158
　第2節　南の攻勢と対話の中断 ………………………………………… 169
　　　1　統一方案をめぐる差異 (169)
　　　2　1973年8月
　　　　　　──対話の中断と東京、北京、モスクワでの出来事 (174)
　第3節　第28回国連総会 ………………………………………………… 186
　　　1　外交関係の拡大と国際機構加盟 (187)
　　　2　在韓米軍撤退をめぐる米中関係 (190)

終　章　北朝鮮と東北アジア国際関係 ━━━━━━ 201

　　第１節　1970年代前半における北朝鮮の統一外交政策 …… 201
　　第２節　継続する停戦協定………………………………… 205

【付録】南北共同声明（211）

あとがき

事項索引（巻末）

北朝鮮外交と東北アジア
1970－1973

序章

第1節　問題の提起
第2節　先行研究と分析の視角

第1節　問題の提起

　1972年7月4日午前10時、ソウルと平壌において南北共同声明が同時発表された。共同声明の発表は、1948年に朝鮮に二つの政府が樹立されてから初となる南北当局者による対話の産物であった。この7.4南北共同声明と称される声明で合意された、自主、平和、民族大団結という「祖国統一3大原則」は、今日においても南北双方が廃棄することのない基本原則となった。南北共同声明には「祖国統一」をもたらさねばならないという共通の念願を抱いた南北双方が、互いの誤解と不信を解き、緊張を緩和させ、ひいては統一を促進することが明示されたのである[1]。
　7.4南北共同声明は、1年近くに及ぶ南北当局者間の交渉を経て発表されたものであった。南北双方とも接触の機会をうかがっていたのであるが、1971年8月6日、金日成首相が韓国の民主共和党との対話の用意があることを演説で言明し、同月12日に南側が赤十字会談を呼びかけたことで、9月20日から南北赤十字予備会談が始まった。赤十字予備会談の過程で別途の政治会談が成立し、韓国の李厚洛中央情報部長と北朝鮮の朴成哲第2副首相による相互訪問を経て、共同声明発表に至ったのである[2]。

---

(1)　『労働新聞』1972年7月4日。
(2)　本書では、朝鮮民主主義人民共和国の略称として「北朝鮮」という呼称を使用することにする。したがって、政策を展開する主体として「北朝鮮指導部」もしくは「北朝鮮政府」という表現が用いられることになる。会議などの主催者が明確である場合は、例えば「朝鮮労働党中央委員会の会議」という形で表記することにする。また、韓国における「北韓」や「北傀」といった呼称も引用個所においてはそのまま用いた。さらに、「北鮮」という表現についても、引用個所においては原文表記した。北朝鮮に対する韓国側による認識や関係につ

共同声明は南北当局による合意を経て発表されたものであるが、北朝鮮指導部が傾注したのは南北対話だけではなかった。南北対話を推進するとともに日本や米国に対しても積極的な外交攻勢をかけたのである。1971年7月に米中関係改善という国際政治における構造変動の動きが世界中に伝えられることになったが、北朝鮮指導部はこの米中関係改善の動きに合わせて、南北対話を進展させるとともに外交攻勢をかけるのであった。北朝鮮は1970年代に入ると、1960年代後半に悪化状態にあった中国との関係を回復し、南北対話において平和協定締結を提案するなど軍事問題の討議を求める一方、米国との接触も試みていた。また、日本では日朝国交正常化を視野に入れて、在日本朝鮮人総聯合会（朝鮮総聯もしくは総聯）を通じた対日政策が展開されていた。さらに北朝鮮指導部は、国連総会において在韓米軍撤退と国連韓国統一復興委員団の解体が決議されることも目指していたのである。

　本書は、このような1970年代初頭の北朝鮮の政策展開を扱うものである。とりわけ北朝鮮の統一政策によって導かれる対南政策および外交政策を分析対象としている。換言するならば、本書は1970年代初頭における北朝鮮の統一外交を分析するものであるといえよう。したがって本書は、北朝鮮が統一外交政策を展開するうえでの目標と目標達成の方法、そして結果について考察することになる。本書での分析を通じて、朝鮮の分断という事情が北朝鮮の政策展開に複雑に影響を与える姿が明らかになるであろう。つまり、強調するまでもないことではあるが、軍事的に対峙している分断という状況こそが、北朝鮮の対南政策はもちろんのこと中国、ソ連、日本、米国との関係をも規定していたのである。

第2節　先行研究と分析の視角

　北朝鮮の外交政策や統一政策に関する研究文献は枚挙に暇がないが、ここでは本書が対象とする時期および枠組みに即して先行研究を整理することにする。

　南北関係と朝中関係に関しては李鍾奭（イ ジョンソク）による研究を挙げられる。1960年

いて表す場合には「北」と略すこともある。その場合は、例えば、「対北政策」、「対北関係」などとなる。反対に、北朝鮮の立場における対韓認識や関係を表す場合は、「南」と略すことにする。

代、北朝鮮は日韓会談の推進とベトナム戦争の拡大、国際共産主義運動の分裂という情勢のなかで戦争の危機を感じながらも、「南朝鮮革命論」に基づいて南での地下党建設に熱意をみせるとともに軍事的な冒険もためらわなかった。しかしながら1970年代に入ると北朝鮮は、デタントという状況が経済発展に力を注げる外部条件を整えたことにより南北対話に積極的に応じたとしている[3]。北朝鮮は孤立を回避するためにも中国との葛藤関係を清算し、朝中関係において「共助」の枠をつくろうとした。そのうえで南北対話という新たな対南戦略を駆使するようになり、非同盟外交に力を注ぐと同時に西側諸国との関係改善も試みたという。李鍾奭は、米中和解という状況に対応していく朝中両国の密接な外交を「共助外交」と呼んでいる[4]。

石橋克巳は、「1970年代初頭の南北対話・米中接近・国連での朝鮮問題討議は密接に結びついており、北朝鮮はこれら三つを組み合わせる政策を遂行した。こうしたなかで、米中接近は北朝鮮の統一政策に正負両面の影響を及ぼした」と主張する[5]。このような石橋の研究は、それまであまり注目されることのなかった国連外交という要因に着目することで、北朝鮮外交にとって南北対話が持つ意味の多様性を提示している。この研究は、南北対話と北朝鮮外交の関連性に関する先駆的研究であるともいえよう。本書も石橋の研究に大きな示唆を受けるとともに依拠している部分も少なくない。

1970年代初めの南北対話を、国際政治的要因よりも南北関係および南北それぞれの内的要因から捉えようとする研究として、金志炯(キム ジ ヒョン)の研究がある[6]。この研究の特徴として、それまで用いられることのなかった『南北対話史料集』を利用した点を挙げられる。『南北対話史料集』は、南北の非公開接触の過程と対話の内容が記録されている貴重な史料である。すな

（３）李鍾奭「北韓対南政策の展開と変化過程：聯邦制統一論主張の変遷過程を中心に」『統一問題研究』(이종석「북한 대남정책의 전개와 변화과정：연방제통일론 주장의 변천과정을 중심으로」『통일문제연구』)、第4巻3号、1992年。

（４）李鍾奭『北韓——中国関係 1945-2000』ソウル：中心 (이종석『북한——중국관계 1945-2000』중심)、2000年。

（５）石橋克巳「南北対話と北朝鮮外交政策：国連中心の積極外交と米中接近の影響を中心に」東京大学大学院総合文化研究科修士学位論文、2001年。

（６）金志炯『デタントと南北関係』ソウル：ソニン (김지형『데탕트와 남북관계』선인)、2008年。

わち南北共同声明に合意する過程での対話内容や南北調節委員会での会談内容などが記録されているのである[7]。このような史料集を用いることで、金志炯は1970年代の南北対話に関する実証研究の水準を高めたといえよう。

　日朝関係に関しては、次のような研究がある。山本剛士の研究は、「日朝不正常関係史」というタイトルが示すとおり、日朝間の「不正常な関係」の変遷について丁寧に叙述している[8]。山本によれば、日本の対朝国交正常化は「対韓配慮」という理由によって行われてこなかったという。一方、小此木政夫の研究は、「東京・ソウル・平壌関係の基本構造」をその対象としている[9]。小此木のいう基本構造とは、朝鮮半島と日本の関係は日韓関係が基礎にあるため、日本と北朝鮮の関係は日韓関係によって左右されるものであった[10]。小此木によれば、1970年代に入り日朝関係の改善は可視化していたのであるが、そのことが日韓条約に伴って「1960年代後半の北東アジアに誕生した日米韓三国間の新しい国際システム」を変化させることはなかったのである。日朝関係の完全な正常化は北朝鮮の革命戦略の修正、すなわち「対南共存」是認を土台にして初めて可能になるという。

　朝米関係に関しては洪錫律（ホンソクリュル）の研究がある[11]。この洪錫律の先駆的研究は、近年公開された米国務省文書を利用することで、先行研究では指摘されてこなかった朝米政府間における直接接触の事実を明らかにし、米国の対朝政策と北朝鮮の対米政策について論じるものとなっている。

　朝鮮総聯と在日朝鮮人に関しては、朴慶植（パクキョンシク）による研究を挙げられよう。

(7)　この『南北対話史料集』（国土統一院、1987年）は韓国国会図書館に所蔵されているが、閲覧は「秘密取扱認可証」所持者に限られているとのことである。筆者は2008年度にソウルに滞在した際に幾つかのルートを通じて閲覧を試みたが、適わなかった。したがって、本書における『南北対話史料集』の内容については、金志炯の研究に依拠した。
(8)　山本剛士「記録：日朝不正常関係史　日朝関係：その歴史と現在」『世界』臨時増刊第567号、岩波書店、1992年4月。
(9)　小此木政夫「南北朝鮮関係の推移と日本の対応——東京・ソウル・平壌関係の基本構造」『国際政治』第92号、1989年。
(10)　このような基本構造の存在によって、1973年8月の金大中拉致事件以後の日韓関係悪化は、日本と北朝鮮の間の関係正常化を大きく妨げたのであった。
(11)　洪錫律「1970年代前半の北・米関係：南北対話、米中関係改善との関連の下で」『国際政治論叢』（홍석률「1970년대 전반 북미관계：남북대화, 미중관계 개선과의 관련하에서」『국제정치논총』）、第44集2号、2004年。

第2節　先行研究と分析の視角

この研究は在日朝鮮人運動の歴史的展開について扱っている[12]。在日朝鮮人は[13]、朝鮮の分断による南北両政権の成立と関連して、①在日本朝鮮人聯盟（朝聯）―在日朝鮮統一民主戦線（民戦）―在日本朝鮮人総聯合会（総聯）、②朝鮮建国促進青年同盟（建青）―新朝鮮建設同盟（建同）―在日本朝鮮居留民団（民団）―在日本大韓民国居留民団（民団）の2大団体を結成し、分裂、対立を続けているという。この朴慶植の研究は、日本において解放を迎えた朝鮮人が、分断政府の登場や朝鮮戦争、北朝鮮への在日朝鮮人帰国事業、日韓国交正常化、1972年の7.4南北共同声明の発表というという諸事象に対応してきた歴史を描写しており、解放後の在日朝鮮人運動史を包括的に扱う研究である。

本書では、以上のような先行研究における成果をふまえつつも以下の点に留意し、分析を進める。第一に、北朝鮮の統一政策に関わる対南政策と外交政策の関係を重要視する。したがって、南北朝鮮関係が北朝鮮の対外政策、とりわけ対日・対米アプローチとどのような関係にあるのかという点が分析される。これまでは、北朝鮮による対南政策、対日政策、対米政策は、それぞれ個別に研究されていた傾向があるが、これらがどのように連動していたのかという視点は、1970年代初頭の北朝鮮の統一外交政策の分析に必要であろう。

第二に、北朝鮮による南北調節委員会の創設や南北平和協定の締結といった南側への具体的提案を重視した。これまで単なる「宣伝」として認識される傾向の強かった北朝鮮による統一方案が、実は具体的な制度化にも発展しうる内容を伴うものであったからである。

第三に、北朝鮮にとっての「日本要因」を重視した。日韓国交正常化以降、日米韓関係の緊密化に危機感を感じていた北朝鮮にとって、自らの外交的孤立を避けるためにも日本は関係改善すべき対象であった。同時に、日朝関係の改善は韓国の孤立化にも通ずる手段でもあった。したがって、北朝鮮による対日政策の展開を統一外交政策との関連で分析する必要があ

---

(12)　朴慶植『解放後在日朝鮮人運動史』三一書房、1989年。

(13)　本書では、在日朝鮮人を、日本が朝鮮を植民地統治した時代に自意あるいは他意により日本に住むことになり、1945年8月15日の解放以後も、朝鮮が南北に分断された状況下で日本に引き続き居住するにいたった人々およびその子孫と規定する。国籍、もしくは日本における外国人登録証国籍欄の「韓国」、「朝鮮」という記載によって規定するのではない。

る。

　第四に、対日政策において朝鮮総聯という在日朝鮮人組織が果たした役割を重視した。日朝政府間の交渉が実現されないなか、北朝鮮の対日政策の多くは日本に拠点のある朝鮮総聯を通じて展開されていた。1967年5月に開かれた朝鮮総聯第8回全体大会が本国との関係を強化する契機になったのであれば[14]、この時期以降の総聯の「北朝鮮の在外外交機関」としての活動を、日朝関係および南北朝鮮関係の展開の中で分析する必要があるだろう。なお、総聯を通じての対日政策の推進は、日本における国内政治や社会運動として展開されている様相を呈することになる。

　第五に、北朝鮮の統一外交政策における朝中関係の展開を重視した。中国とソ連は、ともに北朝鮮の重要な同盟国であったが、中国の存在感はソ連のそれを凌ぐものであった。北朝鮮にとって中国は外交政策の幅を広げる存在として機能したのだが、国連総会での朝鮮問題討議に関する米中交渉の経過で明らかにされるように、中国が北朝鮮の要求を抑え込む役割をも果たすことにもなったのである。本書では、中国が北朝鮮の協力を必要としていたのと同時に、北朝鮮を統制し得なかったことも明らかにされる。

　最後に、北朝鮮の統一外交政策を東北アジアという地域との関係において把握するよう努めた。1960年代後半に北朝鮮が東北アジアという地域において脅威を感じていたとするならば、その脅威を取り除く過程における、北朝鮮の統一外交政策と東北アジア地域との関係性に関する分析は重要である。

　以上のような視点を据えて分析することで、1970年代前半に北朝鮮が推進した統一外交政策の内実が明らかになるであろう。

---

[14]　朴慶植は、総聯第8回全体大会で、社会主義的愛国主義と金日成の主体思想で武装されることが決定されたと記述している。朴慶植、前掲書、390頁。また呉圭祥(オギュサン)によれば、総聯第8回全体大会は総聯を組織思想的に強化する上で画期的な契機を開いた大会のひとつであった。この大会は、総聯の活動家と在日朝鮮人を金日成首相に対する「限りない尊敬と敬慕の情」、「限りなく忠実な思想」に教育することを第一義的な課題として、総聯組織の中に「チュチェ(主体)の思想体系」を確立することを提起したという。呉圭祥『記録在日朝鮮人運動朝鮮総聯50年：1955.5-2005.5』綜合企画舎ウィル、2005年、80頁。

第1章
北朝鮮の統一政策と内外情勢

第1節　統 一 論
第2節　1960年代後半における北朝鮮の対外関係
第3節　国内の緊張

　本章は、1960年代の北朝鮮の統一論と、北朝鮮が直面していた国際・国内政治情勢を概観することにより、後の章で展開される議論の素地を提供することを目的としている。1970年代に入り北朝鮮は、なぜ中国との関係回復を望んだのか。なぜ南北対話を進めたのか。なぜ日本との国交正常化を求めたのか。これらの問いに答えるためには、1960年代に北朝鮮が直面していた問題に対する理解が不可欠のものとなる。70年代に入って顕在化した北朝鮮の積極的な政策展開は、自らが60年代におかれていた状況から脱却する過程でもあったからである。

　朝鮮労働党は1964年2月に統一論の体系化を図った。それは北朝鮮革命力量、南朝鮮革命力量、国際革命力量という3大革命力量の強化を追求するという形で明らかにされた。統一論の体系化は、李承晩(イスンマン)政権の崩壊、朴正煕(パクチョンヒ)らによるクーデタの発生といった1960年代初頭における韓国での事態展開に能動的に対処できなかったことの帰結でもあった。

　しかしこのような北朝鮮の統一論は、1960年代後半になると、その実践が困難な状況を迎えることになる。1965年の日韓関係の正常化は、60年代後半の北朝鮮の外交的危機状況に直接的な影響を与える契機となった。ベトナム戦争が激化していくなか、日韓関係の正常化は北朝鮮に国防力強化を強いることになり、国防力強化の必要性からそれまで悪化状態にあったソ連との関係を修復すると、中国との関係が緊張するのであった。

　他方、このように厳しい国際環境とともに、北朝鮮は国内でも経済建設と軍統制に関する問題を抱えていた。まさに北朝鮮は1960年代後半に、対外的にも対内的にも危機的な状況に置かれていたのである。

第1節 統一論

連邦制統一方案　北朝鮮の金日成首相は1960年8月14日、8.15解放15周年慶祝大会の演説で連邦制統一方案を提示した。1950年代の北側の統一方案は、朝鮮半島からの外国軍撤退と南北総選挙の実施というものであった[1]。しかしながら1960年4月、韓国での4.19革命によって李承晩政権が崩壊し、南での統一運動が活発になると、金日成は方針を転換し、過渡的な対策として南北連邦制統一方案を提示したのである。このような北朝鮮による連邦制統一方案は、南北朝鮮の政治制度はそのままに、両政府の代表により構成される最高民族委員会を構成し、主に南北朝鮮の経済・文化発展を統一的に調節しようという内容であった。金日成が、「破局的な状態にある南朝鮮の民族経済を正し、塗炭の苦しみにある人民生活を改善することは、最も緊急な課題」だと述べたように、朝鮮戦争後の復旧建設を成し遂げた北朝鮮の経済力が、統一への重要な手段とされたのであった[2]。

しかしこのような北側の連邦制統一方案は、1960年8月に成立した張勉の民主党政権に拒絶された。その後、南では民主党政権が一年ともたず、1961年5月16日に朴正煕らによってクーデタが起こされたのである。南では流動的な政治情勢が続いていた。

北からの密使と南北接触　南での情勢変化を目の当たりにした北朝鮮側は、米国に対して韓国情勢への不介入を求め、南の民衆と軍人に対しては米国による介入を防ぎ、統一問題に積極的に立ち上がるよう促した。一方で北朝鮮指導部はクーデタ勢力の性格の把握にも努めていた。クーデタ

---

(1) 1954年に開催されたジュネーブ会議で、北朝鮮の南日外相は統一方案として、南北総選挙の実施を主張し、その前提として朝鮮半島からの外国軍撤退を求めた。さらに南北の兵力を10万人以下に削減することを提案した。一方の南側は「国連監視下の自由選挙」と「南北全地域において大韓民国憲法に基づく自由選挙」を提示したが、この会談は決裂している。李鍾奭『分断時代の統一学』(이종석『분단시대의 통일학』한울아카데미) ソウル：ハンウルアカデミー、1998年、59頁。

(2) 金日成「朝鮮人民の民族的名節8.15解放15周年慶祝大会で行った報告 (조선인민의 민족적명절 8.15 해방 15 돐경축대회에서 한 보고)」1960年8月14日、『金日成 著作集』第14巻、平壌：朝鮮労働党出版社、1981年、233–234頁。

勢力の南北関係に対する認識に関心を抱いていたのである。北では、朴正熙が南朝鮮労働党（南労党）の活動家であった朴相熙の実弟であるという点と、朴正熙自身が南労党に関わる経歴の保有者であることを肯定的に評価していたという(3)。

金日成はクーデタ勢力の北に対する認識を把握するために、朴相熙の友人であり北朝鮮で貿易省次官も務めた黄泰成を密使として南に派遣した。実は韓国でのクーデタ発生の後、南のクーデタ政権側の提案により7月には南北当局者の間での接触が行われていたのであるが、黄泰成は南北接触に対する朴正熙の真意をただしに南に下り(4)、クーデタ勢力の朴正熙や金鍾泌と接触しようと試みたのであった(5)。

この黄泰成の南下が朴正熙との接触という形に結実することはなかったが、南北当局者による初の秘密会談は1961年9月28日に西海岸の龍媒島で行われた。この会談が本格化すると、北は朴正熙の信任状や南北関係に対する意志表明を求め、朴正熙と金日成の会談に格上げしようと提案した。北は首脳会談を南側に要求するほど南北会談に積極的であったが、南側は北についての情報を収集するというレベルで南北接触を試みていたという(6)。南北双方の南北会談に対する温度差に明らかなように、この会談は

（3）　ハン・モニカ「1960年代北韓の経済・国防併進路線の採択と対南政策」『歴史と現実』（한모니카「1960 년대 북한의 경제・국방병진노선의 채택과 대남정책」『역사와 현실』）通巻50号、2003年、152頁。朴相熙は1946年10月1日に起きた大邱暴動の過程で警察によって銃殺されている。

（4）　MBC創社40周年特別企画「今はもう話すことができる」'朴正熙とレッドコンプレックス―黄泰成間諜事件'（MBC 창사 40 주년특별기획「이제는 말할 수 있다」'박정희와 레드 컴플렉스――황태성 간첩 사건'）2001年 放送（43回）、文化放送時事教養局（문화방송 시사교양국）、17－21頁。

（5）　黄泰成は1961年9月1日にソウルに入ったとされている。黄は朴正熙の兄嫁であり、金鍾泌の義理の母（朴相熙は金鍾泌の義理の父）でもあるチョ・キブンを通じて朴正熙や金鍾泌への接触を試みたが、同年10月に韓国中央情報部に逮捕された。その後、黄泰成は63年12月に死刑に処された。金錬鐵『冷戦の追憶』ソウル：フマニタス（김연철『냉전의 추억』후마니타스）、2009年、44－45頁。この件については、韓国中央情報部で作成された『北韓対南工作史』にも「間諜黄泰成事件」として記述されている。中央情報部『北韓対南工作史』第2巻、1973年、481－485頁。

（6）　崔壮源「朴正熙は金日成を篭絡した：5.16直後、南北韓秘密接触の内幕」（「박정희는 김일성을 농락했다：5.16 직후 남북한 비밀접촉의 내막」）『月刊朝鮮』1992年8月号、230頁。

62年初めまで続けられたが実を結ぶことはなかった。

3 大革命力量　このように1961年から62年にかけて北朝鮮側は南との接触に期待をかけたのであったが、一方で朝鮮労働党は南の情勢分析にも力を注いだ。金日成は、61年9月に開催された朝鮮労働党第4回大会の報告において、次のように述べている。

> 革命的な党がなく、明確な闘争綱領もなかったので、基本群衆である労働者、農民が闘争に広範に参加できなかったために、4月人民蜂起は組織的な展開を徹底することができなったのであり、南朝鮮人民は、彼らの流した血の代価として米帝のもうひとつの傀儡の手に落ちざるを得なかった[7]。

金日成は、1960年の4.19革命以降の南の情勢変化の原因をマルクス・レーニン主義を指針とする党の不在に求めていた。南において、「広範な群衆に根付いている労働者、農民による独自の党」が建設され、その党が「合法的地位」を獲得する必要性を強調したのである[8]。

南の情勢に対する金日成のこのような認識は、1964年に入ると、朝鮮労働党の統一論として体系化されることになった。すなわち、1964年2月25日から27日にかけて、朝鮮労働党第4期第8次全員会議が開催されたのであるが、その結論演説において、金日成は3大革命力量を強化する必要性を強調したのである。金日成によって、統一を実現するためには、北朝鮮革命力量、南朝鮮革命力量、国際革命力量を強化することが必要であるとされたのであった[9]。北朝鮮革命力量については、政治的力量、経済的力量、軍事的力量の三つを強化することが求められた[10]。

---

(7)　金日成「朝鮮労働党第4次大会で行った中央委員会事業総括報告（조선로동당 제4차대회에서 한 중앙위원회사업총화보고）」1961年9月11日、『金日成著作集』第15巻、平壌：朝鮮労働党出版社、1981年、248頁。

(8)　同上。

(9)　金日成「祖国統一偉業を実現するために革命力量をあらゆる方面へと強化しよう――朝鮮労働党中央委員会第4期第8次全員会議で行った結論（조국통일위업을 실현하기 위하여 혁명력량을 백방으로 강화하자――조선로동당중앙위원회 제4기제8차전원회의에서 한 결론）」1964年2月27日、『金日成著作集』第18巻、平壌：朝鮮労働党出版社、1981年、248-251頁。

(10)　同論文、252頁。政治的力量を強化するということは、朝鮮労働党を強化し、党の周りに人民大衆を結集させることを意味した。経済的力量の強化は政治的力量と国防力強化のための必須条件であるとともに、南朝鮮人民に与える影響

南朝鮮革命力量の強化について、金日成はマルクス・レーニン主義党による指導と上層・下層の統一戦線工作を通じて、南における革命勢力が結集される必要性を唱えた[11]。それは、南での革命を北の人間が遂行することは困難であるからであった[12]。朝鮮労働党は、まず南朝鮮革命を成功させてから、北との統一を成し遂げるという路線を採択したのである。この路線に基づいて北朝鮮は南での地下党建設に没頭し、実際に南では、北が支援する地下党の統一革命党が結成された。しかしながら、この統一革命党は1968年に指導部が検挙されることで事実上崩壊することになる[13]。

　また国際革命力量の強化に関しては、社会主義国やアジア・アフリカ・ラテンアメリカ諸国人民との団結を強化し、「米帝国主義者」を孤立させることが強調された。「米帝国主義者」を国際舞台において孤立させるためには、米国とフランスや日本、その他の「帝国主義者の間における葛藤と矛盾」を利用することも必要であるとされた[14]。また、国際革命力量を強化するためには修正主義との闘争が求められた。それは現代修正主義者が、「米帝国主義者との間で無原則に妥協し、投降しており、帝国主義に対する幻想を吹聴している」からであった[15]。

　　　の大きさからも必要なものとされた。軍事的力量の強化は、北朝鮮での革命成果と政治的・経済的力量を守り、平和を維持するための重要な手段であるとされた。同論文、252-255頁。
(11)　下層統一戦線は知識人、学生、民族資本家などを統一戦線に網羅することであり、上層統一戦線とは、支配階級の政党における進歩的人士や中間的な党の上層部を網羅することである。
(12)　金日成「祖国統一偉業を実現するために革命力量をあらゆる方面へと強化しよう――朝鮮労働党中央委員会第4期第8次全員会議で行った結論」257-264頁。このような立場は、1966年に、モスクワにおける朴成哲外相とグロムイコ(Andrei Gromyko)ソ連外相との会談でも明らかにされた。朴は、「米帝国主義者を追放し国の平和的統一を達成する」ためには、「南朝鮮人民自身による闘争が非常に重要な役割を果たす」と述べている。Document 20, Record of Conversation between Soviet Foreign Minister Andrei Gromyko and North Korean Foreign Minister Pak Song Ch'ol, 4/9/1966, Radchenko, Sergey S., "The Soviet Union and the North Korean Seizure of the USS Pueblo：Evidence from Russian Archives," *Cold War International History Project Working Paper*, #47, 2005. P.53.
(13)　李鍾奭『分断時代の統一学』63-64頁。
(14)　金日成「祖国統一偉業を実現するために革命力量をあらゆる方面へと強化しよう――朝鮮労働党中央委員会第4期第8次全員会議で行った結論」264-265頁。

このように朝鮮労働党は統一論の体系化を図ったのであったが、実際には3大革命力量の強化が困難な状況を迎えていた。北朝鮮は、北朝鮮革命力量の強化はおろか、自らの存在すら危機にさらされかねない状況に直面することになる。ベトナムでは北爆が開始され、日韓関係は正常化しつつあったのである。

第2節　1960年代後半における北朝鮮の対外関係

1　日韓条約の締結と日朝関係の断絶

日韓条約の締結　1965年6月22日、「大韓民国と日本国との間の基本関係に関する条約（韓日条約または日韓条約）」と諸協定が締結された[16]。日韓両政府の間で、14年間にわたって行われてきた国交正常化へ向けての交渉が妥結したのである。これに対して北朝鮮政府は、日韓条約調印直後の6月23日に政府声明を発表し、日韓間に結ばれた条約と協定の無効を宣言した[17]。

北朝鮮が日韓条約について強く非難した点は主に次の部分であった。第一に、条約第3条において、「大韓民国政府は、国際連合総会決議第百九十五号（Ⅲ）に明らかに示されているとおりの朝鮮にある唯一の合法的な政府であることが確認される」とされた点である。つまり、日本政府が朝鮮民主主義人民共和国を政府として承認しないことが日韓条約によって明示されたのである。第二に非難されたのが、日韓間における経済協力である。これは日韓当局間での「私的金銭取引にすぎない」として、北朝鮮政府は引き続き対日賠償請求権を保有することを主張した。第三に、「日本国に居住する大韓民国国民の法的地位及び待遇に関する日本国と大韓民国との協定（法的地位協定）」の締結を非難した。これは、在日朝鮮人の韓国国籍取得と永住権が組み合わされた協定であった。この協定の締結により在日

---

(15)　同論文、266頁。
(16)　諸協定とは、「大韓民国と日本国との間の漁業に関する協定」、「財産及び請求権に関する問題の解決並びに経済協力に関する大韓民国と日本国との間の協定」、「日本国に居住する大韓民国国民の法的地位及び待遇に関する大韓民国と日本国との間の協定」、「文化財及び文化協力に関する大韓民国と日本国との間の協定」のことである。なお本書では、引用箇所においては日韓条約を「日韓協定」と表記することもある。
(17)　『労働新聞』1965年6月24日。

朝鮮人の日本永住許可の申請が受け付けられるようになったが、申請には韓国国籍の取得が条件付けられたのである。この地位協定について北朝鮮政府は、「在日朝鮮公民を四分五裂させる行動であり、日本政府が在日朝鮮公民を保護する責任から逸脱し、彼らを朴正熙徒党に追いやる策動」であると非難した[18]。

　北朝鮮政府による日韓会談への反対は、韓米日一体化という軍事的脅威が形成されることに対する反応でもあった。1961年5月のクーデタによる政権奪取以降、朴正熙政権は日韓会談を推進していたのであるが、北朝鮮政府は、この日韓接近の動きを警戒していたのである。例えば、61年9月の朝鮮労働党第4回大会では、「日本軍国主義者は、アメリカ帝国主義の後押しで南朝鮮にたいする経済的侵略を画策するいっぽう、南朝鮮をひき入れて侵略的な軍事同盟を結ぼうとたくらんでいる」との非難を開始した。小此木は、これを「事実上戦後はじめての日本軍国主義批判であった」と指摘している[19]。さらに1962年12月13日には声明を発表し、北朝鮮政府は米国が「日本軍国主義勢力をアジア大陸侵略の『突撃隊』に立てることを目的とした『東北アジア軍事同盟』を1日も早く結成するために『韓日会談』を狂信的に推進している」と非難したのである[20]。

　実際に1965年の日韓関係正常化を機に、北朝鮮の日本に対する脅威認識は一層強まった[21]。例えば1966年4月、ソ連のグロムイコ外相との会談

---

(18) 同上。日本政府は法的地位協定によって、1966年1月17日から永住権申請（申請期間は満5年）を受け付けるようになったが、このような動きに対して朝鮮総聯は朝鮮国籍回復運動を展開していた。総聯は1965年10月24日には在日朝鮮人朝鮮国籍要請者連絡会を結成し、日本の市町村が永住権申請の窓口を開設した翌日の66年1月18日には東京・荒川区の在日朝鮮人30余人が区役所を訪れ、外国人登録証の国籍記載を「韓国」籍から「朝鮮」籍に変更するよう要請する活動を始めた。呉圭祥『記録在日朝鮮人運動朝鮮総聯50年：1955.5-2005.5』綜合企画舎ウィル、2005年、73頁。なお、朝鮮国籍回復運動の詳細については第2章第2節を参照。

(19) 小此木政夫「南北朝鮮関係の推移と日本の対応——東京・ソウル・平壌関係の基本構造」『国際政治』第92号、1989年、5頁。

(20) 『労働新聞』1962年12月14日。

(21) 一方、日本の外務省でも、北朝鮮の対日論調が日韓国交正常化後に厳しさを増したと捉えていた。外務省の認識では、「現在、北朝鮮は、世界で日本をもっとも敵視しているといっても過言ではない」とされた。外務省アジア局北東アジア課「北朝鮮の最近の対日論調」1967年3月30日、『日朝関係』リール番号A'-393ファイル番号202、外務省外交史料館。

で、北朝鮮の朴成哲外相は、「米帝国主義者は日本軍国主義を復活させており、日本政府をして南朝鮮と共謀させ、台湾や南ベトナムとの軍事ブロックへ進めようとしている。我々は韓日条約の署名は、日本軍国主義の対外膨張主義復活の具体的な第一歩であると捉えている」と述べている[22]。朴成哲の認識によると、北朝鮮は「日本との関係を改善することには賛成だが、日本の指導層が北朝鮮に対し敵視政策をとっている」のであった[23]。

　実は日韓会談が進行する過程において、北朝鮮政府は進展する日韓会談をただ非難していただけではなかった。自らをも交渉の当事者に加えることを求めていたのである。北朝鮮政府は1962年12月13日の政府声明で、①日朝間の諸問題は朝鮮統一後に解決されるべきである、②現在の時期に解決をはかろうとするならば、北朝鮮を加えた3者会談をなすべきである、③北朝鮮は対日賠償権を留保する、との主張を展開した[24]。このような北朝鮮側の主張には、日韓会談の進展状況が影響を与えていたと考えられよう。62年11月には金鍾泌韓国中央情報部長と大平正芳外相との間において日韓間の経済協力が合意されていた。この合意について金鍾泌は「交渉は峠を越した印象が強い」と述べ、大平は「これで大半が済んだ」と語っていた[25]。62年11月には日韓間の妥結が実現の様相を呈し始めていたのである。

　さらに金日成首相は日韓条約締結直前の1965年5月28日、日本に対する譲歩とも受け止められる姿勢を明らかにした。金日成は訪朝した自民党の宇都宮徳馬議員らとの会見で、「われわれは、最早、日本との過去の問題にはこだわらない。隣人が仲好くするのは人間としての当然の道です。われわれは現在および将来の中に日本民族との親善の方法、社会体制の差が存在してもバンドン精神の平和共存の道を求めるのは正しいと思います」と述べたのである。続けて金日成は、「隣人である日本国民との友好善隣の関係を進めるために両国間の貿易を伸ばそうと努力しているのです」と

---

(22)　Document 20, Record of Conversation between Soviet Foreign Minister Andrei Gromyko and North Korean Foreign Minister Pak Song Ch'ol, 4/9/1966, Radchenko, *op. cit.*, p.54.
(23)　*Ibid.*, p.56.
(24)　小此木政夫、前掲論文、5頁。『労働新聞』1962年12月14日。
(25)　同論文、3頁。

も述べている[26]。日韓国交正常化前夜、金日成は日韓国交正常化の阻止を視野に入れて、日本に対して過去を問うのではなく、日朝間の貿易拡大を訴えたのである。しかし北朝鮮側の呼びかけが功を奏することはなく、6月には日韓条約が締結されるのであった。

　帰国協定の打ち切り　　日韓関係が正常化されると、日朝関係が断絶するという事態が生じた。日朝間を結んでいた「海路」が切れていくことになる。日韓関係正常化に伴い、1959年8月にカルカッタで調印された「日本赤十字社と朝鮮民主主義人民共和国赤十字会との間における在日朝鮮人の帰還に関する協定（帰国協定もしくはカルカッタ協定）」に基づいて行われていた在日朝鮮人の北朝鮮への帰国事業が打ち切られたのである。1966年8月23日、日本政府は帰国協定を打ち切ることを閣議了解し、67年8月12日には帰国申請の受付を締め切った。8月25日からモスクワで日朝赤十字会談が開かれたが、9月23日に日本側は決裂を宣言した。11月27日からコロンボで再度、日朝赤十字会談が開かれたが、それも68年1月24日には決裂した。カルカッタ協定は67年11月に終了し、日朝間をつないでいた新潟発の航路は閉ざされたのである[27]。68年5月、チョン・トゥファン駐ソ北朝鮮大使はコスイギン（Aleksei Kosygin）ソ連首相に、「日朝赤十字の間での在日朝鮮人帰国問題の対話が二度決裂した」ことを挙げて、日本が「朝鮮半島の緊張を高揚させている」と非難した[28]。

　日韓関係の正常化は、ベトナム戦争の拡大と韓国軍のベトナム派兵という状況のなかで、北朝鮮の被包囲意識を高めたといって良い[29]。不利に

---

(26)　宇都宮徳馬「アジア新興民族主義と北朝鮮」『現代の眼』1965年10月、90－92頁。

(27)　高崎宗司「帰国問題の経過と背景」高崎宗司・朴正鎮編『帰国運動とは何だったのか――封印された日朝関係史』平凡社、2005年、49頁。

(28)　Document 24, Record of Conversation between Chairman of the Council of Ministers of the USSR Aleksei Kosygin and North Korean Ambassador in the USSR Chon Tu-hwan, 5/6/1968, Radchenko, *op.cit.,* p.69.

(29)　ハンの研究によれば、北朝鮮は日韓国交正常化は韓米日三角軍事同盟の形成であり、韓国と日本が太平洋地域米軍司令部の統一指揮下に完全に入り、米国の東北アジア軍事同盟結成が完成するものだと理解していた。そして北朝鮮との戦争を仮想した韓米日合同軍事訓練が行われると、北朝鮮の危機意識は高まるのであった。ハン・モニカ、前掲論文、142－143頁。

展開する東アジア情勢によって、北朝鮮としては国防建設の必要性が高まったといえる。そして、このような東アジア情勢は北朝鮮の対中・対ソ関係にも影響を及ぼすことになった。北朝鮮は韓国、米国、日本と対峙するだけでなく、中国やソ連との関係調整にも迫られることになったのである。

2　対中・ソ自主路線と文革の脅威

ソ連との関係修復　1960年代前半の北朝鮮とソ連との関係は極めて悪い状態に置かれていた。朝ソ関係悪化の大きな要因として、1962年秋のキューバ危機の衝撃を挙げられよう。北朝鮮は、キューバに配備したミサイルを撤去したソ連の行為を修正主義として批判したのである。

このキューバ危機という事態は北朝鮮に国防力強化の必要性を突き付けた。北朝鮮にとってみれば、国の防衛を他国に依存することが非常に危険であることを明白にした事態であった[30]。キューバ危機直後の1962年11月29日から12月5日にかけて、北朝鮮はソ連に軍事使節団を派遣し、朝ソ軍事関係についての見解を調整したが成果はなく、ソ連は軍事援助を削減する方針を明確にした。ソ連の軍事援助削減によって北朝鮮は国防を強化する必要性が高まったのである[31]。そこで朝鮮労働党は、「米帝の侵略と戦争策動が一層露骨になり、現代修正主義者が対米投降の道に進んでいた時期」である1962年12月10日から14日にかけて開かれた党中央委員会第4期第5次全員会議において、経済建設と国防建設を同時に推進させる方針を示し、国防建設にも多くの力を注ぐようになった[32]。この会議で朝鮮労働党は国防力強化の方針として、全人民の武装化、全国土の要塞化、全軍の現代化、全軍の幹部化を追求する「4大軍事路線」を採択している。

朝ソ関係は悪化の方向へと進んだ。北朝鮮は、1963年7月に調印された部分的核実験停止条約に対しても、中国と同様に反対した。経済においては、北朝鮮はモスクワが求めていた経済相互援助会議に加盟せず、ソ連主

---

(30)　コ・ジョンウン、リ・ジュンハン『朝鮮労働党の反修正主義闘争経験』平壌：社会科学出版社（고정웅、리준항『조선로동당의 반수정주의투쟁경험』사회과학출판사）、1995年、106頁。

(31)　ハン・モニカ、前掲論文、139頁。

(32)　コ・ジョンウン、リ・ジュンハン、前掲書、104頁。

導の社会主義分業体制を拒否し、「自立的民族経済建設」を目指した[33]。このような朝ソ関係の展開から、ソ連は北朝鮮に派遣していた技術者を帰国させ、北朝鮮への経済援助を大幅に減らした。

また、朝ソ関係の悪化は、中ソ論争で平壌が中国側につくという態度が明らかになったことと無関係ではなかった[34]。実際に平壌駐在ソ連大使館の報告では、北朝鮮の対中一辺倒がソ連・東欧との政治経済関係を悪化させ、それが北朝鮮の深刻な経済的困難の一要因になったと指摘されていた[35]。中国とソ連が公開論争を展開している状況において、フルシチョフ（Nikita Khrushchev）のソ連と北朝鮮の関係は悪化状態に陥っていたのである。ところが、そのような朝ソ関係に転機が訪れた。1964年10月、ソ連でブレジネフ（Leonid Brezhnev）第一書記を中心とする新指導部が出帆した。フルシチョフが失脚したのであった。

北朝鮮と中国はフルシチョフ失脚にともなうソ連新指導部に対する評価について意見を交わした。1964年10月末には鄧小平が平壌に赴き、11月には金日成がベトナム訪問の往路と復路に中国に立ち寄り、毛沢東や周恩来と会談を行った。李鍾奭の研究では、一連の会談において朝中両国間にソ連指導部に対する評価に差異があったと指摘されている。中国はソ連の新指導部を否定的にとらえようとし、一方の北朝鮮指導部は肯定的な側面に注目していたという[36]。事実、北朝鮮はソ連との関係改善を模索していた。北朝鮮指導部が対中一辺倒を放棄するという側面が、64年11月の金一(キムイル)第1副首相による10月革命47周年祝賀に際してのモスクワ訪問や、65年2月のコスイギン首相訪朝後に始まったとソ連側は認識していた[37]。

北朝鮮はソ連との関係修復を急いだ。それは緊迫する東アジア情勢と無関係ではなかった。平壌のソ連大使館は、悪化するベトナム情勢と軍事境

---

(33) 鄭鎮渭（小林敬爾訳）『平壌——中ソの狭間で』コリア評論社、1983年、142-143頁。
(34) 同書、169-170頁。
(35) Document 19, Excerpts from the Report of the Soviet Embassy in Pyongyang, "Some New Aspects of Korean-Chinese Relations in the First Half of 1965," 6/4/1965, Radchenko, *op.cit.*, p.47.
(36) 李鍾奭『北韓——中国関係 1945-2000』ソウル：中心、2000年、239頁。
(37) Document 19, Excerpts from the Report of the Soviet Embassy in Pyongyang, "Some New Aspects of Korean-Chinese Relations in the First Half of 1965," 6/4/1965, Radchenko, *op.cit.*, p.45.

界線での対立、そしてそれらの展開が北朝鮮に及ぼす結果によって、北朝鮮の政策が左右されると理解していた[38]。さらにソ連大使館は、朝中間の軍事協力が緊密であるとしながらも、北朝鮮指導部がキューバ、インドネシア、北ベトナムなどに対するソ連の軍事援助を嫉妬まじりに見ていると報告していた[39]。つまり、中国と比較した場合のソ連軍事援助の優越性、悪化する東南アジア情勢、日韓関係正常化を促進する米国の動向と新たな攻撃的ブロック形成の試み、韓国に対する米国の軍事援助などが、北朝鮮指導部にソ連からの軍事援助再開を期待させる諸要因になっているとソ連側は認識していた[40]。このようなソ連側の分析が現実化するかのように、1965年5月31日に朝ソ軍事協定が調印された[41]。朴成哲は、66年4月にソ連共産党第23回大会への朝鮮労働党使節団としてモスクワを訪れた際、グロムイコに対して、「当然、我々だけで国防力の強化を果たすことはできないため、支援を求めた。ソ連は我々の願いをかなえ、軍事的経済的援助を提供した」と述べている[42]。

「**自主性を擁護しよう**」　ところで、朝ソ間の関係が修復される兆しがみえてくると、一方では朝中関係が複雑になっていった。例えば、中国は1965年8月15日の朝鮮解放20周年記念日に、党・政府要人を北朝鮮に派遣しなかった。一方、10月1日の中国国慶節に北朝鮮代表は出席しなかった[43]。このように中国との関係が悪化の一途をたどるなか、北朝鮮は自主路線を明確にしていく。

1966年8月12日付『労働新聞』に、「自主性を擁護しよう」という長文の論説が掲載された[44]。論説においては、朝鮮労働党が国際関係において自主的に活動し、「現代修正主義に反対する闘争」も自主的な判断で進めたことが明らかにされた。そのうえで、朝鮮労働党として党の関係につ

---

(38)　Ibid., p.47.
(39)　Ibid., p.50.
(40)　Ibid., pp.50-51.
(41)　和田春樹『北朝鮮：遊撃隊国家の現在』岩波書店、1998年、168頁。
(42)　Document 20, Record of Conversation between Soviet Foreign Minister Andrei Gromyko and North Korean Foreign Minister Pak Song Ch'ol, 4/9/1966, Radchenko, op.cit., pp.52-53.
(43)　鄭鎮渭、前掲書、211-212頁。
(44)　『労働新聞』1966年8月12日。

いて、「共産党および労働党の間においてはどのような特権的党もありえない。大きい党と小さい党はあるが、高い党と低い党、指導する党と指導される党はありえない。ある者は中央的位置から指示・統率し、ある者はその下で服従し奉る関係など認められない。すべては国際共産主義運動の立派な成員である」として、各党の自主性を強調した。そして朝鮮労働党は、「自らの誤った路線と見解を兄弟党に強要し、これを受け入れないとして圧力を加えたり、内政に干渉するなど耐えがたい現象が根絶されていない」国際共産主義運動の現状を批判したのである。

さらに金日成は、1966年10月に開かれた朝鮮労働党代表者会議における「現情勢と我が党の課業」という報告において、次のように述べた。

　　最近、ある人達はわが党をはじめとしたマルクス・レーニン主義党に対して「中間主義」、「機会主義」などのレッテルをはっています。彼らはわれわれが「無原則な妥協の道」を選択しており、「二つの椅子の間に座っている」と言っています。これは意味のないことです。我々にも自らの椅子があります。我々が何のために自らの椅子を捨て、よその二つの椅子の間に不便にも二股をかけて座っていられましょうか。我々は常に自らの正しいマルクス・レーニン主義の椅子に座っているのです。自らの正しい椅子に座っている我々を、ふたつの椅子の間に座っていると誹謗する者こそ、ずれている左側や右側の椅子のどちらかに座っているに違いありません。
　　共産主義者であれば誰にも自らの立場があり、正誤を判断するすべを知っています。他の党との関係や連繋を持つからといって、その党が他党の路線と政策を支持したり、それに追従すると見ることはできません。他者を疑うことは大国主義と宗派主義の特性であります。大国主義と宗派主義は他者をむやみに疑い、こちら側あちら側と分けることを好むのです[45]。

このように朝鮮労働党は、中国共産党を批判した。しかし朝中関係の悪化は、公開批判というレベルに収まるものではなかった。ソ連との関係修復は、北朝鮮に中国からの脅威をもたらしたのである。すなわち北朝鮮も文化大革命の脅威に直面することになるのであった。

---

(45)　金日成「現情勢と我が党の課業—朝鮮労働党代表者会議における報告（현정세와 우리당의 과업──조선로동당대표자회의에서 한 보고）」1966年10月 5 日、『金日成著作集』第20巻、平壌：朝鮮労働党出版社、1982年、410-411頁。

文革の脅威　　中国の文化大革命は、北朝鮮を緊張に追い込んだ。朝中関係の悪化は、紅衛兵による過激な運動が発火点となった。紅衛兵は、中ソとの関係において中立的あるいは親ソ的な立場をとる党は、すべて反中国とみなすまでに至ったのである。1967年に入ると紅衛兵は、金日成を批判する壁新聞を張り出し、北朝鮮の党・政府高官にまつわる噂を流し始めた[46]。ドイツ民主共和国（東ドイツ）の文書を利用したシェーファー（Bernd Schaefer）の研究によれば、1967年の秋に、このような北朝鮮への中国からの脅威は、より険悪なものになったという。例えば、中国東北部における紅衛兵と中国朝鮮族の間での衝突による朝鮮族犠牲者の遺体が、中国から北朝鮮に入る貨物列車に、「見よ、これがお前らの運命だ。小修正主義者め！」という文字とともに陳列されていた。また、金日成は10月革命50周年祝賀に使節団を率いてソ連を訪問しない理由の一つとして、金日成不在時に朝中国境で不穏なことが起こる恐れがあることを挙げていた[47]。

　朝中間の緊張は、1969年まで続いた。1968年5月31日に金日成は、ソ連側に北朝鮮の党・政府代表団が直接ソ連の領空に入ることについての許可を求めた。中国領空と公海上の航行を避けることがその理由であった。中国領空を航行する場合、北朝鮮航空機が強制着陸させられ紅衛兵によって侮蔑的言動にさらされる可能性があり、それに加えて公海上を航行することはプエブロ号事件の後でもあるため危険であると予想されたからであった[48]。また68年夏には、鴨緑江をはさんで朝中双方が、1日に10時間以上も「拡声器戦」を行っていたことをキューバ外交官が確認している[49]。さらに金日成が、訪朝した東ドイツのホーネッカー（Erich Honecker）議長に語ったところによると、69年にウスリー川で中ソ衝突が起きた際に北朝鮮に対しても中国からの挑発があった。中国部隊が豆満江を越えてきたのである。金日成は射撃しないよう命令を下し、北朝鮮側が軍を派遣する

---

(46) 徐大粛（林茂訳）『金日成――その思想と支配体制』御茶ノ水書房、1992年、215-216頁。

(47) Schaefer, Bernd, "North Korean 'Adventurism' and China's Long Shadow, 1966-1972," *Cold War International History Project Working Paper*, #44, October 2004, p.10.

(48) *Ibid.*, p.2. プエブロ号事件については本章第2節第3項を参照。

(49) *Ibid.*, p.15.

と中国部隊は引き返したという[50]。このような朝中境における紛争状態については、平壌駐在のソ連や北ベトナムの外交官も確認していた[51]。

さて、シェーファーの研究からは、文化大革命時に北朝鮮が中国側を刺激しないよう努めていたことがわかる。そこには、中国との関係を回復しなければならない北朝鮮側の事情があった。金日成は、ホーネッカーとの会談で文化大革命時の朝中関係について、こう回想している。金日成によれば、中国が朝中国境沿いで「朝鮮修正主義者」非難を始めたにも関わらず、米国からの軍事的脅威を憂慮せずにすむよう、北朝鮮は中国との関係を回復せざるを得なかった。北朝鮮は、北と南に同時に部隊を展開することは出来ないからであった[52]。南方で軍事境界線を境に韓国、米国と対峙する北朝鮮は、北方で中国と対峙することは出来なかったのである。

3　モスクワの協力と不安

国連での在韓米軍撤退要求　朝中関係が緊張に向かうなか、北朝鮮は、国連総会の場で、在韓米軍撤退と国連韓国統一復興委員団解体の決議を目指すことになる[53]。1966年の第21回国連総会では、ソ連が中心となり、「国連の旗の下に南朝鮮を占領している米軍及び外国軍の撤退と国連韓国統一復興委員団[54]の解体」を求める決議案が提出された。実は1966年4

---

(50)　*Ibid.*, pp.3-4.

(51)　*Ibid.*, pp.15-16.

(52)　*Ibid.*, pp.3-4.

(53)　朝鮮に対する国連の関与の歴史は長い。1948年5月10日に国連監視下で行われた南朝鮮単独選挙の結果に基づいて大韓民国政府が樹立されている。さらに朝鮮戦争には米軍を中心とする部隊が国連軍として参戦し、国連軍司令部総司令官が停戦協定の署名者となっている。

(54)　国連韓国統一復興委員団 (United Nations Commission for the Unification and Rehabilitation of Korea：ＵＮＣＵＲＫ) は1950年10月7日、国連総会において、米国など8カ国の共同提案によって設立された。国連韓国統一復興委員団には、国連韓国委員団 (United Nations Commission on Korea：ＵＮＣＯＫ) の機能を担い、韓国の統一独立民主政府樹立に関して国連を代表し、韓国の救護と復興に関する責任を遂行することが委任された。会員国はオーストラリア、チリ、オランダ、パキスタン、フィリピン、タイ、トルコの7カ国であった。「ＵＮＣＵＲＫ関係参考資料」、1973年8月30日、フィルム番号 (필름번호) Ｈ－0024 ファイル番号 (화일번호) 11『ＵＮＣＵＲＫ (国際連合韓国統一復興委員会) 全体会議 及ＵＮＣＵＲＫ解体, 1971-74. 第2巻 (V.1　1973全体会議)』、フレーム番号 (후레임번호) 46、韓国外交史料館所蔵韓国外交文書 (以下、韓国外

月にソ連共産党第23回大会への党使節団としてモスクワを訪れた朴成哲外相は、グロムイコ外相との会談の際、北朝鮮にとっての喫緊の課題が在韓米軍の撤退と国連韓国統一復興委員団の解体であることを訴えていた[55]。そして朴は、「ソビエトの同志が国際機構や国際会議において我々の立場を支持するものと信じる」として、米軍が「国連の旗の下に南朝鮮に駐留していること」を国連の場において明らかにし続けることを求めた。つまり朴成哲は、在韓国連軍が実質的に米軍であり、米軍の韓国駐留を正当化するために国連の名称が使用されることは許されるべきではないとグロムイコに訴えたのである[56]。このように北朝鮮政府はソ連との協力のうえに、国連という舞台にて「国連の旗の下に」韓国に駐留している米軍の撤退と国連韓国統一復興委員団の解体を目指したのである。しかしながら、ソ連側決議案が第21回国連総会において可決されることはなかった。

　翌1967年の第22回国連総会でも北朝鮮は、ソ連政府との協力のうえ、国連総会での在韓米軍の撤退と国連韓国統一復興委員団の解体決議を目指した。67年11月20日に朴成哲はモスクワでグロムイコとの会談を行ったのであるが、この席で朴は第22回国連総会での朝鮮問題討議におけるソ連代表の役割に謝意を表した。そして朴は、米国が国連の旗の下に韓国を占領し続ける限り、国の平和統一を達成する真の機会はないとしたのである。朴成哲は、在韓米軍を撤退させるために政治的作業を継続していかなければならないと述べざるをえなかった[57]。しかし67年の国連総会においても、ソ連側決議案が可決されることはなかった。

　このように北朝鮮は韓国からの米軍撤退とともに、朝鮮統一問題における国連関与の排除を試みていた。そのような北朝鮮の試みは、上述したように国連韓国統一復興委員団解体の主張として明らかにされた。それは国連韓国統一復興委員団の活動によって、国連総会の場で韓国政府が主張す

　　　交史料館文書と略記)。
[55]　Document 20, Record of Conversation between Soviet Foreign Minister Andrei Gromyko and North Korean Foreign Minister Pak Song Ch'ol, 4/9/1966, Radchenko, *op.cit.*, p.53.
[56]　*Ibid.*, pp.53-54.
[57]　Document 2, Record of Conversation, Between A. A. Gromyko and Deputy Chairman of the Cabinet of Ministers, Minister of Foreign Affairs of the DPRK Comrade Pak Song-ch'ol, 11/20/1967, Schaefer, *op.cit.*, p.43.

る統一方案が採択されていたからであった。国連韓国統一復興委員団の年次報告は国連総会の議題に自動的に含まれており、総会では朝鮮問題が毎年討議されていたのである[58]。韓国代表が単独招請された国連総会では、国連監視下での人口比による南北総選挙の実施を骨子とする韓国政府が主張する統一方案が圧倒的多数で採択されていた[59]。このような状況に対して北朝鮮政府は、「国の平和統一」が達成されるためには、国連総会の場において、韓国からの米軍撤退と国連による不干渉が決議されることを追求していったのである[60]。

プエブロ号事件　　以上のように、ソ連政府は国連での朝鮮問題討議に関して北朝鮮との協力姿勢を維持していたが、ソ連側が北朝鮮の軍事行動に疑念を抱く事態が発生した。それは、プエブロ号事件であった。1968年1月23日、米軍の情報艦船であるプエブロ号が北朝鮮領海を侵犯したとして北朝鮮海軍に拿捕された。この北朝鮮側の行動に対抗して、米国は空母エンタープライズを北朝鮮近海に展開するなどの措置をとり、朝鮮における軍事的緊張は一層高まった。北朝鮮との同盟関係にあったソ連は、プエブロ号事件以後の朝鮮情勢を憂慮した。なぜなら、プエブロ号事件に関する北朝鮮指導部の意図を、クレムリンは量りかねていたからである。

1968年4月の会議における報告で、ブレジネフは、北朝鮮が朝ソ条約の存在によって、ソ連の関知していない計画に巻き込もうとしていると述べた[61]。そのような認識は、68年1月31日付の金日成からのコスイギン首

---

(58)　1968年に報告書の自動上程は取りやめられた。それは、韓国の金溶植(キムヨンシク)国連大使によると、統一に関しての国連での討議において成果があがっていないからであった。金溶植『希望と挑戦──金溶植外交回顧録』ソウル：東亜日報社（김용식『희망과 도전──김용식 외교 회고록』동아일보사）、1987年。

(59)　韓国外務部によれば、韓国政府は国連の朝鮮統一原則を再確認し、国連韓国統一復興委員団の活動を存続させることで、国連を通じた平和統一追求という方針を貫徹することができた。『韓国外交50年』ソウル：韓国外交通商部（『한국외교 50년』외교통상부）、1999年、211頁。

(60)　このような北朝鮮の行動には、国連における勢力図変化が影響していたとも考えられる。「アフリカの年」と呼ばれた1960年以降、新生独立国が国連に加盟し、国連における勢力図が変化するとともに、国連における朝鮮問題討議の様相も変化していた。このような変化は、韓国外務部でも認識されていた。『韓国外交50年』、212頁。

(61)　Document23, "On the current problems of the international situation and on the

相宛の文書と、2月にモスクワを訪れた金昌奉(キムチャンボン)民族保衛相との会談によって形成されたようである(62)。金日成は、コスイギンへの文書で、朝鮮における米国の「軍事的冒険」は、北朝鮮のみならず朝ソ友好協力相互援助条約で結ばれているソ連に対する挑戦にもなり、社会主義諸国の安全への深刻な脅威となると指摘した。さらにその文書は、「米帝国主義者の攻撃によって朝鮮が戦争状態におかれる際、ソ連政府と兄弟的人民は侵略者に対してともに戦う」ことを確信するとして、そのような状況が現実化する場合に、「可能な限りのあらゆる方法を用いて、遅滞なく軍事およびその他の支援を提供すること」をソ連側に求めていたのである。モスクワは、包括的な意見交換を行うために金日成がモスクワを訪れるよう求めたが、金日成はこれを拒絶し、代理として金昌奉を派遣した。2月28日にブレジネフは、金昌奉との会談で、朝米間での対話やその目的に関する情報がないことを問い質した。そしてブレジネフは、朝ソ条約が防衛的性格のものであることや軍事行動が困難であることを強調し、金日成との間での真剣な協議が持たれることを要求したのである(63)。

さらに、同年5月に行われたコスイギンとチョン・トゥファン駐ソ朝鮮大使の間の対話でも、コスイギンは、北朝鮮政府に情報提供を求めた。コスイギンは、「朝鮮の事情に関しては、公式報道の情報しか得られていない。北朝鮮政府の、今後の事態の展開に関する考えや計画について知りえていない。したがってソ連は国際的な場、特に国際組織において北朝鮮を支援することが難しい」と述べた。そして、チョン・トゥファンに「明らかに朝鮮の同志は自らの考えがあるはずである」と迫り、朝ソ間に意思疎通が図られることを求めるのであった(64)。

---

  struggle of the CPSU for the unity of the international communist movement," Excerpt from a speech by Leonid Brezhnev at the April (1968) CC CPSU Plenum, 4/9/1968, Radchenko, *op.cit.*, p.65.

(62) 民族保衛相は、国防相に相当する職責。

(63) Document23, "On the current problems of the international situation and on the struggle of the CPSU for the unity of the international communist movement," Excerpt from a speech by Leonid Brezhnev at the April (1968) CC CPSU Plenum, 4/9/1968, Radchenko, *op.cit.*, pp.64-66.

(64) Document 24, Record of Conversation between Chairman of the Council of Ministers of the USSR Aleksei Kosygin and North Korean Ambassador in the USSR Chon Tu-hwan, 5/6/1968, Radchenko, *op.cit.*, p.70.

第3節　国内の緊張

対南強硬路線と軍幹部粛清　1965年の日韓関係正常化が北朝鮮の危機意識を高めたことは先に述べたとおりである。北朝鮮のこのような危機意識は、ベトナム戦争拡大や、複雑になる対中・ソ関係と相俟って、北朝鮮社会の一層の軍事化を促進した。

このような1960年代の軍事化傾向により、北朝鮮における「政治・軍事の一体化」が深化した。その結果、金昌奉民族保衛相を中心とした軍幹部の影響力が強化されることになった。具体的な軍事行政、軍内人事などの問題は軍指導部に一任されることになったため、軍部は「軍隊第一主義」を標榜し、軍閥化していったという[65]。

1968年に発生した一連の事態も、この軍幹部の影響力が強化されるなかで起きたといえる。1968年1月21日、青瓦台（韓国大統領官邸）襲撃未遂事件が起きているが、これは北から南に派遣された武装グループ31名が青瓦台付近で警察に発見され銃撃戦を繰り広げた事件であった。このグループの隊員は1名を除いて、全員射殺されている。また、10月30日から11月にかけて、東海岸の蔚珍と三陟地区で武装スパイ事件が起きた。これは北から派遣された120名が3回にわたって海岸から上陸し、地下党や解放村の構築、遊撃活動の展開などを目的としていた事件であった。しかし部隊のほとんどが射殺されることで、その目的が達せられることはなかった[66]。

---

[65]　李璨行『金正日』ソウル：ペクサン書堂（이찬행『김정일』백산서당）、2001年、259頁。

[66]　プエブロ号事件や青瓦台襲撃未遂事件などの北朝鮮による軍事強硬路線とベトナム戦争との関連性の有無については、これまでも指摘されてきた。李鍾奭の研究では、確たる論拠は示されていないが、北朝鮮の行動が、ベトナム支援という動機も含まれているであろうとされている。李鍾奭『新たに書いた現代北韓の理解』ソウル：歴史批評社（이종석『새로 쓴 현대 북한의 이해』역사비평사）、2000年、381頁。一方、和田春樹は、北朝鮮の動きは「テト攻勢とは無関係になされたものであろうが、南朝鮮革命をひきおこす意図をもったものであったと思われる」と指摘している。和田春樹『北朝鮮：遊撃隊国家の現在』、169頁。このように北朝鮮の軍事強硬路線が、どれほど直接的にベトナム支援をその目的に含んでいたかどうかは明らかではない。しかしながら67年1月、ポドゴルヌイ（Nikolay Viktorovich Podgorny）最高会議幹部会議長との会談において、キム・チュンウォン駐ソ北朝鮮大使は、「38度線は常に緊張している。その

軍事強硬路線に基づくこれら一連の事件は、金昌奉らの「功労主義」に原因があるとされた。北からの亡命者である申敬完(シンキョンワン)によれば、金昌奉らは武力統一を実現し、その功労に対する報奨として金日成のもとで全ての権力を自分らが握る野望を持って戦争準備と挑発行動に取り組んだという。彼らは武力統一という功労によって権力を手中に収めようとしたのであった。そして軍部首脳は、戦争挑発の前哨戦として南の地に社会混乱を招こうと、青瓦台襲撃未遂事件、蔚珍・三陟事件のような挑発策動を強行したのである[67]。

しかし金昌奉らの計画は、密告により頓挫した。1968年秋以降に軍全般が調査された後、69年1月初めに開かれた人民軍党第4期第4次会議全員会議において、軍部指導者である金昌奉民族保衛相、許鳳学(ホボンハク)対南事業総局長ら相当数の軍幹部が批判を受け、粛清された[68]。粛清の理由は党政策の不履行、軍閥官僚主義化と左傾冒険主義的軍事路線および反党・反革命分子というものであった。とりわけ、「軍内で党の政策と路線、思想を覆したこと」が最も危険な「害毒」であるとされた[69]。北朝鮮指導部としては、金昌奉、許鳳学ら軍幹部の粛清は、68年1月の青瓦台襲撃未遂事件やプエブロ号事件、68年秋の蔚珍・三陟事件などにより朝鮮での緊張が高まるなかで、対南強硬路線失敗の責任を追及するとともに、軍部の権限を抑制するための措置でもあった。実際に、この粛清を機に軍に対する党の

  ため、敵の侵入を撃退するため、戦闘態勢を常に維持している。緊張の高い状態を維持することはベトナム人民へのある種の支援になる」と発言している。朝鮮での緊張状態を維持することがベトナム支援となるのは、「ベトナムから米軍の一部を分散させるから」であった。Document 21, Record of Conversation between Soviet Politburo member Nikolai Podgorny and Kim Chung-wong, 1/20/1967, Radchenko, *op.cit.*, p.59. このような思考が北朝鮮指導部で共有されていたとするならば、一連の北朝鮮の軍事行動は、直接的目的ではないとしても、「ベトナム支援」という側面を有することになるだろう。そもそも北朝鮮のベトナム支援は、軍事的・経済的援助にとどまるものではなかった。64年以降、ハノイに飛行部隊と工兵部隊を派遣していたのである。『朝鮮新報』2000年4月7日。

(67)　申敬完「そばでみた金正日」上『月刊中央』(신경완「곁에서 본 김정일」상『월간중앙』)、1991年6月号、399-403頁。

(68)　李璨行、前掲書、260頁。

(69)　「人民軍党4期4次全員会議時の金日成結論演説 (인민군 당4기4차 전원회의 시의 김일성 결론 연설)」『北傀軍事戦略資料集』中央情報部、1974年、327頁。

統制が強化されていった。朝鮮労働党は、党による軍の掌握を確たるものとするため、党が指導する政治委員を師団、連隊に配置することを決定した。それ以前にも政治委員制は存在したが、党の中央から連隊にまで政治委員を直接派遣する形で制度化されたのは、1969年1月の人民軍党第4期第4次会議全員会議以降であった[70]。

このように北朝鮮指導部は、対外関係において軍事的危機にさらされていただけでなく、国内においても党によって軍の統制を強化する必要性に迫られていたのである。

国防力強化と経済負担　ところで、軍事的危機意識に基づく国防建設への傾注は、経済建設に支障をきたすことになった。朝鮮労働党は内外情勢が緊迫するなか、1966年10月に党代表者会議を開き、経済建設と国防建設を同時に推進する路線（併進路線）に修正した。既述したように、この路線はキューバ危機直後の1962年12月に開かれた朝鮮労働党中央委員会第4期第5次全員会議においても示されていたが、北朝鮮指導部は1960年代前半には経済建設優先の政策を維持していた。しかし1965年に入り状況が緊迫すると、北朝鮮は国防優位に修正し、本格的な軍備増強に取り組み始めたのであった[71]。

北朝鮮は国防強化に取り組むことによって、もう一つの目標である経済の同時発展に失敗した。1961年から始まった経済発展7ヵ年計画は国防費増加に阻まれ、不振を免れなかった。当初から「経済発展をある程度遅延させなければならない」という覚悟のうえで推進された国防・経済併進路線であったが、経済発展の遅滞は予想をはるかに越えるものであった[72]。朴成哲は、66年4月のグロムイコとの会談で、国防力強化が経済負担を強

---

(70) 李璣行、前掲書、262頁。

(71) 北朝鮮が1966年の党代表者会議で併進路線を公式化した背景には、「米国の対韓政策と韓米日三角軍事同盟、ベトナム戦争」などの安全保障上の危機意識があった。ハン・モニカ、前掲論文、142-143頁。

(72) 金日成は、1966年10月の党代表者会議で、「多くの人的及び物的資源を国防に回さねばならず、これはわが国の経済発展をある程度遅延させなければならないでしょう。しかし我々は、人民経済の発展速度を若干調節することがあっても祖国保衛に完璧を期するため、当然のことながら国防力を強化させることにより大きな力を注がなければならない」と述べている。金日成「現情勢と我が党の課業——朝鮮労働党代表者会議における報告」418頁。

いていることを率直に語った。朴成哲によれば、北朝鮮は経済発展7ヵ年計画遂行において2年の遅延を引き起こしていた。それは、朝鮮は平和状態ではなく停戦状態であることにより衝突が頻発しているため、国防力強化に注意が払われるからであった。朴成哲は、「朝鮮労働党は『全人民の武装化、全国土の要塞化』というスローガンをかかげている」が、これは誇張された表現ではなく、「実質的な資産を国防強化に向けざるをえない」と述べたのである[73]。実際に、1967年に終了する予定であった7ヵ年計画は3年延長し、1970年に計画が達成されたと発表された。これ以上の軍事化傾向が持続するのであれば、北朝鮮経済が破綻に帰すことは明白であった[74]。

このように北朝鮮は、1969年において軍再編と経済的困難を克服する必要性に迫られていたのである。その意味では、9月に金日成から南北間での平和協定締結が主張されたことは興味深い。北朝鮮が直面していた、軍事と経済に関する二つの問題の解決にも通じると考えられる提案だからである。金日成は、「朝鮮における全面戦争の勃発を阻止できるか」とのフィンランド民主青年同盟代表団の質問に対して、「米帝国主義者がわが祖国の南半部から侵略軍と殺人兵器とともに出て行き、朝鮮民主主義人民共和国に対する敵対行為をやめる」ことが、「朝鮮での全面戦争を防ぐための根本条件」だとしたうえで、次のように述べた。

　我々は、米帝侵略軍が朝鮮から出て行った後、南北朝鮮の間で相手方を侵犯しないことを誓約する平和協定を締結し、南北朝鮮の軍隊を10万もしくはそれ以下に縮小する措置をとることができるでしょう。このようにすることは、朝鮮において強固な平和を維持するための信頼すべき担保になるでしょう。このように米帝侵略軍が朝鮮から出て行き、南北朝鮮の間に平和協定を結び南北朝鮮の軍隊を縮小すること、これがまさに朝鮮で全面戦争がおきることを防ぎ、戦争の危険を除去する道であります[75]。

---

(73) Document 20, Record of Conversation between Soviet Foreign Minister Andrei Gromyko and North Korean Foreign Minister Pak Song Ch'ol, 4/9/1966, Radchenko, *op.cit.*, p.52.

(74) 李鍾奭「北韓対南政策の展開と変化過程：聯邦制統一論主張の変遷過程を中心に」『統一問題研究』第4巻3号、1992年、84－85頁。

(75) 金日成「フィンランド共産党中央機関紙《カンサン・ウウティセト》のためにフィンランド民主青年同盟代表団が提起した質問に対する回答（핀란드공산당

第3節　国内の緊張

　金日成によれば、南北平和協定の締結は、朝鮮における戦争の勃発を防ぐために必要であった。

　さらに金日成は、統一方案についても語っている。金日成は、外国軍と外部勢力の干渉のない条件での南北総選挙の実施が現実的かつ合理的な統一方案であるとしながらも、南北総選挙の実施が困難であるならば、過渡的対策としての南北連邦制を実施するという従来どおりの主張を繰り返したのである[76]。

　しかしながら金日成は、南の朴正煕政権との間で統一協議を行うことを求めてはいない。それは南北当局者間における統一問題協議の開始が、韓国での「進歩的勢力」による政権奪取後の問題とされたためである。金日成は、「南朝鮮人民が現傀儡政権を倒し、南朝鮮の進歩的勢力が政権を握った後」に、「われわれはいつでも彼らと祖国の統一問題について平和的に交渉する」ことができると述べたのであった[77]。

　1970年代に入ると、金日成によって示された戦争防止のための平和協定締結の提案が、北朝鮮指導部による統一方案と組み合わされていく。そして統一方案も、南の政治情勢、国際情勢、南北当局者間関係の展開とともに、その形を変えていくことになるのであった。

　중앙기관지《칸산 우우티세트》를 위하여 핀란드민주청년동맹대표단이 제기한 질문에 대한 대답)」1969年9月2日『金日成著作集』第24巻、平壌：朝鮮労働党出版社、1983年、143-145頁。
(76)　同論文、150-151頁。
(77)　同論文、151-152頁。

第2章
危機的状況からの脱却

第1節　対中関係回復と日本軍国主義批判
第2節　対日基盤の構築

　1960年代後半に外交的閉塞状況に陥っていた北朝鮮は、1969年から1970年にかけて中国との関係回復に成功した[1]。朝中関係の回復は、1970年4月の周恩来訪朝によって明らかになるのであるが、これは北朝鮮にとって非常に大きな意義をもつものであった。なぜならば緊密な朝中関係を基礎に、1971年の夏以降、北朝鮮は積極的な統一外交政策を展開することになるからである。第1節では、北朝鮮による中国との関係回復の動きについて分析を試みる。

　このような朝中関係の回復は、北朝鮮の対日関係においても大きな意味を持つことになった。1960年代以来、北朝鮮は日本軍国主義復活を批判してきたが、朝中関係が回復されたことにより、朝中両国は共同で日本軍国主義復活の批判を展開し始めたのである。

　この北朝鮮による日本軍国主義批判は、一方では日本とのつながりを求めるという側面も有していた。北朝鮮指導部は、対日批判を展開しながらも日本政府に関係改善のメッセージを送り、日本国民には日朝関係の改善を訴えていたのである。そしてこのような訴えとともに北朝鮮および朝鮮

（1）　本書では、1970年4月の周恩来訪朝によって可視化される朝中関係の好転を、朝中関係の「回復」と表現することにする。抗日闘争、国共内戦、朝鮮戦争を通じて形成された、「血盟」、「唇亡歯寒」とも表される両国の関係は、特殊な二国間関係だと考えられるからである。例えば、李鍾奭は冷戦期の朝中関係が「蜜月と葛藤の変奏曲」のようであったと表現しているが、このような経緯が、今日の朝中関係における同盟維持、内政不干渉原則の遵守、重要事案についての非公開処理などの固有の慣行をつくったとしている。李鍾奭『北韓――中国関係　1945-2000』ソウル：中心、2000年、8‐9頁。なお、1961年7月に締結された「朝鮮民主主義人民共和国と中華人民共和国の間の友好、協力および相互援助に関する条約」（朝中条約）は、双方の合意がない限り無期限に効力を有するとされている。

総聯は、日本の革新勢力との協力のもとに日朝間における在日朝鮮人をめぐる国籍と帰国問題の解決を目指していた(2)。これは1971年夏以降に顕著になる北朝鮮による対日関係改善の動きの序曲であった。第2節では、1970年における北朝鮮側による対日アプローチについて分析することにする。

第1節　対中関係回復と日本軍国主義批判

1　周恩来訪朝

崔庸健訪中（チェヨンゴン）　1970年2月17日の新華社報道は、周恩来首相が北朝鮮の玄俊極大使（ヒョンジュングク）と会談したことを伝えた。大使をそれぞれ引き上げていた朝中両国だったが、この報道により北朝鮮大使が北京に帰任していることがはじめて明らかにされたのである(3)。第1章において既述したように、1960年代後半の朝中両国の関係は、軍事衝突が発生しかねないほどに悪化していた。このように悪化していた朝中関係が回復する兆しを見せ始めたのは69年秋であった。

1969年10月、崔庸健最高人民会議常任委員長率いる北朝鮮政府代表団が中華人民共和国創建20周年記念行事に出席した(4)。崔庸健は天安門広場に

---

(2)　在日本朝鮮人総聯合会（朝鮮総聯もしくは総聯）は、1955年5月に結成された在日朝鮮人の大衆団体であるとともに北朝鮮政府を支持する団体でもある。総聯の綱領第1項では、在日朝鮮人を朝鮮民主主義人民共和国政府のまわりに結集させると謳っている。それまでに存在した在日朝鮮人団体である在日本朝鮮人聯盟（1949年9月8日に強制解散）や在日朝鮮統一民主戦線（1955年5月24日に自ら解消）と区別される朝鮮総聯の特徴として、次の点を指摘できる。まず、朝鮮民主主義人民共和国の指導の下に活動するとの原則を確立したこと、それから日本の内政への不干渉を活動原則としたことである。なお、朝鮮総聯に関する書籍として、在日朝鮮人歴史研究所の呉圭祥による『記録在日朝鮮人運動朝鮮総聯50年：1955.5‐2005.5』（綜合企画舎ウィル、2005年）がある。また、かつての総聯の活動家による書籍として、韓光熙『わが朝鮮総連の罪と罰』（文芸春秋、2002年）、金賛汀『朝鮮総連』（新潮新書、2004年）、朴斗鎮『朝鮮総連』（中公新書ラクレ、2008年）などがある。

(3)　『朝日新聞』1970年2月18日夕刊。

(4)　崔庸健は1969年9月10日から11日にかけて、ホー・チミン葬儀の帰途北京に滞在した。そこで崔庸健は周恩来に、金日成が朝中関係の回復と発展を望んでいることを伝え、双方は意見を交換した。中共中央文献研究室編『周恩来年譜（下）』北京：中央文献出版社、1997年、320頁。その後、9月30日に中国共産党政治局は、中華人民共和国創建20周年祝賀使節団の派遣を打診していた北朝鮮側の要求を認めた。Schaefer, Bernd, "North Korean 'Adventurism' and China's

おける閲兵式で毛沢東主席の隣に席を用意されるというもてなしを受けている。この度の訪中で崔庸健は周恩来と会談を持ったが、そこでは朝中両国関係の回復と発展の問題が中心的な議題になった[5]。毛沢東もまた、米国、日本、韓国、台湾の間の関係について触れながら、それに対抗するうえでわれわれの目標は一致していると崔庸健に対して述べた。この崔庸健訪中は、朝中関係回復と発展の基礎となった[6]。

実は、この崔庸健訪中国実現には事前に布石が打たれていた。1969年6月にモスクワで開催された共産党および労働者党の国際会議に、朝鮮労働党は代表を派遣しなかったのである。このことを通じて、北朝鮮指導部はソ連との間に距離を置く姿勢を中国側に示したのであり、ここに朝中関係回復の契機を求めることができる[7]。実際に金日成は大会不参加の理由を、「兄弟党の国際会議が初期の目的を達成しようとするのなら、十分な準備の下に、すべての条件が成熟した後で召集されなければなりません。今日の条件において国際会議が召集されるのであれば、兄弟党間の意見相違を敵に露出させることになり、そのようになると団結の偉業にも利することができません」と述べている[8]。また、5月にはソ連のポドゴルヌイ最高会議幹部会議長が訪朝していたが、北朝鮮側は共産党の国際会議には参加しない旨返答していた[9]。結局、このような会議への北朝鮮の不参加は、ソ連との間に距離をおいている姿勢を中国側に示し、この会議の「意味を否定していた中国に朝中関係回復の名分をあたえることになった」といえる[10]。

Long Shadow, 1966-1972," *Cold War International History Project Working Paper*, #44, October 2004, p.29.
(5) 中共中央文献研究室編、前掲書、325頁。
(6) 王泰平主編『中華人民共和国外交史 第3巻：1970-1978』北京：世界知識出版社、1999年、36-37頁。
(7) 韓国外務部も、このモスクワでの会議への北朝鮮不参加が、朝中接近の背景の一つになっているとしている。「70．4．周恩来平壌訪問」、フィルム番号D-0008ファイル番号32『周恩来中国（旧中共）首相北韓訪問, 1970．1．5-7』、フレーム番号5、韓国外交史料館文書。
(8) 金日成「ア聯《ダル・アル・タフリル》出版社総局長アブデル・ハミド・アフメド・ハムルシュが提起した質問に対する回答（아련《다르 알 타흐리르》출판사총국장 아브델 하미드 아흐메드 하므루쉬가 제기한 질문에 대한 대답）」1969年7月1日『金日成全集』第43巻、平壌：朝鮮労働党出版社、2002年、209頁。
(9) 鄭鎮渭（小林敬爾訳）『平壌――中ソの狭間で』コリア評論社、1983年、243頁。

周恩来訪朝　このような動向のなかで、1970年4月5日から7日にかけて周恩来首相の訪朝が実現した[11]。この周恩来訪朝をもって朝中関係の回復が可視化されたといえよう[12]。この訪朝において金日成と周恩来は4回にわたり計14時間におよぶ会談をおこない、そこでは朝中関係、朝鮮半島情勢、東北アジア国際情勢などが取り上げられた[13]。特に4月7日には朝中共同コミュニケが発表されたが、このコミュニケでは「日本帝国主義に対する共同闘争を強化する」ことが合意されたのである[14]。実は、この朝中共同コミュニケは1969年11月に発表された日米共同声明への対抗という性格のものであった。

　1969年11月21日にニクソン（Richard M. Nixon）大統領と佐藤栄作首相によって発表された日米首脳会談の共同声明は、朝中両国にとっては、アジアにおける日本の軍事的役割の増大を宣言するに等しい内容を含んでいた。共同声明における朝鮮半島と台湾海峡に関する部分は次のとおりである。

　　総理大臣と大統領は、特に、朝鮮半島に依然として緊張状態が存在することに注目し、総理大臣は、朝鮮半島の平和維持のための国際連合の努力を高く評価し、韓国の安全は日本自身の安全にとって緊要であると述べた。
　　総理大臣と大統領は、中共がその対外関係においてより協調的かつ建設的な態度をとるよう期待する点において双方一致していることを認めた。大統領は、米国の中華民国に対する条約上の義務に言及し、米国はこれを順守するものであると述べた。総理大臣は、台湾地域における平和と安全の維持も日本の安全にとってきわめて重要な要素であると述べた[15]。

---

(10)　李鍾奭、前掲書、250頁。
(11)　この訪朝には北朝鮮側のイニシアティブがあった。1970年2月に北京を訪れた朴成哲外相は、周恩来に平壌を訪れるよう説得していた。Schaefer, *op.cit.*, p.30.
(12)　この周恩来訪朝を韓国外務部では、「3日間の平壌訪問が、それまで関係が疎遠であったことを解消し、親善関係の基礎をつくることによって極東情勢に新たな要素を加えた」と分析している。「70．4．周恩来平壌訪問」、フィルム番号D－0008ファイル番号32『周恩来中国（旧中共）首相北韓訪問、1970．1．5-7』、フレーム番号8、韓国外交史料館文書。
(13)　王泰平主編、前掲書、37頁。
(14)　『人民日報』1970年4月9日。日本共産党の宮本書記長は4月13日の記者会見で、中朝共同声明がねらいとしたのは1969年秋の日米共同声明であり、中国と北朝鮮を取り巻く国際情勢からしてそれは当然のことであると発言していた。『朝日新聞』1970年4月14日夕刊。

また共同声明では明記されていないが、共同声明を採択して閉幕した日米首脳会談の後、佐藤はナショナル・プレス・クラブの演説で「万一韓国に対し武力攻撃が発生し、これに対処するため米軍が日本国内の施設・区域を戦闘作戦行動の発進基地として使用しなければならないような事態が生じた場合には、日本政府は、このような認識に立って、事前協議に対し前向きかつすみやかに態度を決定する方針である」との態度を明らかにした。さらに台湾地域での平和維持についても、もし武力攻撃があれば、極東の平和と安全を脅かすことになり、米国による台湾防衛の義務を果たすことになった場合、わが国益上、韓国の場合と同様な認識で事前協議に応じる、としている[16]。

このような内容を持つ日米共同声明は、北朝鮮と中国の双方にとって、東北アジア地域における日本の軍事的役割がさらに増大することを意味した[17]。日米共同声明における「韓国条項」と「台湾条項」は、朝中の緊密化を促し、朝中共同コミュニケを導いたといえよう[18]。

1970年10月になると、金日成は非公式ながらも6年ぶりに中国を訪問し、毛沢東や周恩来と8日から10日にかけて会談を持った。金日成との会談の席では、毛沢東が文化大革命中の「極左派」による一連の行動を批判し[19]、両党・両国問題をはじめ、国際共産主義運動について意見が調節

(15) 『朝日新聞』1969年11月22日。
(16) 『朝日新聞』1969年11月22日夕刊。
(17) 実は、日本軍国主義復活に関する評価については朝中間に差異があったようである。日中国交正常化交渉に中国外交部顧問として関った張香山によれば、周恩来が北朝鮮との共同コミュニケについて交渉した際、北朝鮮側の試案に「軍国主義が復活した」という表現が用いられたとのことであった。当時、中国は文化大革命の最中であり、国家機関に日本研究者が少ないため、日本については朝鮮の同志の方が自分よりももっと詳しいと思い、その「復活した」という表現を採用したというのである。その後、周恩来は「復活」の現在完成形（the present perfect progressive）を使わないで、その現在進行形（the present progressive）つまり英語の動詞の後ろにingをつける方が良いのではないか」と提案したことによって「復活した」という表現を使わなくなったという。張香山（鈴木英司訳）『日中関係の管見と見証』三和書籍、2002年、5－6頁。
(18) 周恩来は訪朝時に行われた平壌市群衆大会での演説において、日米共同声明が台湾を「日本の安全にとって極めて重要な要因」だと宣言したことに対して、「中国人民は台湾を必ず解放する神聖不可侵の権利を有することを日米反動に警告する」と述べている。『労働新聞』1970年4月8日。
(19) 李鍾奭は、この毛沢東による「極左派」批判を、金日成に対する文化大革命

された[20]。この金日成訪中の直後、北京では北朝鮮の鄭準沢(チョンジュンテク)副首相と中国の李先念副主席の間で、「中国が朝鮮に経済及び技術的援助を提供することに関する協定」と「長期通商協定」が締結された[21]。このように朝中関係は1969年から1970年にかけて回復したのであった。

北朝鮮が対中関係の回復を進めた要因の一つとして、安全保障に関する北朝鮮の危機意識を挙げられる。そもそも北朝鮮側は、中国との関係悪化を望んではいなかった。北朝鮮にとって中国との関係悪化は、韓国と中国との二正面作戦にさらされる危険性を意味したからである。1968年4月に行われた金日成と東ドイツの党・政府代表団との会談からは、対中関係に配慮する北朝鮮の姿が明らかになる。金日成によれば、北朝鮮側には、中国との間において諸問題に関する大きな見解の相違があったが、「平和」を確保するためには中国との同盟を解消するわけにはいかなかった。それは南の軍と対峙しているという構造的状況に大きく影響されていた[22]。金日成は、1969年10月に訪朝したモンゴルの代表団にも、同様の見解を示した。金日成は、韓国に100万人の軍人がいるために、背後に第二の敵を背負うことは避けなければならず、それゆえ北朝鮮は忍耐強く中国との関係を回復するよう取り組んできたと述べたのである[23]。

では、なぜこの時期に朝中関係回復の運びとなったのであろうか。北朝鮮がそれ以前から良好な朝中関係を望んでいたという点に鑑みると、1969年夏ごろに朝中関係回復を可能にする状況が現出したのだといえよう。第一に、69年3月以降の一連の中ソ軍事衝突による、中国側の対ソ脅威認識の深化である。すでに、ソ連による攻撃を憂慮していた中国は、ソ連をはじめとするワルシャワ条約機構軍によるチェコスロバキアへの武力介入によって、その脅威認識を増幅させていた[24]。さらに、珍宝島／ダマンス

　　　　中の批判を事実上撤回したものだと理解している。李鍾奭、前掲書、252頁。
(20)　中共中央文献研究室編、前掲書、399-400頁。
(21)　『労働新聞』1970年10月19日。
(22)　また共産党国際会議に参加することで、社会主義陣営の分裂を決定付けることを恐れていた。それはベトナム情勢にも悪影響を与えると考えられていた。Document 8, Memorandum, On the Visit of the Party and Government Delegation of the GDR, led by Comrade Prof. Dr. Kurt Hager, with the General Secretary of the KWP and Prime Minister of the DPRK, Comrade Kim Il Sung, 4/16/1968, Schaefer, *op.cit.*, p.66.
(23)　Schaefer, *op.cit.*, p.30.

キー島における中ソ武力衝突によって、その脅威認識はさらに高まったのである。毛沢東は、3月15日に2回目のソ連との武力衝突を受けて、ソ連による中国の核施設への空爆に備える必要性を唱えた[25]。それほどに中国の対ソ脅威認識は高まり、そのことが外交的孤立から脱却する必要性を高めたといえるだろう。

　第二に、1969年4月に文革を収束させるための中国共産党第9回全国代表大会が開かれた点である。対ソ脅威認識が増幅した中国指導部は、ソ連の脅威に対処する必要があった。文革を推進してきた動きが緩むことで、中国としては外交的孤立状況から脱却しやすくなった。中国側にも対朝関係の回復を試みる環境が整ったといえよう[26]。

　第三に、既述したとおり、朝鮮労働党が69年6月にモスクワで開催された共産党および労働者党国際会議への不参加を決定したことである。このことにより、北朝鮮がソ連との間での一定の政治的距離を保つ姿勢を中国側に示すことになった。この会議の意味を否定していた中国としても、朝中関係の回復に取り組みやすくなったといえよう。

　しかしこのような北朝鮮と中国の関係回復は、ソ連にとっては朝中関係に対する不信感を生じさせる契機にもなった。1970年4月に発表された朝

---

(24) 毛里和子「中ソ対立の構造」、山極晃、毛里和子編『現代中国とソ連』日本国際問題研究所、1987年、122－124頁。

(25) Mao Zedong's Talk at a Meeting of the Central Cultural Revolution Group (Excerpt), 3/15/1969, ＜http://www. wilsoncenter. org/index. cfm?topic_id=1409&fuseaction=va2. document&identifier=5034F4AE-96B6-175C-942333CC05D444A7&sort=Collection&item=Sino-Soviet%20Relations＞. [5 November, 2009].

(26) そもそも朝中の指導者レベルでは関係悪化を望んではいなかった。文革期においても周恩来と金日成との間では、朝中関係悪化の回避を模索していた。67年10月、周恩来は、訪中後北朝鮮に向かうモーリタニア回教共和国のダッダ (Mokhtar Ould Daddah) 大統領に、金日成への伝言を託した。それは、①在外華僑の行動に対する遺憾の意の表明、②中国の在外公館の活動に若干の偏向があることの是認と改善姿勢の表明、③北朝鮮の反帝闘争への支持、といった内容であった。他方、金日成は、①北朝鮮の中国政策は不変で、将来もかわらない、②毛沢東主席と周恩来首相との間には深い友誼があり、とくに共同闘争を通じてつくられた友誼関係を重要視する、③双方の間には、若干の不一致があるが、それほど厳重ではなく、対面と討論を通じて解決方法をみつけることができる、④北朝鮮が侵略を受けたならば、中国が何度もそうしてくれたように、朝鮮を助けに来ることを信じる、という内容の伝言を中国に立ち寄って帰国するダッダに託した。中共中央文献研究室編、前掲書、195－196頁。李鍾奭、前掲書、251頁。

中の共同コミュニケは、ソ連外交官をして朝中関係の親密さについて、ソ連から北朝鮮に搬出された武器が中国に渡り、それが後にソ連に向けられるのではないかと推測するほどの強い疑念を持たせる結果を招いたのである[27]。ソ連は、自らに敵対的である中国と北朝鮮の関係回復を警戒するのであった。

2　日本軍国主義批判

日本軍国主義批判　朝中関係の回復には、日本の軍事的役割の増大に対する朝中両国の危機意識の存在も一つの要因となっていたのであるが、北朝鮮側の対日認識はどのようなものであったのだろうか。ここでは、北朝鮮側の対日認識について分析してみたい。というのも、1970年4月に発表された朝中共同コミュニケの形成には、北朝鮮の対日脅威認識こそが影響を与えたと考えられるからである[28]。

1969年11月に発表された日米共同声明は北朝鮮を強く刺激した。北朝鮮指導部は、1965年以降緊密になっていた韓米日関係に対して脅威認識を持っていたが、それはこの日米共同声明によってさらに増幅されたといえよう。このことは、1970年3月29日付『労働新聞』に掲載された「日本軍国主義の再生に反対しよう」という表題の論説に明確に表れている。

これは紙面が3面にわたる長大なものであり、この論説は日米共同声明によって明らかにされた日米両国のアジア政策を激烈な言葉で非難した。ここに示された脅威認識の背景には、相互に関連する次の二つの要因が存在していたといえよう。第一に、北朝鮮をふくむアジアにおける日本の軍事的影響力の増大に対する脅威である。論説は、1965年の日韓条約の締結によって「米帝と日本の佐藤反動政府、南朝鮮傀儡徒党の間には事実上の三角軍事同盟が形成され、『米日韓共同作戦体制』が成り立っている」と前置きしたうえで、日米共同声明において、米国のアジア政策遂行における日本の「主導的役割」が明らかにされたと非難した。論説は日米共同声明を、「これは米帝侵略者が日本をはじめアジアの諸地域を引き続き強占し、侵略・略奪政策を敢行するということである」と捉え、佐藤による共

---

(27)　Schaefer, *op.cit.*, p.31.
(28)　本章の注(17)を参照。朝中共同コミュニケに関して中国側が北朝鮮側の案を採用したことから、北朝鮮側の影響を認めることができよう。

同声明発表後の記者会見について、日本は「米帝のアジア侵略政策遂行において『主導的役割』を引き受けるというのである」と理解した。さらに、そのような日本の「主導的役割」は、「朝鮮において新たな侵略戦争をおこそうとする米帝の戦争政策にしたがって、南朝鮮に軍事的侵略を敢行しようという段階にまでいたっている」と位置付けられたのである[29]。

　第二に、日本の対朝政策が強硬化していることへの脅威認識である。日韓関係の緊密化は日朝関係における緊張を招来した。その一例として、第1章でも言及したように、日韓会談の結果、1959年以来続いていた北朝鮮への帰国事業が打ち切られていたことを挙げられる。これは北朝鮮にとっては日本との接点が失われ、朝鮮総聯との連絡手段が絶たれたことを意味する。さらに在日朝鮮人の日本における永住権が、韓国国籍取得の申請とセットになる形で認められるようになったのであるが、この措置は北朝鮮側からみれば、永住権という法的地位の取得を目的に韓国国籍を取得する在日朝鮮人が増加する可能性を高め、朝鮮総聯が強い圧力を受ける可能性をも含んでいたのである[30]。これに北朝鮮側は強い危惧感をもったであろう。『労働新聞』論説における、「佐藤徒党は、朴正熙傀儡徒党と結託し、在日朝鮮公民の民主主義的民族権利を踏みにじり弾圧を強化している。これは朝鮮民主主義人民共和国に対する敵視政策のもう一つの露骨な表現である。歴史的経験は在日朝鮮公民に対する弾圧が強化された後には常に日本の民主力量に弾圧が伴うということを示している[31]」という部分は、かつて朝鮮戦争前夜において在日本朝鮮人聯盟が解散に追い込まれたという経験とその後続いた日本共産党への弾圧を彷彿させる[32]。

　この『労働新聞』論説による日本軍国主義批判は、北朝鮮による対中関

---

(29)　『労働新聞』1970年3月29日。また、韓国が浦項に建設しようとしていた製鉄所への日本の援助が、日米共同声明発表と時を同じくして決められたことも北朝鮮を刺激したといえるだろう。『朝日新聞』1969年11月22日。この計画は、世界銀行が援助をしぶり、欧米諸国が考えていた製鉄所建設計画が頓挫しものであった。

(30)　帰国事業と法的地位の問題については次節を参照。

(31)　『労働新聞』1970年3月29日。

(32)　1949年9月8日、在日本朝鮮人聯盟と在日本朝鮮民主青年同盟は解散に追い込まれた。10月には朝鮮学校が閉鎖の通告を受けた。その後50年6月に日本共産党幹部24人が公職を追放された。和田春樹『朝鮮戦争』岩波書店、1995年、113-121頁。

係回復の文脈においても意味があった。すなわち、北朝鮮側は1970年4月5日からの周恩来訪朝を見据え、朝中関係回復のための伏線をはっていたと考えられるからである。前年の11月24日に北京放送は、11月21日に発表された日米共同声明についての論評を発表した。そこでは、日米共同声明が、「内外ともに苦境に立つ米帝国主義が日本軍国主義勢力を使って、アジアでその侵略・戦争政策」を推し進めるために「犬馬の労をとらせることを明らかにしたものであり、これは米日反動派が頑固にアジア人民を敵とする野心を一段と暴露したものである」と論じられていた。さらにニクソンと佐藤が日米安保条約をより大きな軍事同盟に変えようとたくらんだと指摘するとともに、佐藤に対して、「佐藤は南朝鮮の朴正煕傀儡集団の『安全』は『日本自身の安全に欠かせないものだ』」、「『台湾地区の平和と安全も日本の安全にとってきわめて重要な要素の一つである』などと叫びたてた」と非難している[33]。このように、日米共同声明は中国にとっても懸念の対象であり、北朝鮮側としては、日本のアジアにおける軍事的役割増大への懸念を明確にすることによって、中国との協調姿勢を誇示することを試みたといえよう。回復の方向に向かいつつある北朝鮮と中国との関係において対日脅威認識は朝中両国に共通するものであり、そのような認識が4月8日に発表された朝中共同コミュニケで日本軍国主義批判として明らかにされたのである。

　ところで、『労働新聞』論説において示された対日脅威認識は、日本国民および日本政府へのアピールとしての側面も有していた。まずこの論説は、日本軍国主義再生への反対を「日本人民」に呼びかける形をとっていた。論説は、「日本は一日も早く米帝の隷属から抜け出し、真正な民主主義的平和愛好国家にならなければならない。わが党と政府は一貫して米帝による日本軍国主義再生の危険性を警告し、それに反対して闘争してきた。朝鮮人民は今後も日本の完全な独立と民主主義と平和を勝ち取るための日本人民の闘争を、全力をつくして積極的に支持していくであろう」と結んでいる。この論説は、朝鮮総聯傘下団体の朝鮮新報社が発行する日本語紙『朝鮮時報』にも全文掲載された。『朝鮮時報』の一面には、『労働新聞』論説を紹介するに際して、「全世界の平和愛好人民に呼びかけ」という見

---

(33) 『朝日新聞』1969年11月24日夕刊。

出しが掲げられていた。また『朝鮮時報』では、『労働新聞』論説が、「日本軍国主義に反対するたたかいを重視し、一致した行動によって、その侵略の野望を阻止し破綻させることを全世界の平和愛好人民に呼びかけている」と解説されていた(34)。このように、論説は、「平和愛好人民」たる日本国民へのアピールでもあったといえよう。

　また、北朝鮮による激しい日本軍国主義批判は、北朝鮮に対する日本政府の注意を喚起し、その上で、日本の対朝政策の変更に影響を及ぼすことになった。外務省北東アジア課の伊達宗起課長は、1970年8月13日に在日米国大使館側に対朝政策を変更する旨を報告している。それは、日本の対北朝鮮政策の制限は、もはや韓国への政治的考慮によって決められることはないというものであった。日本の韓国への関与は第4回日韓定期閣僚会議以降深化しているが(35)、日本の関与が朝鮮半島での緊張を高める危険

(34)　『朝鮮時報』1970年4月4日。
(35)　1970年7月21日から23日までソウルで開かれた第4回日韓定期閣僚会議の結果、日本による韓国への1億5900万ドルの借款供与が約束された。そのうち、5900万ドルのドル借款については、浦項製鉄所周辺に重機械工場などをつくる目的であった。この5900万ドルの借款について福田赳夫蔵相は、記者会見で、具体的なプロジェクトが決定すると動き出すと述べた。当時からこのような借款は重工業向けの借款であるため、防衛産業強化のための軍事援助的性格を帯びる可能性が指摘されていた。『朝日新聞』1970年7月23日夕刊。事実韓国側は、閣僚会議を前にして、韓国防衛産業強化の必要性を日本側に示唆していた。7月14日に李厚洛駐日大使は、佐藤栄作首相との会談において、在韓米軍の削減が公にされるなか、軍近代化が米軍削減以前に必要となる問題であることを米国側に伝えてきたことを明らかにしたうえで、世界一の反共国家である韓国が「友邦」に不安感を与えないよう努めてきたと述べた。そして李厚洛は、日韓閣僚会議における韓国側の要望事項として機械工場や特殊製鋼、造船所の建設を挙げ、それらは平時における基幹産業であるが、有事には小銃、手榴弾、対スパイ船を製造できると述べた。一方の佐藤は、李厚洛が経済問題に関する対日要請メモを佐藤に渡すと、17日に行われる日韓閣僚会議準備の関係閣僚懇談会で検討すると述べた。駐日大使発外務部長官宛、1970年7月17日、フィルム番号C-0036ファイル番号14『韓・日本政務一般, 1969-70』、フレーム番号93-97、韓国外交史料館文書。このような佐藤への対日要請の前に、韓国側による岸信介元首相への事前工作があったようである。朴正熙大統領から、「岸先生の指導を受けろ」という指示を受けた李厚洛は5月15日に岸を訪ねた。その席で李厚洛は、朴正熙は二億ドルの「有償経済協力」のような形での借款が成立することを望んでいると述べたが、岸は「何のために、どれだけ」借款して欲しいというように「プロジェクト」別に提示することが交渉上好ましいと指摘した。そして岸は、李に「防衛産業や軍需産業という用語を絶対に用いない」ことを求めた。岸は、韓国の軍需産業に日本の財界が介入するとなると重大な問

性があるため、日本の意図に対する北朝鮮の誤解を避け緊張を緩和するためにも、北朝鮮との民間における接触を慎重に増やす必要があるとされたのである[36]。伊達は「日本が韓国の対北軍事計画を支援するであろうと北朝鮮が信じる可能性がある。実際には、韓国に対するそのような協力と援助に日本は慎重であるのだが、北朝鮮が誤解をする余地は十分にある」と述べた。そして伊達は、日朝間の相互訪問を漸進的に認める方針を米大使館側に示したのであった[37]。

伊達の発言からは、北朝鮮の対日批判が日本の政策にも影響を与えた様子がうかがえるが、日本の政策変化は経済交流の増大、在日朝鮮人の帰国事業再開や北朝鮮往来などの問題を通じて対日接触を求める北朝鮮側の要求にも通じるものがあった[38]。

北朝鮮の対日批判は、関係改善への希望でもあった[39]。実際に北朝鮮は対日批判を繰り返しながらも対日接近策を講じていく。

題になるため、この用語には格別注意することを求めたのであった。そして韓国政府の基本計画が終わると、その計画を日本政府に事前工作し、ある程度理解させてから、岸自身が政府対政府として公式提案することを連絡すると述べた。李も、朴正熙が岸による日本政界への「基礎作業」が終わることを待ち、岸の連絡にしたがって日本政府に公式提案する方針であると伝えた。このような会談内容を本国に伝えた上で、李は、朴正熙が考えている防衛産業は、「韓国経済工業化計画」として名称が統一されることを建議したのであった。駐日大使発外務部長官宛、1970年5月15日、フィルム番号Ｃ-0036ファイル番号14『韓・日本政務一般, 1969-70』、フレーム番号56-58、韓国外交史料館文書。

(36) Telegram from the US Embassy in Japan to the Secretary of State, 8/13/ 1970, Internal affairs of Japan, 1970-1973、韓国国会図書館所蔵海外所在韓国関連資料、Confidential U.S. State Department Central Foreign Policy Files : Korea, 1970-1973（以下、韓国国会図書館所蔵米国務省文書と略記）、請求記号：ＭＦ008527。

(37) Telegram from the US Embassy in Japan to the Secretary of State, 9/17/1970, Internal affairs of Japan, 1970-1973、韓国国会図書館所蔵米国務省文書、請求記号：ＭＦ008527。このような日本の変化には、朝中両国による日本軍国主義批判が影響を及ぼした可能性がある。伊達は、中国と北朝鮮が日本軍国主義を辛らつに批判していると受けとめていた。

(38) *Ibid.* しかしながら伊達によると、外務省は、在日朝鮮人の日本への再入国という形態の日朝間の接触には興味を示していなかった。

(39) 第1章第2節で述べたとおり、1966年の段階で北朝鮮の朴成哲外相は、対日関係改善の意思があることをソ連側に明らかにしていた。

第2節　対日基盤の構築

1　社会党との関係強化

　よど号事件　1970年3月30日、日本航空機「よど」が日本赤軍によってハイジャックされる事件が発生した。北朝鮮政府は、この日本赤軍による事件の迅速な解決に努め、4月4日に板門店の朝鮮軍事停戦委員会を通じて、日航機「よど」を東京へ向けて出発させるとのメッセージを伝えた[40]。4月3日の午後に北朝鮮領内に入っていた「よど」は、5日朝に羽田空港に帰還したのであった[41]。北朝鮮政府による迅速な解決は、日本のメディアに北朝鮮が「人道主義」を実行したと評価された[42]。このことによって日本国内での北朝鮮への好感度が相対的に高まったといえるだろう[43]。

　よど号ハイジャック事件とそれに対する北朝鮮の対応は、日本国内に政治課題を残した。すでに社会党は4月4日に、よど号事件を第3国経由などの間接的な方法だけに頼るのではなく、日朝政府間の直接交渉によって解決すべきだという内容の談話を発表していた[44]。実際によど号ハイ

---

(40) 『朝日新聞』1970年4月5日。

(41) 『朝日新聞』1970年4月6日。

(42) 『朝日新聞』1970年4月5日。

(43) 朝鮮総聯でも、「金日成伝」の出版や「朝鮮民主主義人民共和国商品展覧会」を開催するなど、日本における北朝鮮イメージの高揚に努めていた。一方、「金日成伝」の新聞広告計画の報をうけて開催された駐日韓国大使館の「金日成伝記阻止対策委員会」では、各新聞社の広告局長に金日成記広告の掲載中止を要請すること、主要新聞や通信社の編集局長を晩餐に招待し、韓国政府の立場を明らかにするという方針が決められた。駐日大使代理発外務部長官宛、1970年1月20日、フィルム番号D-0008ファイル番号13『北韓・日本関係、1970』、フレーム番号17-20、韓国外交史料館文書。「朝鮮民主主義人民共和国商品展覧会」は1970年5月15日から10月末までの予定で、東京の上野にある朝鮮商工会館で催された。北朝鮮が日本でこのような大規模な商品展を開くのは初めてであった。商品展開催の目的は、鉄鉱石などの鉱産物や繊維などを日本へ売り込むとともに、政治的には万国博に参加している韓国に対抗して、北朝鮮の実状を紹介しようというものであった。『朝日新聞』1970年5月16日。韓国中央情報部も、北朝鮮商品展覧会が、北朝鮮の文化と経済力を誇示することを目的としていると分析していた。中央情報部長発外務部長官宛、1970年2月4日、フィルム番号D-0008ファイル番号35『日本・北韓経済関係、1970』、フレーム番号22-23、韓国外交史料館文書。

(44) 『朝日新聞』1970年4月4日。

ジャック事件をめぐる日朝政府間交渉が行われることはなかったが、外務省も、隣接国と「何の関係も持たないこと」に対して国民的関心が高まったことを認めた。また、メディアも対北朝鮮関係の改善の必要性を訴えていた[45]。

社会党代表団訪朝　このような状況のなかで、朝鮮労働党と日本社会党の関係が強化されていく。社会党は、1970年7月9日に行われた中央執行委員会で、成田知巳委員長を団長とする代表団6人を、8月上旬に北朝鮮に派遣することを決めた。この訪朝は、朝鮮対外文化連絡協会から7月8日に届いた招待電報に応じたものであった[46]。前年9月の秋にも、社会党は山花秀雄副委員長を団長とする訪朝団を派遣していたが、北朝鮮側の受け入れ機関は朝鮮労働党ではなく朝鮮対外文化連絡協会であった[47]。しかし社会党の現職委員長初となる1970年の訪朝では、受け入れ機関こそ朝鮮対外文化連絡協会であったが、金日成との会見を経て社会党と朝鮮労働党との共同声明が発表されるに至った。前年の訪朝では金日成との会見もなかった。

　社会党は、1970年8月13日から26日まで成田委員長を団長とする第3次訪朝団を派遣し、朝鮮労働党との間で共同声明を発表することになった。成田らは、帰国後の記者会見で、「米帝国主義、日本軍国主義の復活などに反対するアジアの民主勢力の連帯」などを謳った朝鮮労働党との共同声明を発表し、在日朝鮮人の帰国問題を中心に、日本と北朝鮮との友好関係のため積極的に取り組むことなどを明らかにしたのである[48]。この共同

---

(45)　『朝日新聞』1970年4月6日。
(46)　『朝日新聞』1970年7月10日。
(47)　朝鮮対外文化連絡協会は、民間レベルの対外交流を担当する機関。
(48)　『朝日新聞』1970年9月3日。共同声明では、社会党が、「日本政府が『日韓条約』を廃棄し、朝鮮民主主義人民共和国にたいする敵視政策をとりやめ、朝鮮民主主義人民共和国との関係を改善すべきであり、在日朝鮮公民の自らの祖国——朝鮮民主主義人民共和国——への帰国と自由往来、民族教育の権利をはじめ、かれらの諸般の民主主義的、民族的権利を徹底的に保障しなければならない、と強く主張し、また平等互恵の原則にもとづいて、日朝両国人民の親善交流を発展させるべきである」と強調した。一方の朝鮮労働党は、「日本社会党と日本の民主勢力が、朝鮮人民の社会主義建設の成果を高く評価し、祖国の自主的平和統一と在日朝鮮公民の諸般の民主主義的、民族的権利の擁護のための朝鮮人民の正当なたたかいを積極的に支持していること」に対して、深い謝意

声明発表は、朝鮮労働党が社会党側に働きかけた結果の産物であった[49]。

北朝鮮側は社会党の協力を必要としていた。共同声明でも明らかにされたように、日朝間には在日朝鮮人の北朝鮮への帰国と自由往来、諸権利の保障といった問題が横たわっており、これらの問題への社会党の協力を北朝鮮側は要請していた。社会党との会談に、北朝鮮側から朴成哲第2副首相とともに、金珠栄(キムジュヨン)朝鮮海外同胞援護委員会副委員長と田仁徹(チョンインチョル)朝鮮赤十字会中央委員が同席していたことは、北朝鮮側がこれらの問題の解決への努力を社会党側に求めていた証左といえるだろう[50]。

このように北朝鮮指導部は、対日政策における連帯のパートナーとして社会党との関係を強化したといえる。訪朝団副団長であった石橋政嗣国際局長は、この1970年8月の訪朝が「その後の社会党と朝鮮労働党との友好的な関係を発展させる契機になったことは間違いない」と位置付けている[51]。それまで北朝鮮の対日関係においては共産党との関係が重視されてきたが、1970年には社会党との関係が強化されるのであった。

それではなぜ朝鮮労働党は社会党との関係を強化したのか。第一に指摘できることは共産党との関係悪化である。高崎宗司は、「68年1月の北朝鮮ゲリラによる韓国大統領官邸襲撃事件は日本共産党と朝鮮労働党の関係にひびを入れることになり、朝鮮労働党は社会党に目をむけるようになった」と指摘している。また和田春樹によれば、共産党の宮本顕治書記長ら

を表した。「日本社会党と朝鮮労働党との共同コミュニケ」日本社会党朝鮮問題対策特別委員会編『祖国を選ぶ自由——在日朝鮮人国籍問題資料集』社会新報、1970年、189-190頁。
(49) 北朝鮮側から、朝鮮労働党として共同声明を出したい旨の打診があったという。杉山正三『野党外交の証言』ミネルヴァ書房、1982年、41頁。
(50) 金日成は、朝鮮総聯に対して圧力が加えられる可能性も懸念していた。石橋政嗣国際局長によれば、金日成は、「朝鮮総連という組織は朝鮮人のものではあるが、皆さんのような日本における進歩的な人たちの協力があって初めて成果をあげることができる」として、社会党が朝鮮総聯と協力していることに謝意を表した。しかしながら、日本において朝鮮総聯が弾圧される可能性にも言及していた。それは、平常時においてはその可能性が低いが、日朝間が交戦状態に入るような状況では、朝鮮総聯に対して弾圧が加えられる可能性があるという認識であった。『朝日新聞』1970年9月2日夕刊。
(51) 石橋政嗣『「55年体制」内側からの証言：石橋政嗣回想録』田畑書店、1999年、156頁。社会党国際局の杉山も、この訪朝により「社会党は朝鮮労働党と友党的関係をむすぶことになった」としている。杉山正三、前掲書、39頁。

が1966年3月に平壌を訪問した際は日本共産党と朝鮮労働党は密接な友党関係にあったが、68年8月に代表団が訪朝した際に代表団宿舎に盗聴器が仕掛けられていたことが判明したため、北朝鮮に対する「違和感」が増し、指導者の個人崇拝が体制化されていることにも批判をいだいたという[52]。第二に、日本における日朝関係改善世論の喚起を試みるために、野党第一党である社会党との関係強化を求めたという側面も指摘できよう。

一方、日本社会党にも朝鮮労働党との関係を強化する動機があった。総選挙惨敗の雰囲気を一掃する必要があったのである。1969年12月の衆議院議員総選挙の結果、134議席から90議席に落ち込んだ社会党は、「石橋政嗣国際局長を中心に国際活動を活発にして、沈滞する党内の空気を一掃させようと策を練った」のであった[53]。その結果、社会党は、1970年夏から秋にかけて、石橋国際局長が中心になって「同時多方面外交」を行うことになった。訪問国は北朝鮮のほか、ソ連、東ドイツ、北ベトナム、中国であった。石橋は、「何か党のイメージ・アップをはかる道はないものかと思案したあげく、代表団を社会主義諸国に派遣し、どの国とも友好的な関係を確立することができるということを実証しようと思いたった」と回想している[54]。

2　「国民」と「公民」のせめぎあい ── 法的地位協定と朝鮮国籍回復運動

在日朝鮮人の国籍問題　社会党訪朝団の平壌滞在中である1970年8月13日および14日の両日、福岡県田川市は、外国人登録証の国籍記載を「韓国」籍から「朝鮮」籍に変更することを求める在日朝鮮人5世帯14人分の申請を受理し、外国人登録証を「韓国」籍から「朝鮮」籍に書き換えた[55]。田川市では、社会党公認の坂田九十百が市長を務めていた。在日朝鮮人国籍問題をめぐって、朝鮮総聯は日本の革新勢力と共同歩調をとっ

---

(52)　このようなことは当時一切公表されていない。和田春樹「検証日朝関係──日本共産党は北朝鮮とどうかかわったか」『論座』2004年4月、123頁。
(53)　杉山正三、前掲書、39頁。
(54)　石橋政嗣、前掲書、151-162頁。
(55)　『朝日新聞』1970年8月15日。本書における「韓国」籍、「朝鮮」籍という用語は、日本における外国人登録証の国籍記載欄の表記が「韓国」もしくは「朝鮮」となっていることを表しているにすぎない。外国人登録をしている個人が大韓民国の国籍、朝鮮民主主義人民共和国の国籍を保持していることを意味するものではない。

て運動を展開したのである。

　在日朝鮮人国籍問題には、次に示すような歴史的経緯があった。1947年5月に外国人登録令が制定され、朝鮮人を外国人とみなした上でその登録が実施されたとき、外国人登録証国籍欄には、朝鮮人の場合、すべて「朝鮮」と記載されており、このことは、48年8月に大韓民国政府、9月に朝鮮民主主義人民共和国政府が樹立された後も変わらなかった。これはベトナム、ドイツ、中国等の分断国家共通の扱いであり、国家・政府承認の政治的問題と個人の法的地位の問題を切り離した方針であった。ところが50年の登録書き換えの際、日本政府は韓国政府とGHQの要求を容れて、「朝鮮」「韓国」のいずれの用語をも認めることにした。しかしこの場合でも、「朝鮮」「韓国」の記載は、「実質的な国政の問題や国家の承認の問題とは全然関係なく、朝鮮人、韓国人のいずれを用いるかによってその人の法律上の取扱いを異にすることはない」と、1950年2月23日の法相の談話によって説明された。この方針は1965年まで一貫して維持されてきたのであった。

　しかしながら1965年10月、日本政府は在日朝鮮人の国籍問題について、次のような「政府統一見解」を発表して、従来の方針を覆した。すなわち、①在日朝鮮人は日本に居住したまま外国人になったため、旅券ないし国籍証明書をもたないので、便宜の措置として、「朝鮮」という名称を外国人登録の国籍欄に記載したものである。②在日朝鮮人のうち、「韓国」への書換えを要望してきた者には、本人の申し立てと、その大部分に駐日韓国代表部発行の国民登録証を提示させて「韓国」への書換えを認めた。このような経過およびそれが長年維持されて、実質的に国籍と同じ作用を果たしてきた経過等から、現時点からみて、その記載は韓国の国籍を示すものと考えざるを得ない。③「韓国」から「朝鮮」への書換えは、外国人登録の「韓国」なる記載が韓国の国籍を示すものであり、国籍の変更が本人の希望のみによって自由におこなわれえない以上、許されない。このような見解は、在日朝鮮人の国籍を可及的に「韓国」と記載させようという日本政府の意図を示した解釈であった[56]。

---

　(56)　大沼保昭『在日韓国・朝鮮人の国籍と人権』東信堂、2004年、17‐18頁。

第 2 節　対日基盤の構築

日韓法的地位協定　このような1965年における日本政府の方針は、日韓国交正常化に伴う措置であった。1965年6月22日に日韓条約とともに締結された法的地位協定により、在日朝鮮人の永住許可の申請が受け付けられるようになるのだが、申請には韓国の国籍取得が条件付けられたのである。法的地位協定は、第1条で、一定の要件をみたす大韓民国国民が同協定発効の日から5年以内に永住許可の申請をしたときは、日本政府は日本国での永住を許可する旨規定した[57]。同協定の合意議事録では、法的地位協定第1条に関して、同条1項および2項の規定に依拠し、永住許可の申請をする者が大韓民国の国籍を持っていることを証明するために、旅券若しくはこれに代る証明書を提示するか、又は大韓民国の国籍を有している旨の陳述書を提出するものとすることが日韓政府間で合意されていた[58]。在日朝鮮人が日本での永住許可を申請するのには、韓国の国籍が必要とされたのである[59]。この法的地位協定に基づいた在日朝鮮人の永

---

[57]　1966年1月17日の協定発効日から71年1月16日までに同協定に基づく永住（入管令4条1項14号の永住［一般永住］と区別して、協定永住といわれる）を申請し、許可された者は約34万名である。大沼保昭、前掲書、16頁。

[58]　「在日僑胞의 法的地位와 待遇에 関한 協定 合意議事録、1965年6月22日」高麗大学校亜細亜問題研究所編『韓日関係資料集』第1集、1976年、157頁。

[59]　そもそも在日朝鮮人の日本在留に対する法的権利である在留権は複雑な形態をとり、それぞれ違った在留資格が規定されていた。主に次の二つの形態があった。①法律126号該当者（法126-2-6）。1952年4月、「ポツダム宣言の受諾に伴い発する命令に関する件に基づく外務省関係諸命令の措置に関する法律」が施行されたが、この法律126号2条6項の規定に該当する人々のことである。つまり、戦前（1945年9月2日以前）から日本に居住し、引き続き日本に在留する者とその子弟で、このときまでに日本で生まれたものは「別に法律で定めるところによりその者の在留資格及び在留期間が決定されるまでの間、引き続き在留資格を有することなく本邦（日本）に在留することができる」ことになっている。②特定在留者（4-1-16-2）。これは法律126号2条6項該当者の子で、1952年4月29日以後、日本で生まれた者がその対象となっている。1952年の外務省令14号1項2号（後に法務省令となる）で、「特定の在留資格」が与えられているものである。その在留期間は3年であり、在留期間を更新しようとすれば、3年ごとに「出入国管理令」第21条「在留期間の更新」をうけ、法務大臣は、「当該外国人が提出した文書により在留期間の更新を適当と認めるに足りる相当の理由があるときに限り、これを許可することができる」（出入国管理令、第21条3項）ことになっている。法律126号該当者の子は、3年ごとに法務大臣の許可が必要であり、「適当と認める相当の理由」の有無に関する審査をしたのちに、引き続き在留できるという不安定な在留となっている。これを「特定在留者」と呼ぶ。姜徹『在日朝鮮人の人権と日本の法律』雄山閣、1987年、

住権申請の締めきりが、1971年1月16日に迫っていた。

　韓国政府および在日大韓民国居留民団（民団）は、在日朝鮮人に対し協定永住権の申請を促していた。その方法の一つとして新聞が利用された。例えば、1970年5月22日には、民団による永住権申請を促す広告が掲載されており、そこには協定永住権を取得することによる利益と、しないことによる不利益が併記されていた[60]。

　また、韓国政府は永住権申請を促進するために日本政府の協力を求めていた。李厚洛駐日大使は1970年3月5日に小林武治法相を訪ねた際、日本政府が民団を「導いてくれる」ことを求めた。李厚洛によれば、「在日60万僑胞社会」には、民団と朝鮮総聯があるが、総聯を「弱体化させ、これを無くす」ために、日本政府が民団を「導いてくれる」ことを望んだのである。李厚洛は民団を「導く」方法として、日本政府が永住権申請において、地方入国管理局または市町村窓口で、「朝鮮」籍を持つ者に「韓国」籍に変更することを勧めるなどの具体例を示した。李厚洛は、そのような「導き」によって、民団は大きく強化されることになり、一方の総聯は弱体化するであろうと述べたのである。さらに、李は、朝鮮総聯が弱体化しないことには、総聯が日本社会に大きな不安と危害を加える要素になるとも述べた[61]。このように李厚洛は、韓国政府が永住権申請を促進する目的として、総聯の弱体化を挙げていた。

　　152-153頁。在日朝鮮人は上に示されたように、それまで主に法律126号と特定在留省令上の法的地位を有していたが、日韓政府間で法的地位協定が締結されると、新たな協定永住者なるカテゴリーが付け加えられることになった。協定永住は、従来の126号上の地位に比較すれば一定の有利な待遇を含むとされたことから、在日朝鮮人の間においては深刻な問題が生じることになった。大沼保昭、前掲書、3頁。

(60)　『朝日新聞』1970年5月22日。一方、朝鮮総聯側は、27日に「民主主義的民族権利の擁護について」と題した広告を打っていた。広告では、「朝鮮民主主義人民共和国憲法は共和国の海外公民に対しその地位を法的に規定しています。在日朝鮮公民は、朝鮮民主主義人民共和国の公民としての自覚と誇りをもって生活しています」とされていた。さらに、「歴史的条件から見ても国際法と国際慣例から見ても在日朝鮮公民の居住権を含む合法的権利は保障されるべきもの」であり、「いわゆる『永住権申請』をしないからとしていかなる差別も許されない」と主張されていた。『朝日新聞』1970年5月27日。

(61)　駐日大使発外務部長官宛、1970年3月5日、フィルム番号P-0008ファイル番号6『在日韓国人의 協定永住権 申請促進, 1970』、フレーム番号61-62、韓国外交史料館文書。

1970年8月4日に李厚洛は、永住権申請がふるわないことについて、愛知揆一外相に対して申請促進への協力を要請した。韓国側の想定より申請者が少ないことについて李厚洛は、韓国政府は「日本政府の協力が十分ではないとの印象」を持っており、申請者が在日朝鮮人の過半数（約30万人）に達しないということであれば、韓国政府の立場は苦しくなり、対日感情も悪化する心配があると述べ、協力を求めたのである。これに対し、愛知外相は「外務、法務の両省に自治省を加えて協力促進の態勢を固めることにしたい」と応じた[62]。

　朝鮮国籍回復運動　このような韓国側の動きに朝鮮総聯は対抗した。協定永住権申請に対する反対とともに、在日朝鮮人の「韓国」籍保有者の朝鮮国籍回復運動を展開したのである。「韓国」籍と協定永住権を取得させることによって、在日朝鮮人における韓国支持勢力の取り込みをはかる韓国政府の攻勢と、在日朝鮮人の国籍を可及的に「韓国」と記載させようという日本政府の意図[63]に対抗すべく、朝鮮総聯は朝鮮国籍回復運動を展開した[64]。

　在日朝鮮人の「韓国」籍から「朝鮮」籍への書き換え要求は、朝鮮総聯と社会党との二人三脚で進んでいったといってよい。社会党中央執行委員会は1970年7月2日、在日朝鮮人の国籍問題について、①政府・法務省に申し入れを行う、②多数の国際法学者をはじめ各界指導者によびかけ、国籍選択、変更の自由について共同見解をつくる、③広く世論に訴える運動をおこす、④革新首長に国籍変更の手続きを受け付け、このような立場から処理するよう要請する、という運動具体化の方向を決めた[65]。7月9日の中央執行委員会で訪問使節団の派遣を決めた社会党は、7月13日、各都道府県本部に「在日朝鮮人の国籍変更問題に対する取り扱いについて」

---

(62)　韓国側の協定永住権申請者目標は391403名であったが、7月末現在申請数は209569名であった。「在日韓国人協定永住権申請問題」、フィルム番号P-0008 ファイル番号6『在日韓国人의 協定永住権 申請促進, 1970』、フレーム番号208、韓国外交史料館文書。
(63)　大沼保昭、前掲書、17-18頁。
(64)　すでにこの運動は1965年から繰りひろげられていたが、70年夏以降、より大きな規模で展開されていった。
(65)　日本社会党朝鮮問題対策特別委員会編、前掲書、54頁。

という通達を出している。そこでは、①在日朝鮮人の「韓国」籍から「朝鮮」籍への書き換え要求を積極的に支持すること、②党の組織、地方議員は地域の朝鮮総聯支部と連絡の上、率先して、「朝鮮国籍」に改める運動に取り組むこと、③在日朝鮮人を中心に、すべての民主団体や地域住民を広く組織し、政府、地方自治体に対し、要求実現の大衆行動（集会、請願、陳情の署名、対自治体交渉など）を直ちにおこすこと、④革新市長の党組織、地方議員は革新市長に国籍変更の手続きを受け付け、「朝鮮国籍」に改める処理をするように協力要請すること、が求められていた[66]。飛鳥田一雄横浜市長が代表を務める全国革新市長会も、6月9日、政府に「在日朝鮮人の朝鮮籍への変更」を申し入れていた[67]。在日朝鮮人の国籍問題については、飛鳥田一雄が社会党と密接な連絡をとり陣頭指揮にあたっていたという[68]。つまり社会党は朝鮮総聯および革新市長会と協力することで、この問題における世論を喚起し、市町村段階で変更を求める運動を展開していたといえる。

このような朝鮮総聯と社会党との連帯のうえに、「外国人登録で『韓国』となっている国籍を『朝鮮』に直してほしい」という在日朝鮮人からの変更申請が、8月3日および4日の両日、全国の市町村に一斉に提出された[69]。8月6日には、山花秀雄社会党副委員長が保利茂官房長官を訪れ、「韓国」籍から「朝鮮」籍への変更申請を認めることを要請した[70]。

そして、先述したように、8月13日および14日の両日、田川市は5世帯14人分の申請を受理し、外国人登録書の国籍記載欄を「韓国」籍から「朝鮮」籍に書き換えたのである[71]。この田川市の「朝鮮」籍への書き換え申請受理が引き金となって全国市町村に書き換えの動きが拡大した[72]。

---

(66) 同書、55-56頁。
(67) 同書、51-52頁。
(68) 岩井章編『現代の朝鮮問題』十月社、1980年、262頁。
(69) 『朝日新聞』1970年8月5日。朝鮮総聯中央本部は、8月3、4日を第一波、8月10、11日を第二波として一斉申請を行うとしていた。『朝日新聞』1970年8月5日。
(70) 駐日大使代理発外務部長官宛、1970年8月7日、フィルム番号P-0008ファイル番号6『在日韓国人의協定永住権 申請促進,1970』、フレーム番号203、韓国外交史料館文書。しかし保利はこれを認める考えがないと答えていた。
(71) 『朝日新聞』1970年8月15日。
(72) 岩井章編、前掲書、262頁。

10月22日には都道府県知事として初めて美濃部亮吉東京都知事が小林法相に対して、「国籍選択の自由は基本的人権であり、外国人といえども法務省が一方的に韓国籍を押し付けるのは好ましくない。変更を認めるように」という趣旨の要請を行った[73]。田川市に始まった国籍の書き換え運動は拡大し、12月10日には日本各地の34市区10町で1217人に対して「朝鮮」籍への書き換えを実施した。この運動は、革新系の市町だけでなく、川崎市など2市5町の保守系市町長も加わるほどに展開していったのである[74]。

「在外公民」としての朝鮮国籍　朝鮮総聯による朝鮮国籍回復運動展開の理論的根拠は、在日朝鮮人は朝鮮民主主義人民「共和国の在外公民」という点にあった。朝鮮総聯や北朝鮮の視点では、在日朝鮮人は「共和国の在外公民」であった。1963年10月に公布された朝鮮民主主義人民共和国国籍法は、第1条において、「朝鮮民主主義人民共和国創建以前に朝鮮の国籍を所有していた朝鮮人とその子女で、本法の公布日までにその国籍を放棄しなかったもの」は朝鮮民主主義人民共和国公民として処遇することを規定していた[75]。1970年11月7日に、秋田県在住の在日朝鮮人7名が「朝鮮民主主義人民共和国の公民であるため韓国の国籍を離脱する」という内容の内容証明郵便物を在日韓国大使館に送付していたことは[76]、在日朝鮮人を、大韓民国ではなく朝鮮民主主義人民共和国の「在外公民」として位置付ける試みの一事例であったといえるだろう。日本政府からは、「朝鮮」籍が国籍だと認められることはなかったが、朝鮮総聯はあくまでも国籍の回復問題として朝鮮国籍回復運動は展開された。その運動は、社会党や革新市長会など日本の革新勢力との連帯の上に進められたのである[77]。

---

(73)　『朝日新聞』1970年10月22日。
(74)　『朝日新聞』1970年12月12日。
(75)　金敬得、金英達編『韓国・北朝鮮の法制度と在日韓国人・朝鮮人』日本加除出版、1994年、277頁。
(76)　駐日大使代理発外務部長官宛、1970年11月10日、フィルム番号Ｐ－0008ファイル番号4『在日僑民의 外国人登録 国籍欄 変更問題、1970』、フレーム番号141-148、韓国外交史料館文書。これに対し大使館では、その動機の調査と送付者の翻意を促すことを駐仙台領事に指示した。
(77)　この在日朝鮮人国籍書き換え問題は1970年8月以来、つねに日本の新聞紙上

3 帰国事業の合意

交渉の再開　日本で朝鮮総聯による朝鮮国籍回復運動が展開されている頃、日朝の赤十字当局の間では、打ち切られていた在日朝鮮人帰国事業の再開に向けての交渉が始まろうとしていた。

日韓条約が締結されてから日本政府が1966年8月に在日朝鮮人の帰国協定の延長を1年限りとしたことで、翌67年11月に協定は終了した。協定が打ち切られた背景として、韓国側が在日朝鮮人の北朝鮮帰国に対して反発したことを挙げられよう。これに対して北朝鮮側は、1967年11月に日本政府が協定を打ち切った後も帰国協定の延長を求めつづけていた。帰国協定が打ち切られた際に、申請をしながら乗船できなかった人が約15000人いたため、帰国事業再開を強く要請したのであった。朝鮮総聯でも副議長や帰国申請者らが首相官邸や厚生省、日本赤十字社を訪れるなど、帰国事業の再開を要請していたのである[78]。

在日朝鮮人の帰国事業をめぐっては、1967年以来、日朝双方の赤十字の間で、モスクワやコロンボにおいて正式会談および非公式交渉が行われていた。しかしながら交渉は、帰国業務にともなって来日する北朝鮮関係者の入国を文書で取り決めるのか、それとも口頭で取り決めるのかという問題をめぐって、69年8月に決裂していた。69年12月8日には朝鮮民主主義人民共和国赤十字会中央委員会が声明を発表し、「帰国事業がひきつづき進められるよう日本当局が直ちに措置を取るべきである」として、日本側が行動を起こすことを要求した[79]。

このように日朝間の折衝は難航していたのであるが、1970年7月、日本赤十字社は事態の打開に動いた。日本赤十字社は、在日朝鮮人の北朝鮮帰国業務を「年内にも再開させるハラを固め」、朝鮮赤十会に対し交渉再開を呼びかける書簡を送ったのである[80]。日赤はこの書簡の中で、交渉が

　　　をにぎわしていた。しかし、法的地位協定にもとづく「協定永住」申請が締め切られた71年1月16日以後、運動も沈静化していった。『朝日新聞』1971年2月28日。
- [78] 『朝鮮時報』1969年2月1日。
- [79] 『朝鮮時報』1969年12月13日。
- [80] これに対して、朝鮮赤十字会から返電が届いたことが日赤から明らかにされた。しかし7月の日赤の具体的な呼びかけについては論評をくだしていなかった。『朝日新聞』1970年9月12日。

決裂に終わった原因である、北朝鮮側の帰国業務関係者の入国手続き問題について、かなりの程度まで譲歩する用意のあることを明らかにした。この時期に日赤が帰国業務の打開に動いたのは、①よど号事件で北朝鮮側が乗員や機体の返還に好意的な扱いをしたことが好ましい条件をつくった、②北朝鮮側も交渉に応ずる気配がうかがえるとの社会党や共産党代議士の判断、といった要因に基づくものであった[81]。しかしながらより根本的な問題としては、本章第1節でも述べたとおり、70年夏には日本政府の対朝政策に若干の変化が見られたことが影響していると指摘できるだろう[82]。

モスクワでの妥結 この在日朝鮮人の帰国問題は、翌1971年2月に妥結することになる。70年12月からモスクワで日朝赤十字代表による会談が行われていたが、その結果として、2月5日、ソ連赤十字社本社で、田仁徹朝赤中央委員会副委員長と、田辺繁雄日赤副社長がそれぞれ「帰還未了者に関する合意書」と「今後新しく帰還を希望する者の帰還方法に関する会談要録」、共同声明の三つの文書に調印した[83]。「合意書」に基づいて、

---

(81) 『朝日新聞』1970年7月24日。
(82) また、この時期に日本の対朝鮮政策の変化を看取することのできる事例として北朝鮮行き商用旅券の発給をあげることができる。7月28日、日朝貿易会の相川理一郎専務理事らに対して日本政府から北朝鮮行き商用旅券が発給された。それまでは国会議員や在日朝鮮人の一時帰国を特例として認めていただけであり、経済目的は初めてであった。経済目的による訪朝は、それまではいったんソ連行きの旅券を発給してもらい、ソ連国内で北朝鮮の入国査証をとって北朝鮮入りするという『横すべり』をし、政府もこれを黙認してきた。『読売新聞』1970年7月29日。この『読売新聞』による商用旅券発給の報道をきっかけに韓国側は日本側に抗議した。韓国としては、日韓閣僚会議が終了したばかりで日韓協力ムードが高潮している時期であったが、日朝間の人的往来の情報に悩まされていたのである。韓国側は帰国事業交渉再開の動き、社会党幹部の訪朝、宇都宮徳馬議員訪朝計画などの情報についての説明を求めると同時に、日本が「二重外交をしているのではないかという疑惑を深めている」と指摘しながら、日本側に北朝鮮行き商用旅券発給の是正を要求した。外務部長官発駐日大使代理宛、1970年7月29日、フィルム番号D-0008ファイル番号14『日本人의 北韓行 商用旅券 発給, 1970』、フレーム番号93、韓国外交史料館文書。「面談要録」、1970年7月29日、同ファイル、フレーム番号94-97。駐日大使発外務部長官宛、1970年7月29日、同ファイル、フレーム番号99-101。駐日大使発外務部長官宛電文、1970年7月30日、同ファイル、フレーム番号110-112。

67年11月以来打ち切られていた帰国事業は3年半ぶりに、71年5月中旬には再開されることになった。5月中旬から10月末までの間、すでに申請しながら帰国することのできなかった約15000人の在日朝鮮人に北朝鮮帰国の道が開かれ、11月以降はこの期間中に帰国できなかった者と未申請だった帰国希望者も、北朝鮮からの配船によって帰国が可能になったのであった[84]。

モスクワにおける妥結では、帰国業務に伴う朝鮮赤十字会代表が日本に派遣されることも明らかにされた。「会談要録」によると、3名ないしは4名の朝鮮赤十字会代表が日本政府の入国許可を受けて帰国船に乗船し、これら代表は新潟港停泊期間中、新潟港域内で帰国者の世話をすることになった。また日本赤十字社は、朝鮮赤十字会代表の在日保証人となり、代表の入国許可の取り付けに必要な手続きを行うことになった。さらに、朝鮮赤十字会代表の入国手続きの簡素化については、日本政府において妥当な考慮が払われるよう保証することが明らかにされたのである[85]。

北朝鮮側が帰国事業の再開を求めていた理由として、「祖国への帰国」という人道上の理由を別にして、次の点を指摘できるだろう。それは断絶しているに等しい日本との関係を改善する必要性である。そこには朝鮮総聯との連絡手段確保という側面も含まれる。すでに述べたように、1960年代後半、北朝鮮および朝鮮総聯には東アジア情勢に対する脅威認識があった。日本から北朝鮮への帰国船は途切れており、日朝間の接点はなかった。日朝間をつなぐ手段が途絶えていたのであり、北朝鮮本国と朝鮮総聯との連絡手段も絶たれていたといってよい[86]。韓国と対峙するなか、中国との関係も悪化していた北朝鮮としては、日本との往来が遮断された状況を打開する必要があった。

そうした閉塞的状況を打開するため、在日朝鮮人帰国問題をめぐって、北朝鮮側は日本側に北朝鮮側関係者の日本入国と日朝直接交渉を求めたの

---

(83) 『朝日新聞』1971年2月6日、『朝鮮時報』1971年2月13日。
(84) 『朝日新聞』1971年2月6日。
(85) 同上。
(86) 帰国船協定の打ち切りから、1971年2月の日朝赤十字間の合意までの間、在日朝鮮人の日朝間往来は、68年12月、70年3月、71年1月に法務省から再入国許可を受けた祖国訪問団の往来があるだけであった。『朝総聯』中央情報部、1975年、85頁。

である。1967年の帰国協定破棄後の日朝赤十字間交渉が北朝鮮側関係者の日本入国手続きの簡素化という問題で合意に至らなかったということは、北朝鮮側がその問題に関する譲歩を日本側から引き出すことを求めていたのだといえるだろう。そのような北朝鮮側の希望は、69年12月に発表された朝鮮赤十字会の声明によく表れている。そこでは、日本側が、「帰国事業協力のためのわが赤十字会代表団による日本入国の手続きを、ジュネーブにある国際赤十字委員会を通しておこなうことを要求」していると批判していたのである[87]。

このような北朝鮮側の要求には前史がある。1959年8月にカルカッタで締結された日朝赤十字間の協定への道においても、北朝鮮側は日本への関係者の派遣を求めていた。55年12月29日に南日(ナムイル)北朝鮮外相が、在日朝鮮人が教育を受けるために帰国する問題、韓国から日本に密入国して大村収容所に収容されている朝鮮人を釈放し、北朝鮮に帰国させる問題などを話し合うために代表を日本に派遣したいと申し出ていた[88]。さらに朝鮮赤十字会は58年1月と2月にも、大村収容所の朝鮮人を北朝鮮に帰国させる問題を話し合うために代表を日本に派遣したいと改めて要請していた[89]。これらの提案は日本側に拒否されたが、北朝鮮側は両国間の問題を協議するために自国の代表を日本に派遣することを求めていたのである。1950年代においても、日本側は日朝赤十字間の交渉にジュネーブにある赤十字国際委員会を介在させることを試みていたが、北朝鮮側は日朝直接交渉を望んでいたのであった[90]。

在日朝鮮人帰国問題をめぐって、北朝鮮は1950年代には日本への北朝鮮側代表者の派遣と日朝間の直接交渉を求めていたのだが、60年代にも同じことを日本側に求めたのである。そして、このような北朝鮮側の要求は1971年になって日本側に受け入れられることになった。日本政府の対朝政策の変化も影響を及ぼしていたといえよう。

このように1970年から71年にかけて、北朝鮮は中国との関係回復に成功

---

(87) 『朝鮮時報』1969年12月13日。
(88) 高崎宗司「帰国問題の経過と背景」高崎宗司・朴正鎮編『帰国運動とは何だったのか——封印された日朝関係史』平凡社、2005年、20頁。
(89) 同論文、22頁。
(90) 同論文、24-25頁。

し、日本との間でも、社会党との連帯強化や在日朝鮮人の帰国事業において成果をあげることができた。同時に北朝鮮は、次章以降で取り上げるように韓国との接触も模索していた。南北朝鮮間の対話は1971年8月以降に公になるのであるが、北朝鮮は70年の段階で南側との接触を模索していた。すなわち、71年夏以降に積極的になったとみえる北朝鮮の対南・対外政策は、その下地がすでに70年には準備されていたのであった。北朝鮮は危機的状況から脱すると同時に、対南・対外攻勢の準備を整えていたのである。

第3章
米中関係の変化と南北対話の開始

第1節　米中接近と朝中関係の緊密化
第2節　南北対話の始まり
第3節　7.4 南北共同声明への道
第4節　第27回国連総会

　1971年7月、キッシンジャー（Henry A. Kissinger）米国大統領特別補佐官が、極秘裏に中国を訪れた。キッシンジャー訪中時における米中間の協議で、翌72年初めまでにニクソン米国大統領が訪中することが決められた。ベトナム戦争の泥沼からの脱却を求める米国と、ソ連を脅威に感じている中国の利害が一致した結果であった。
　北朝鮮は、この米中接近という事態を統一外交政策推進の機会として生かした。本章では、米中接近を機に顕著になった北朝鮮の積極的な統一外交政策の展開について、次の点を中心に分析を試みる。第一に、朝中関係の展開である。本章では、1971年8月6日に行われた金日成の演説にとくに注目する。なぜならこの演説は、その後に展開される北朝鮮の対南・対外攻勢の出発点として位置付けられるからである。この演説は、韓国の与党である民主共和党との対話を行う北朝鮮側の意思を明らかにしただけでなく、米国と接近した中国への側面支援としての意義があった。そして北朝鮮は中国を支援することで、中国を通じて、自らの要求を米国側に提示していくのであった。
　第二に、南北対話の展開過程に焦点を当てる。1971年9月に赤十字予備会談から出発した南北対話であったが、北朝鮮側は当初から南北対話の政治会談への進展を望んでいた。そして赤十字会談から派生した別チャンネルでの南北協議を通じて、南北共同声明発表が合意され、1972年7月4日に発表されたのである。北朝鮮側は、対話の過程で「自主、平和、民族大団結」という統一原則と統一問題を解決する協議機関としての南北調節委員会の設置に合意したことによって、韓国政府との統一問題協議の開始に

も期待を持つようになる。

　第三に、北朝鮮側による在韓米軍撤退と国連韓国統一復興委員団解体への幾つかのアプローチに注目する。北朝鮮は中国という「代理交渉者」を通じて在韓米軍の撤退と国連韓国統一復興委員団の解体を米側に迫った。また、金日成は日本のメディアを通じて、在韓米軍撤退に関する柔軟姿勢を明かした。それまでの北朝鮮側による南北平和協定締結案では在韓米軍の撤退が前提となっていたのだが、1972年1月の提案では米軍の撤退を前提にしないという立場に変化させた。さらに北朝鮮は、南北対話ムードを利用し、国連総会において在韓米軍撤退と国連韓国統一復興委員団解体が決議されることを目指したのである。

第1節　米中接近と朝中関係の緊密化

1　キッシンジャー訪中と金日成の対中支援演説

　対米8項目要求　1971年7月、北朝鮮の対外政策に重大な影響を及ぼす発表が、ワシントンと北京において同時になされた。ニクソン米国大統領は、15日午後10時半にラジオとテレビを通じて声明を発表し、キッシンジャー大統領特別補佐官が7月9日から11日の間に北京を訪れ、周恩来首相と会談した事実を明らかにした。この会談で周首相がニクソン大統領を1972年5月までに中国に招待したいと公式に招請したことも発表され、ニクソン大統領はこれを受け入れるとの態度を表明した。16日朝の新華社電も同様の発表をした[1]。

　中国政府が北朝鮮側にキッシンジャー訪中の事実を伝えたのは、ワシントンと北京において発表される前日のことであった。7月15日に周恩来が秘密裏に平壌を訪れ、金日成に米中接触の経過と状況について説明した[2]。周恩来は、「中国のすべての主張は元来してきたものであり、原則は変わっていない。中国は米国人民に希望を持っている」と強調した。これに対して金日成は理解を示しながらも、ニクソン訪中は朝鮮人民にとって新たな問題であるため、朝鮮労働党はこの問題についての人民教育を進めていくという見解を明らかにした[3]。

（1）『朝日新聞』1971年7月16日夕刊。
（2）王泰平主編『中華人民共和国外交史　第3巻：1970-1978』北京：世界知識出版社、1999年、40頁。

第1節　米中接近と朝中関係の緊密化

　米中接触という国際情勢の変化に北朝鮮が当惑したのは、想像に難くない。同盟国、それも朝鮮戦争に参戦し、「血盟関係」にあるとされた中国が、「不倶戴天の敵」である米国との関係改善の方向に動きつつあったのである。李鍾奭は、「住民に米国を『不倶戴天の敵』として意識させることで体制の正統性を求めてきた北朝鮮としては、住民に変化した情勢を説明することに困惑し、一方、中国が反帝路線を放棄するのではないか心配をせざるをえなかった」として、北朝鮮指導部が新たな情勢変化に悩まざるをえなかったと指摘している(4)。

　しかしながら、自らの対内外政策に影響を与えずにはおかない事態の展開を目の当たりにした北朝鮮側は迅速な行動を起こした。周恩来からの報告を受けた北朝鮮では、朝鮮労働党政治委員会が討論を進めた後、金一第1副首相を中国へ派遣した。7月30日、金一は周恩来に、「朝鮮労働党政治委員会では、ニクソン訪中問題をきわめて慎重に討論し、政治委員全員は、中国がニクソンを招請したことと周恩来・キッシンジャー会談を十分に理解し、これが世界革命を有利に推進していくと考え、中国共産党の反帝の立場に変化はなく、このことを朝鮮労働党は固く信ずる」と述べた(5)。同時に金一は米中会談において、北朝鮮側の主張を伝えるよう中国側に要請した。それは次の8点である。

① 米国と国連の旗の下に韓国に駐留するすべての外国軍の撤退
② 米国による韓国への核兵器・ミサイル・各種武器提供の即時中止
③ 北朝鮮に対する米国の侵犯および各種偵察行為の禁止
④ 韓米日合同軍事演習の停止と、韓米連合軍の解散
⑤ 日本軍国主義を復活させないことと、韓国駐留の米軍および外国軍を日本軍で代替させないことへの保証
⑥ 国連韓国統一復興委員団の解体
⑦ 米国は南北直接協議を妨害してはならず、朝鮮問題の朝鮮人民による自主解決を妨害しないこと
⑧ 国連での朝鮮問題討議時、北朝鮮代表が参加しなければならず、条

(3)　同上。
(4)　李鍾奭『北韓──中国関係 1945-2000』ソウル：中心、2000年、255頁。
(5)　王泰平主編、前掲書、40頁。

件付招請を取り消すこと[6]

　このような対米8項目要求は、7月の周恩来訪朝時に周恩来・キッシンジャー会談の経過報告を北朝鮮側が受けてから作成されたものである。周恩来・キッシンジャー会談において、周恩来は日本軍国主義復活の反対と朝鮮からの米軍撤退をキッシンジャーに求めており、キッシンジャーも日本の軍事的膨張には反対し、在韓米軍の段階的削減の意思を米国の政策として周恩来に示している[7]。そのような米中関係進展の経過が、この北朝鮮の対米要求に反映されているといえるだろう。

　中国を介しての対米8項目要求には次のような意味があった。第一に、北朝鮮が南北対話の意思を表明した点である。第7項において、南北直接協議を妨害しないことを米国側に求めている。それまで南北朝鮮間の直接対話は行われていなかったのであるが、71年7月の時点で、北朝鮮は対南政策において対話というオプションを選択するにいたったのである。事実金日成は、8月6日に開かれたカンボジアのシアヌーク（Norodom Sihanouk）親王歓迎集会における演説で、南の政権与党である「民主共和党を含むすべての政党、社会団体および個人人士といつでも接触する用意があります」と対話を呼びかけた[8]。

　第二の意味は、北朝鮮の対米政策への影響である。実は北朝鮮は、それまで中国とは別のルートを通じて対米接触を試みていた。1971年初めに北朝鮮は、ルーマニアを通じて対米接触の意思を示していたのである[9]。こ

---

(6)　同上。
(7)　周恩来とキッシンジャーの第1回目の会談から、北朝鮮が関心をよせるこれらの問題も討議されていた。"The Beijing-Washington Back-Channel and Henry Kissinger's Secret Trip to China, September 1970-July 1971," National Security Archive Electronic Briefing Book No. 66（Edited by William Burr, February 27, 2002）.＜http://www.gwu.edu/~nsarchiv/NSAEBB/NSAEBB66/＞［20 November, 2005］.
(8)　『労働新聞』1971年8月7日。
(9)　この事実は、71年10月のキッシンジャー・周恩来会談で中国側に明らかにされた。キッシンジャーが周恩来に語ったところによれば、米国側は宥和的な返答をしたが、返事はなかったという。Document 13, Memcon, Kissinger and Zhou, 10/22/1971, "Negotiating U.S.-Chinese Rapprochement-New American and Chinese Documention Leading Up to Nixon's 1972 Trip," National Security Archive Electronic Briefing Book No.70（Edited by William Burr with Sharon Chamber-

の事実からは、米国との交渉をすでに考慮していた北朝鮮が、米中接近という国際情勢の変化に直面することで、中国に伝達の役割を求め始めたと解釈することができる。

金日成の8月6日演説　ところで金日成は8月6日のシアヌーク親王歓迎集会においてニクソン訪中問題について次のように発言し、ニクソン訪中を「中国の勝利と米国の敗北」という図式で説明するとともに「中国の勝利」を称賛した。

　米国が国内外的に袋小路に陥った歴史的環境のなかで、先日、ニクソンは自らの中国訪問計画を発表しました。これは世界人口のほぼ4分の1を占める中国での偉大な革命的変革過程を「力」によって阻止しようと20年以上も無謀に追求してきた米帝の中国敵視政策がついに完全に破綻したことを意味し、米帝が世界の強大な反帝革命力量の圧力の前についに屈服したことを物語っています。結局、ニクソンは過去に朝鮮戦争で敗北した米帝侵略者が板門店に白旗を掲げてきたように、北京に白旗を掲げて訪れるようになったのです。すべての事実は我々の時代に、帝国主義の崩壊過程がとても速い速度で進んでいることを示しています。いま、ニクソンの中国訪問計画と関連して世界では様々な世論がおきています。ニクソンの中国訪問は勝利者の行進ではなく敗北者の行脚であり、米帝国主義の西山落日の運命をそのまま反映しているものです。これは中国人民の偉大な勝利であり、世界の革命的人民の勝利なのです。
　中国共産党と中国人民は長い時間をかけて反帝革命闘争を行ってきた栄えある伝統を持っており、敵の槍には槍をもってそれをへし折り、敵の欺瞞術には革命的原則性をもって対することでそれを壊してきた、豊富な闘争経験を有する洗練され鍛錬された党であり、人民なのです。今日も中華人民共和国は、アジア反帝革命力量の頼もしい柱として米帝を頭目とする帝国主義者の侵略と戦争政策と果敢に闘っており、プロレタリア国際主義原則に拠って立ち、米帝国主義者に反対するアジアと世界のすべての革命的人民を積極的に支援しています。中華人民共和国政府は、今後も変わることなく自らの革命的原則を固く堅持するであろうし、闘う革命的人民を今後も積極的に支持・支援するであろうことを闡明しています[10]。

　　　lain, Gao Bei, and Zhao Han, May 22, 2002). <http://www.gwu.edu/~nsarchiv/NSAEBB/NSAEBB70/doc13.pdf> [20 November, 2005]. p.9.

この金日成の8月6日演説は国内向けの説明としてのみ理解されるべきではない[11]。この演説は対中関係において非常に重要な意味をもつものであった。すなわち8月6日演説は、ニクソン訪中計画の発表後、各国の批判に直面していた中国を側面支援することになったのである。まず7月16日にブルガリア放送が、「ニクソン訪中は反帝国主義勢力と民族解放運動を切り離そうとする手段である」と非難した[12]。次いでソ連共産主義青年同盟機関紙である『コムソモルスカヤ・プラウダ』は7月18日、ニクソン訪中発表についてソ連のメディアとして初めて論評し、「このニュースはとくに予期されなかったわけではないが、実に異常なことである」と評した[13]。そしてベトナム労働党機関紙『ニャンザン』も7月19日に「ニクソン・ドクトリンは間違いなく失敗する」という題の社説を発表した。『ニャンザン』社説はニクソン・ドクトリンが、「社会主義諸国を分断して、その一部を味方に引き入れ、民族解放運動に反対するためにこれを他の部分と争わせること、さらに社会主義諸国内部に反革命的な平和的変革をすすめること」、「大国間の妥協を達成して、小国を彼らの取り決めに従わせることを図ること」から成っていると米中接近の動きを非難した[14]。このように中国は、社会主義国や民族解放運動勢力との関係において孤立する可能性があった。

　このような状況において、北朝鮮の対中支持姿勢は中国にとって歓迎すべきものであった。事実、8月8日付『人民日報』に、「中国の勝利」を謳った金日成の8月6日演説全文が掲載されている[15]。さらに、8月10日付『人民日報』には、「歴史の流れにさからうことはできない」という

---

(10) 『労働新聞』1971年8月7日。
(11) 李鍾奭は、この演説について、金日成が「米中和解の衝撃を吸収するための住民用の国内的論理として『米国白旗論』を掲げてきた」としている。李鍾奭、前掲書、255頁。筆者も、この演説が南北関係における重要な転機になると同時に、国内的にも重要な意味があったと考える。ニクソン訪中問題が人民教育を必要としていたことは、7月の周恩来との会談で金日成自身が述べていた通りである。しかし北朝鮮の対外関係、とりわけ対中関係における意味を見逃すことはできないだろう。
(12) 『朝日新聞』1971年7月17日。
(13) 『朝日新聞』1971年7月19日夕刊。
(14) 『朝日新聞』1971年7月20日。
(15) 『人民日報』1971年8月8日。

題による 8 月 8 日付『労働新聞』社説が紹介されたのである。この社説の内容も、ニクソンの訪中を中国の勝利と位置付けたものであった[16]。社会主義諸国や民族解放運動勢力の間で起こりうる中国批判の可能性を最小化することが、金日成の 8 月 6 日演説によって明らかにされた北朝鮮の立場であったといえよう[17]。そしてこのような北朝鮮による対中側面支援は、対米 8 項目要求として示された自らの外交目標を達成するための担保になるものであった。すでに北朝鮮は、金一訪中時の 7 月 30 日に対米 8 項目要求を中国側に示しており、中国の対米接触姿勢への支持を鮮明に打ち出すことで、自らの外交政策に対する中国側の協力姿勢をより強化しようとしていたと考えられる。

　 8 月 6 日演説で「中国の勝利」を称賛した金日成は、同時に「朝中共闘」を訴えた。金日成は、過去、そして未来においても、朝鮮人民は闘争において中国人民とともにあることを、次のように明らかにした。

　　朝鮮人民と中国人民は、米帝とその傀儡に反対する共同戦線において常に肩を抱き合って一致した歩調で闘ってきたし、実生活を通じて自分たちの運命を切り離すことができないということを体験しました。アジアにおいて米帝と日本軍国主義者の共謀結託による侵略と戦争の策動が日に日に露骨になっている今日、わが朝中両国人民は過去同じ塹壕のなかで生死苦楽をともにしながら闘いに勝利したように、これからも革命の戦友として、兄弟的同盟者として、敵のいかなる侵攻にも共同で対処する万端の態勢をさらに強固にしております。

　つい先日も朝中友好、協調および相互援助に関する条約締結の10周年を契機に両国の間では、党および政府代表団が交換され、両国の首都である平壌

---

(16) 『人民日報』1971年 8 月10日。また『労働新聞』においても、この 8 月 8 日付け『労働新聞』社説を、中国の『人民日報』、新華社通信や北京放送が「広範に紹介している」ことが紹介されていた。『労働新聞』1971年 8 月11日。さらに10月に入ってからも、金日成の 8 月 6 日演説が中国の主要メディアに紹介されていた。Schaefer, Bernd, "North Korean 'Adventurism' and China's Long Shadow, 1966-1972," Cold War International History Project Working Paper, #44, October 2004, p.35.

(17) 　ハビブ（Philip Habib）駐韓米国大使が指摘したように、北朝鮮はアジアにおいて、ニクソン訪中と米中共同声明を支持する唯一の国家であった。洪錫律「1970年代前半の北・米関係：南北対話、米中関係改善との関連の下で」『国際政治論叢』第44集 2 号、2004年、35－36頁。

と北京をはじめとする各地方において盛大な群衆集会が開かれました。この記念行事は米帝と日本軍国主義を反対し、最後まで共闘し勝利しようとする朝中両国人民の確固とした決意をあらためて全世界に示しました。

　血によって結ばれ歴史のかずかずの試練を勝ち抜いた朝中両国人民の兄弟的親善団結は不敗であります。わが人民はこれからも永遠に共同の敵に反対する闘争において兄弟的中国人民とともに進んでいくでありましょう[18]。

　この演説を契機として、北朝鮮は中国との密接な関係を維持することによる積極外交を展開していく。この積極外交を展開していく背景には、米中接近という事態にもあらわれた国際情勢の緊張緩和ムードに対する、北朝鮮の次のような認識があったといってよい。8月6日演説で金日成はさらに次のように述べていた。

　現在、ニクソンの中国訪問計画と関連して帝国主義陣営内部は、新たな混乱と瓦解の状態に陥りつつあります。米帝に完全に追従し、中華人民共和国に対する敵視政策を誰よりも先んじて行ってきた日本首相の佐藤は慌てふためき、毎日のように矛盾したことを言いながら自らの反動的政策の破産を覆ってしまおうと躍起になっています。米帝に盲従してきたその他の追従国家と傀儡も皆右往左往しており、特に蒋介石徒党と南朝鮮傀儡徒党は一大不安と恐怖にさいなまされ喚いております。全般的情勢は日ごとに我々革命を行う人民に一層有利に転変しております[19]。

　ここで金日成は、ニクソン訪中によって浮き彫りにされた「帝国主義陣営内部」の矛盾が「革命を行う人民」に有利な情勢を醸成しているという考えを明かしている。そして実際にこのような状況を北朝鮮指導部は歓迎していた。1971年9月に訪朝した『朝日新聞』の波多野中国アジア調査会主査は、「北朝鮮首脳部は一時的にせよアジアをめぐる国際情勢は緩和方向に向かっていると判断しているようであり、〔北朝鮮の〕基本的な政策は変わらないが、諸々の政策はこの国際情勢の変化に即応させつつ対処してゆこうとの考えのようであった。さしずめ米中接近の動きを見きわめた上でキメ細かく決めたいということのようであった」と、北朝鮮の国際情勢認識を理解していた。金日成は、ニクソン・ドクトリンをはじめとする

---

(18) 『労働新聞』1971年8月7日。
(19) 同上。

アメリカのアジア政策はいつでも修正されうるものであり警戒は怠ってはならないと述べたが、一時的ではあっても緊張緩和は歓迎すべきものであると認識していたのである[20]。

緊密になる朝中関係　ところで、北朝鮮と中国の間の関係緊密化は、経済や軍事協定の締結という形にも進展した。8月15日、中国政府は周恩来首相同席の下に、招請した北朝鮮経済使節団との間で経済協力協定を締結した[21]。9月6日には北京で、中国が北朝鮮に軍事援助を無償で提供することに関する朝中間の協定が締結された。協定調印式には周恩来も出席し、朝鮮人民軍総参謀長呉振宇（オジヌ）と中国人民解放軍黄永勝総参謀長が協定に調印した[22]。

緊密の度合いを増す朝中関係をめぐっては、北京や平壌に駐在する東欧諸国の外交官も情報交換をすすめていた。例えば、中国の喬冠華外交部副部長は1971年11月、北京駐在ポーランド大使に、「南朝鮮と南ベトナムには大きな違いがあり、朝鮮統一問題は平和的方法により成されなければならず、北朝鮮の交渉提案は正しいアプローチである」と語っていた。このことは、11月16日に在北京東ドイツ大使館から東ドイツ本国に報告されている[23]。また中国が国連において北朝鮮を支援する意欲を持っていたことも、平壌においてソ連大使館一等書記官から東ドイツ大使館側に伝えられている。11月15日に平壌でもたれた中ソの外交官の対話では、中国大使館の一等書記官が、北京は朝鮮戦争停戦協定の失効、国連韓国統一復興委

---

(20)　「北朝鮮事情について」、フィルム番号Ｄ－0012ファイル番号18『北韓一般、1972』、フレーム番号7－8、韓国外交史料館文書。外務省では、1971年9月17日から北朝鮮を訪問した『朝日新聞』後藤基夫編集局長に同行した波多野中国アジア調査会主査より、北朝鮮の事情について聴取をしていた。その聴取を基に作成された北東アジア課作成の12月17日付け「北朝鮮事情について」という報告書が、韓国外交史料館所蔵の韓国外交文書に収められている。

(21)　『労働新聞』1971年8月17日。

(22)　『朝鮮時報』1971年9月18日。『中共・北傀間各種条約締結現況　1949〜1975・6＜海外問題第2号＞』ソウル：国会図書館海外資料局、1977年、45頁。このような朝中間の軍事交流や中国の対朝軍事支援について、平壌の東ドイツ大使館では、中国が米国との間で平壌にとって不利な取引をするのではないかという北朝鮮側の恐れを和らげるために中国側が強化したものであるという分析をしていた。Schaefer, *op.cit.*, p.36.

(23)　Schaefer, *op.cit.*, pp.35-36.

員団の解体などを提案していくとソ連側に伝えていた[24]。

これらの事実からも朝中両国の間には、朝鮮統一問題に関する平和的方法によるアプローチを取ることの了解が存在していたことがわかる。米中和解で流動化する東アジア国際関係のなかで、北朝鮮は中国との関係を緊密にすることで、自らの外交政策展開の地歩を固めたのである。

2 「代理交渉者」としての中国とニクソン訪中

中国の代理交渉　1971年10月、キッシンジャーは2度目の訪中をはたした。この度の訪中はニクソン訪中の準備訪問の性格が強かったため、10月20日から26日にかけて行われた周恩来・キッシンジャー会談の半分が共同コミュニケの草案作りに割かれた。しかしながら、周恩来とキッシンジャーの間では朝鮮問題も討議されていた。

このキッシンジャー10月訪中の際に、7月に中国側に示されていた北朝鮮による対米8項目要求が、周恩来から米側に伝えられた。周恩来は、対米8項目要求をキッシンジャーに伝えるに際して、「我々は朝鮮民主主義人民共和国と立場を共にしており、この8項目をあなた方に伝える義務がある」と述べた[25]。キッシンジャーは北朝鮮の8項目要求に対して、これといった反応を示さなかった[26]。しかしながらキッシンジャーは、周恩来との会談で、米側に在韓米軍削減計画が存在し、国連韓国統一復興委員団解体について研究中であり、アジアにおける日本の軍事的膨張に反対であるという立場を明らかにしたのであった[27]。

このキッシンジャー訪中直後の11月1日から3日にかけて、金日成は中国を非公式に訪問し、周恩来との会談に臨んだ[28]。金日成は、2度目のキッシンジャー訪中による米中会談を終えた中国側との協議を必要として

---

(24)　Schaefer, *op.cit.*, p.36.

(25)　Document 13, Memcon, Kissinger and Zhou, 10/22/1971, "Negotiating U.S.-Chinese Rapprochement-New American and Chinese Documention Leading Up to Nixon's 1972 Trip," p.7.

(26)　王泰平主編、前掲書、40頁。

(27)　Document 13, Memcon, Kissinger and Zhou, 10/22/1971, "Negotiating U.S.-Chinese Rapprochement-New American and Chinese Documention Leading Up to Nixon's 1972 Trip," pp.4-17.

(28)　中共中央文献研究室編『周恩来年譜（下）』北京：中央文献出版社、1997年、493頁。

いたといえよう。また、北朝鮮の要求を米国側に「伝える義務がある」とした周恩来が、キッシンジャーとの会談結果を金日成に伝えたであろうことは想像に難くない。金日成と周恩来の会談では、周恩来・キッシンジャー10月会談の結果に基づいて、今後朝中両国がとるべき行動について協議されていたのであろう。実際に、この金日成と周恩来の会談を経て、北朝鮮指導部は外交攻勢の推進を朝鮮労働党の政策として決定したのである。

金日成11月訪中後の11月15日から、朝鮮労働党中央委員会第5期第3次全員会議が開催された。これは北朝鮮の対南・対外政策にとって重要な会議となった。この会議の重要性については当時から注目されていた。例えば1972年4月19日付『読売新聞』に「北朝鮮、余裕の柔軟外交」という表題の記事が掲載されている。そこでは北朝鮮の外交政策と統一政策の関連性が次のように解説されていた。

> 北朝鮮の対外姿勢転換は、昨年11月の労働党中央委員会第5期第3次全員会議で基本方針が決められたといわれる。具体的な決定内容は正式には明らかにされていないが、消息筋の分析によると、およそ次のような新しい方針が打ち出されたという。①米国の力が後退し、時代は社会主義の側にある。韓国政権はすべての面で矛盾に陥って自然に弱っていき、韓国民の統一意識も高まるのだから、いま統一のために事を起こすのは賢明ではない。②いまは、緊張緩和の国際潮流に順応し、とくに中国の地位向上を利用して、多極化時代にも備え日本など多数の国との関係改善を図るのが先決である。③関係改善にあたっては、北朝鮮の統一政策に対する支持とりつけにつとめ、日本や米国では支持世論の喚起に努力する。④同時に経済協力を増進させ、韓国を上回る国力培養をねらいながら、有利な時期を待つのが、結局は統一への近道である[29]。

このように北朝鮮の外交攻勢は、中国という「代理交渉者」を通じて米国側の感触を探る過程を経て、1971年11月の党全員会議で承認されたのであった[30]。

---

(29) 『読売新聞』1972年4月19日。
(30) オーバードーファー（Don Oberdofer）の研究では、1972年7月4日の南北共同声明発表からまもなく、ベルリンの北朝鮮大使は東ドイツの党政治局に対して、「北朝鮮の平和攻勢が71年11月と72年7月に開いた労働党の会議で承認され

南北平和協定締結提案と米中首脳会談　1972年に入ると、北朝鮮の米中会談に対する期待が表面化した。金日成が、南北朝鮮関係においてそれまでにはなかった提案を行ったのである。金日成は1972年1月10日、訪朝した『読売新聞』の高木健夫、佃有両特派員との会見で、次のように述べた。

> われわれは、民族内部の問題であるわが祖国の統一問題が、外部勢力の干渉によってではなく、朝鮮人自身の手によって、しかも平和的な方法によって解決されなければならないと終始一貫、主張している。われわれは昨年4月、共和国最高人民会議が示した8項目の平和統一提案と8月6日の演説、それに今年の新年のあいさつで祖国の平和的統一のための方針を再三明らかにした。
>
> 朝鮮での緊張状態を緩和するためには、なによりも朝鮮停戦協定を南北間の平和協定にかえる必要がある。われわれは、南北が平和協定を結び、互いに相手方を攻撃しないと宣言し、南朝鮮から米帝国主義侵略軍を撤退させる条件のもとで、南北朝鮮の兵力を大幅に縮小することを主張する。われわれは、われわれに「南侵」する考えがないということを再三にわたって明らかにした。もし南朝鮮の為政者に「北侵統一」の意図がなければ、南北が平和協定を結ぶことに同意できない、いかなる理由もないはずである[31]。

北朝鮮による南北平和協定締結の提案は以前から行われていたが、それには在韓米軍の撤退がその前提とされていた[32]。しかし『読売新聞』とのインタビューで明らかにされた南北平和協定締結提案は、必ずしも在韓米軍の撤退を先決条件とするものではなかった。事実金日成自ら、翌11日に行われた日本社会党の川崎寛治国際局長との会談で、「私たちは、今ま

たと述べた」と指摘されている。Oberdorfer, Don, *The Two Koreas : A Contemporary History,* London : WarnerBooks, 1999, p.25. 石橋は、北朝鮮がこの第3次全員会議において、国際関係を南北統一に有利な方向へと積極的に活用することを統一政策として確認するとともに、南北の政治接触を推進していくことを決定した可能性が高いと指摘する。石橋克巳「南北対話と北朝鮮外交政策——国連中心の積極外交と米中接近の影響を中心に」東京大学大学院総合文化研究科修士学位論文、2001年。しかしながら両者の研究においては、この第3次全員会議が、その直前の71年11月におこなわれた金日成訪中の結果をふまえたものとなっている点については言及されていない。

(31)　『読売新聞』1972年1月14日。
(32)　第1章第3節参照のこと。

でも平和協定の提案を行ってきましたが、こんどの平和協定が過去のものとちがう点は、前は米軍が撤退する条件のもとで南北間の平和協定を結ぶということであったが、こんどの提案では今にでも平和協定を結び、武力を使用しないことを宣言し、それから米軍がでていくという条件のもとで、兵力を相互に縮小するということ」だと述べている[33]。

　米国側は、この金日成の発言を確認すべく行動を起こした。在日米国大使館は、2月15日、この金日成の「平和提案」の確認のために川崎と接触した。川崎によれば、『社会新報』の記事は北朝鮮当局にも許可を得たものであり、北朝鮮側もこの記事の公開を承諾したという。金日成は川崎との会見で述べたように、米軍の撤退は南北朝鮮平和協定の前提条件にはならないが、その後の南北間の相互軍縮の前提条件にはなるということを特に強調した。そして金日成は、この会見を「公式な立場」とすることを意図しており、アメリカ政府と日本政府の反応を待つという立場を明らかにしたという[34]。

　この南北平和協定締結の提案は、金日成が2月に予定されていたニクソンの訪中を意識していたことを示唆している。北朝鮮としては、在韓米軍撤退に関して柔軟な姿勢を示すことで、米中首脳会談における在韓米軍撤退問題討議の進展を促すことを試みたのではないだろうか。後に朝鮮総聯の金炳植(キムビョンシク)第1副議長は、『ワシントン・ポスト』のセリグ・ハリソン（Selig S. Harrison）東京特派員とのインタビューにおいて、金日成がニクソン訪中の前に朝鮮問題解決の方針を明らかにしたと述べている。そして金炳植は、韓国からの米軍撤退が、北朝鮮と米国の間における関係拡大および対決終息の先行条件になる必要は必ずしもなく、米軍撤収に先立ち、南北間の不戦条約締結が望ましいと述べたのであった[35]。

　1972年2月21日からニクソン米国大統領が中華人民共和国を訪問し、28

---

(33)　『社会新報』1972年1月26日。

(34)　Telegram from the US Embassy in Japan to the Secretary of State, 2/16/1972, Political affairs and relations：Political parties, 1970-1973, 韓国国会図書館所蔵米国務省文書、請求記号：ＭＦ007612。川崎によれば、北朝鮮側は、それまでの社会党代表団の訪朝時よりも率直かつ柔軟であった。そして川崎自身が、北朝鮮が「大きな新たな動き」の窓口として川崎を選定したことに興奮していると述べている。

(35)　*Washington Post,* March 7, 1972.

日には米中共同コミュニケが発表された。共同声明においては、朝鮮民主主義人民共和国政府が1971年4月12日に提起した、朝鮮の平和統一に関する8項目方案と国連韓国統一復興委員団を解体することを求める立場を中国が支持し、一方の米国は朝鮮半島における緊張の緩和と交流の増大を求める大韓民国の努力を支持した[36]。

　ニクソン訪中から間もない3月7日から9日にかけて周恩来が平壌を訪問し、米中会談の経過について説明した[37]。周恩来によれば、ニクソンは「日本が台湾、韓国に進出することを支持しない」という意思を黙契として表した。また、米中共同声明の「両国が第三国のために代わって交渉するつもりはない」という条項は米国が積極的に主張したものであるが、中国はこれは朝鮮にも適用されるが、「軍事停戦委員会においては、中国は北朝鮮の側であり、停戦委員会では中国のこのような地位を忘れてはならない」という点を米側に強調したという[38]。金日成は、中国側が米中会談において朝鮮問題に特別な配慮を示したことについて感謝の意を表した[39]。

　以上に述べてきたとおり、北朝鮮指導部は中国との密接な関係を維持することで、米中和解という事態に対処していた。キッシンジャーやニクソンの訪中を前後して、朝中双方の首脳による訪問外交が継続的に行われていた。北朝鮮は中国という「代理交渉者」を通じて対米交渉を進めていたといえるだろう。

　疎遠になる朝ソ関係　　ところで、悪化していた中国との関係の回復を図り、米中接近に際しては中国との協調姿勢を維持していた北朝鮮だったが、その一方でソ連との関係は疎遠になっていった。1972年2月の許錟（ホダム）外相の訪ソとブレジネフ書記長との会談は、朝ソ関係の微妙な空気を物語っている。

　1972年2月22日から26日にかけて、北朝鮮の許錟外相は訪ソし、25日に

---

(36)　朝鮮の平和統一に関する8項目方案については、本章第2節第1項を参照。
(37)　ニクソン訪中とその結果についての周恩来の説明を受けて、南北間の接触も急進展していく。詳細は本章第2節を参照。
(38)　王泰平主編、前掲書、41頁。
(39)　同上。

はブレジネフ書記長との会談を行った。これはニクソン訪中の時期と重なっており、西側消息筋では許鋏とブレジネフの会談について、「ニクソンの中国訪問を契機に北朝鮮を説得するためのものである」という憶測を生んでいた[40]。例えば『朝日新聞』では、「許鋏外相を団長とする政府代表団とブレジネフ書記長が会談をもったことは、異例のことといえる。ニクソン訪中に警戒心をいだいている北朝鮮に対して平和統一案を支持することによって〔ソ連は〕積極的に抱き込みをはかっている」と解説されていた[41]。韓国外務部でも、ソ連が許鋏を招請したのは、ニクソンの中国訪問を内心不満に思っている北朝鮮を、「説得・包摂しようとする意図であったことは明白」であるという評価であった[42]。

　実際に、ソ連側はニクソン訪中という事態に際して、北朝鮮と中国との関係に疑心を抱くようになっていた。ソ連外交官は、北朝鮮の使節団数人が2月下旬のニクソン訪中期間に北京に滞在していたことを確認している。1月の初旬には、金日成が北京を秘密訪問していたとソ連の外交官は認識していた[43]。このような朝中関係の展開から、ソ連は北朝鮮を中国の第一の同盟者であり、中国の指導に従順であると理解すると同時に、北朝鮮代表とニクソン訪中団構成員の間で接触が持たれる可能性をも排除しなかった[44]。さらにモスクワは、ニクソン訪中を米国が「中国の力の前に跪いた」と称える北朝鮮を、近視眼的であるとして不平をもらしていた。ソ連の立場からすると、北朝鮮はソ連に対する中国と米国の共通の関心を

(40)　「1972年度ソ・北韓関係」、フィルム番号D-0012ファイル番号7『北韓・蘇聯関係, 1972』、フレーム番号21、韓国外交史料館文書。
(41)　『朝日新聞』1972年2月27日。
(42)　この評価の根拠として、①許鋏が東欧訪問の往路と復路においてモスクワを経由したにも関わらず、公式訪ソ日程をあえてニクソン・周恩来会談時期にあわせて2月22-26日に設定し、東欧訪問の途中にモスクワを通過したこと、②政府代表団は儀典慣例上、国家元首であるポドゴルヌイや首相であるコスイギンが接見するのが慣例であるが、許鋏は事実上の実権者であるブレジネフ共産党書記長と接見したこと、③ソ連の新聞が許鋏訪ソを3度も報道し「兄弟国」としての待遇をしたこと、④北の政府代表団が中国を訪問していないことをあげている。「北傀・中・ソ三角関係展望」、フィルム番号D-0012ファイル番号5『北韓의 対中国（旧中共）・蘇聯関係 1972』、フレーム番号6-7、韓国外交史料館文書。
(43)　この情報を北朝鮮側は否定した。
(44)　Schaefer, *op.cit.*, pp.36-37.

見逃しがちであった。ソ連側には、北朝鮮が主に中国の支援をえて朝鮮統一を達成しようとしていると捉えられていたのである[45]。

第2節　南北対話の始まり

1　対南接触の試みと8項目平和統一方案

水面下での接触　金日成は8月6日演説のなかで、南当局との対話を推進する意思があることを明らかにした。金日成は次のように語りかけた。

> 南朝鮮の為政者が我々の8項目平和統一方案を受け入れるか否かはさておくとして、彼らが真に国の統一を望むのであれば、なぜ南北が接触し交渉することを恐れるのでしょうか。我々は南朝鮮の民主共和党を含む全ての政党、社会団体、および個別的人士といつでも接触する用意があります[46]。

この金日成の演説が行われた後に、韓国側が赤十字会談を提案することで、1971年9月に南北赤十字予備会談が始まることになった。先行研究では、南北対話の開始に対する米中関係改善の影響が指摘されている[47]。この点についてはキッシンジャー自身も認めている。1971年10月に北京にて行われたキッシンジャー・周恩来会談において、キッシンジャーは、板門店で行われている南北赤十字予備会談について、「我々の7月の議論が、この問題を促進したと思います」と述べている[48]。さらにキッシンジャーは、「あなたとの会談の後、我々が赤十字の接触を促した[49]」とも周恩来に述べていた。つまり、米国が韓国に対して南北朝鮮間の接触を促したということである。実際に米国は、南北接触に対する韓国政府の見解についての情報収集を試みていた。例えば1969年12月の段階で、ポーター（William Porter）駐韓米国大使は、金炯旭前韓国中央情報部長に南北対話

---

(45)　Ibid., pp.37-38.

(46)　『労働新聞』1971年8月7日。

(47)　例えば、李三星・金台鎰「1965年-80年期の国際環境変化と南北韓統一政策」李三星ほか『"平和統一"のための南北対決』（이삼성・김태일「1965년-80년기간 국제환경 변화와 남북한 통일정책」이삼성외『"평화통일"을 위한 남북대결』소화）ソウル：小花、1996年、60-62頁。

(48)　Document 13, Memcon, Kissinger and Zhou, 10/22/1971, "Negotiating U.S.-Chinese Rapprochement-New American and Chinese Documention Leading Up to Nixon's 1972 Trip," p.5.

(49)　Ibid., p.13.

の可能性について問い合わせていた⁽⁵⁰⁾。

　一方、周恩来も米中関係の改善が南北関係を促進することを認めている。訪中したニクソンとの会談で、ニクソンが、南北ともに「感情的に衝動的」な朝鮮人が米中両国を困惑させることのないよう影響力を行使し、二度と朝鮮半島を米中の争いの場にしないよう周恩来と協力する用意があると述べたのに対して、周恩来は、そのようにすることが南北の接触を促進するとの見解を示した⁽⁵¹⁾。このように、米中関係の改善が南北朝鮮間の対話を促進したことを、米中双方の指導者が認めていた。

　しかし北朝鮮指導部は、米中接触が顕在化する以前から南北の直接接触に興味を持ち始めていた。そのことを証明するように、1970年秋に入り北朝鮮は南北の接触を日本において試みていたのである⁽⁵²⁾。1972年に南北調節委員会の南側代弁人を務めた李東馥(イドンボク)の回想によれば、北朝鮮は東京を舞台に、「工作員を通じて、韓国の有力な日刊新聞『韓国日報』の社主で、政府の副総理兼経済企画院長官」であった張基栄(チャンギヨン)の訪北を推進した⁽⁵³⁾。

---

(50)　1969年12月29日、ポーターは前中央情報部長の金炯旭と会い、安定した政府、国連の支持、米国の駐屯、北朝鮮よりも圧倒的に多い人口、そして北朝鮮よりも優位に立つ軍事及び産業能力などを考えると、韓国の友好国はなぜ韓国が北朝鮮の宣伝攻勢に積極的に対応しないのか不思議がっていると述べた。そしてドイツ、ベトナムでは相互直接接触を認めているのであるが、韓国指導層は南北対話にどのような意見を持っているのか知りたいと述べた。これに対して金炯旭は、北との接触には韓国の構造があまりにも脆弱であり、朴大統領が北との接触や対話を行うと、国民が彼を容共主義者だと非難し混乱をもたらすであろうと応じた。Airgram from the US Embassy in Korea to the Department of State, 1/2/1970, Political affairs and relations: Korea-US, 韓国国会図書館所蔵米国務省文書、請求記号：ＭＦ007610。

(51)　Document 3, Memorandum of Conversation, 2/23/1972, *Record of Historic Richard Nixon-Zhou Enlai Talks in February 1972 Now Declassified* <http://www.gwu.edu/~nsarchiv/nsa/publications/DOC_readers/kissinger/nixzhou/13-17.htm>.［20 November, 2005］. pp.16-17.

(52)　下斗米伸夫の著作では、北朝鮮が韓国との関係改善を最初に考えたのは、1970年、ソ連との同盟10周年を前にしてであったとされている。下斗米伸夫『アジア冷戦史』中公新書、2004年、124頁。なお朝ソ友好協力相互援助条約は1961年7月6日に締結されている。

(53)　李東馥「対北会談専門家李東馥の秘録②――南北対話の全てを語る」(이동복「대북회담전문가 이동복의 비록②――남북대화의 전부를 말한다」)『月刊朝鮮』2000年10月号、朝鮮日報社、490頁。なお李東馥によれば、この東京を舞台にした北朝鮮による張基栄前副総理の訪北交渉は、平壌当局の統制下にあったことが、71年11月板門店における初の「政治的接触」において確認されたという。李東

張基栄はこのような北の動きを韓国中央情報部に知らせ、中央情報部は北の動きに興味を抱いたという[54]。そこで韓国側は、中央情報部を中心に北の意図の分析に熱中し、「離散家族」という人道的問題をもって、直接北の真意を確かめてみるという判断に至るのであった[55]。そこへ、「民主共和党を含む南朝鮮の全ての政党、社会団体、個別人士と会う用意がある」とした、金日成の8月6日演説が行われたのである。

　なぜ1970年秋に入り北朝鮮は南北接触を模索したのか。北朝鮮の行動に影響を与えたと考えられる次のような要因を挙げることができるだろう。第一に、在韓米軍削減問題の顕在化である[56]。1970年7月5日、ロジャーズ（William Rogers）米国務長官は、ベトナム参戦国会議に参加中の崔圭夏（チェギュハ）韓国外務部長官に、在韓米軍の削減計画を伝えた[57]。そして6日には、ポーター駐韓米国大使から丁一権（チョンイルグォン）韓国国務総理に、公式に在韓米軍削減の意思が通告された[58]。8月末には、在韓米軍削減問題で韓国政府を説得するために訪韓していたアグニュー（Spiro Agnew）米国副大統領が、韓国から台湾に向かう機内での同行記者との会見で、将来的な米軍完全撤退の可能性をも示唆した[59]。在韓米軍削減問題をめぐって韓米関係にお

　　　　馥「対北会談専門家李東馥の秘録③──南北対話の全てを語る」『月刊朝鮮』
　　　　2000年11月号、朝鮮日報社、576頁。
(54)　南北調節委員会委員も務めた康仁徳（カンインドク）は次のように回想している。張基栄は、「もともとIOC委員であったため各種国際競技などで北韓側と何度も接触していた。おそらく北韓では、彼を対南接触窓口として考えた模様だ。張副総理は北側から自分に政治的な接触があったと政府に報告してきた」。康仁徳、ソン・ジョンファン「南北会談：7.4から6.15までの研究」（강인덕、송종환「남북회담：7.4에서 6.15까지의 연구」）2002年度学術振興財団協同研究支援事業研究結果報告書、343頁。
(55)　李東馥「対北会談専門家李東馥の秘録②──南北対話の全てを語る」、490頁。1970年12月に新たに韓国中央情報部長に就いた李厚洛の下で対北政策立案に関与していた康仁徳は、1971年の2月末か3月頃に対北提案の作成に取り掛かり、赤十字会談提案の草案を6月に完成させたと回想している。康仁徳によれば、71年7月末には、対北提案を8月12日に発表することが決められていた。康仁徳、ソン・ジョンファン、前掲論文、341頁。
(56)　1971年3月27日、第7歩兵師団が韓国からの撤退を完了した。
(57)　『朝日新聞』1970年7月5日夕刊。
(58)　『東亜日報』1970年7月8日。
(59)　『東亜日報』1970年8月28日。なお、米議会における韓米関係報告書によると、この在韓米軍削減問題に関する韓米間における交渉の経緯は、おおよそ次のようであった。朝鮮戦争停戦以来、米国は韓国に2個師団を維持していたが、

ける齟齬が伝えられるなか、北朝鮮は南北間の接触を通じて韓米離間の可能性を探ったのではないか。

　第二の要因は、1970年8月15日に朴正煕大統領が8.15宣言において、南北間の「善意の競争」を呼びかけた点である。解放25周年を記念する演説で朴正煕は、北朝鮮との対話の可能性について初めて言及した。金日成に対する批判は含まれていたものの、それまでこれといった統一方案を示すことのなかった朴正煕政権としては画期的な呼びかけであった[60]。朴正煕による8.15宣言は、米国との交渉の結果として出されたものであっ

1970年3月下旬、ポーター駐韓米大使は、米軍削減の決定を朴正煕大統領に伝えた。その後、韓国政府からの強烈な反発が数ヶ月続いた後、6月末、ポーターとラナード（Ronald Ranard）国務省朝鮮課長は、韓国側と軍削減の日時を調整することを真剣に考える時だと思うようになった。それは、7月21日と22日に開催が予定されていた定例の米韓国防相会議前に発表すれば、韓国国防相が米国の立場を覆すというような過ちがおこらないためであった。ホノルルで開かれた米韓国防相会議で米側は、軍削減を白紙に戻すことを求めた韓国側提案を拒否し、韓国側はベトナム参戦中の韓国軍をもって、削減された米軍に充当させると脅したという。ラナードによれば、この会議は、彼が参加した会議のなかでもっとも難航したものであった。会議での韓国の失望と米国の軍削減への意欲の結果、アグニュー副大統領が8月24日から26日にかけてソウルを訪問した。アグニューは、自分が選ばれたことについて、他の人より、幾分タカ派的であったためであり、そのため信頼性を持つからであると考えていた。しかしこのアグニュー訪韓も韓国を説得することには失敗したのである。U.S. Congress, House, Committee on International relations, Subcommittee on International Organizations, Report, *Investigation of Korean-American Relations*, 95th Congress, 2nd Session, 10/31/1978, Washington：U.S. Government Printing Office, 1978, pp.61-71.

(60) 朴正煕は、「平和統一基盤醸成のための接近方法」に関しての構想を明らかにした。まず先決条件として、北朝鮮が緊張緩和を保障する明白な態度表示とその実践を先行すべきであり、したがって戦争挑発行為を中止し、『武力による赤化統一や暴力革命に依る大韓民国の転覆を企図してきた従前の態度を完全に放棄する』ことを宣言・実証しなければならないとされた。そのうえで、このような要求を韓国が認め、「国連」によって確認される場合に、朴正煕は、南北間の人為的障壁を段階的に除去する画期的で現実的な方案を提示する用意があるとし、北朝鮮が「国連」の権威と機能を受諾するのであれば国連における朝鮮問題討議に北朝鮮が出席することにも反対しないとした。そして朴正煕は、「民主主義と共産主義のどちらの体制が、国民の暮らしをより良くすることができ、より良く暮らせる与件をもった社会であるかを立証する開発と建設と創造の競争に立つ用意がないのか」と「善意の競争」を北に呼びかけた。「朴正煕大統領の『8.15宣言』(박정희대통령의『8.15선언』)」国土統一院南北対話事務局『南北対話白書』南北調節委員会、1978年、257－258頁。

た。70年2月に米上院外交委員会韓国問題聴聞会でポーター駐韓大使らは、北朝鮮の対南戦術変化と南北対話に関して韓国指導部と協議してきたことを証言していた。そして7月末に在韓米大使館は、韓国政府が「北朝鮮が従前のような対南攻勢政策を放棄するのであれば韓国政府も北朝鮮側と政治協商（political negotiation）に入る用意がある」という点を8月15日の光復節祝辞において明らかにするだろうと、ワシントンに報告していた[61]。

そして第三の要因として、南の政治状況における統一論議の登場を挙げることができるだろう。1971年は韓国で大統領選挙が行われる年であった。1970年9月29日、大統領選挙にむけての大統領候補を指名する新民党の党大会において金大中が勝利し、野党の第7代大統領候補となった。金大中は10月16日の記者会見で、統一政策を公にし、統一政策樹立のための汎国民的機構の樹立や、統一論議の自由を認めることを主張した[62]。金大中は南北間の緊張緩和を主眼とする最も安全な統一方案を試みるため、①南北間の書信および記者交換、②国文、科学用語など非政治分野に対する南北間の同一化推進、③南北間の自由な放送聴取の許可、④反共法改正などを主張し、特に米ソ中日四カ国による朝鮮半島での戦争抑止共同保障という「4大国安全保障論」を提示することで、選挙戦の新たな争点を作っていた[63]。北朝鮮は、統一論議が可能になった韓国の政治状況に直面したことで、南北当局者間での対話の可能性を見出したのかもしれない。

このような状況が北朝鮮指導部をして南北接触に関心を持たせ、水面下での対南接触を図ったといえるのではないだろうか。

8項目平和統一方案　非公式な対南接触を試みる中、1971年4月12日に朝鮮民主主義人民共和国最高人民会議で許鈸外相は、以下のような8項

---

(61) パク・コニョンほか「第3共和国期の国際政治と南北関係：7．4共同声明と米国の役割を中心に」（박건영외「제3공화국 시기 국제정치와 남북관계：7．4공동성명과 미국의 역할을 중심으로」）『国家戦略』第9巻4号、2003年、72－73頁。
(62) 金大中（NHK取材班構成・訳）『わたしの自叙伝——日本へのメッセージ』増補版、日本放送出版協会、1998年、264－265頁。金大中は、統一政策の提示について、「本来『統一を願うことは、祖国を思う愛国心の現れのはずであるにもかかわらず、『統一』とひとこと言っただけで『アカ』と決めつける朴政権の反統一政策と戦う必要」を痛感していたとしている。
(63) 呉明鎬『韓国現代政治の理解』（오명호『한국현대정치의 이해』오름）ソウル：オルム、1999年、329－332頁。

目の平和統一に関する提案を行い、その提案は翌13日に「南朝鮮同胞兄弟姉妹たちと諸政党、社会団体人士たちに送る朝鮮民主主義人民共和国最高人民会議のアピール」として採択された[64]。

① 米帝侵略軍の撤退
② 南北朝鮮の軍隊をそれぞれ10万ないしそれ以下にすること
③ 『韓米相互防衛条約』、『韓日条約』などの民族的利益に背く売国的、隷属的条約と協定を廃棄すること
④ いかなる外国勢力の干渉もない南北総選挙を実施すること
⑤ 南で自由な政治活動を繰り広げられる条件の醸成をすること
⑥ 過渡的対策としての南北朝鮮連邦制を実施すること
⑦ 経済的交流と科学、文化、芸術、体育分野の相互協調すること
⑧ 民族の当面課業を協議し、国の統一問題を解決するための南北政治協商会議を召集すること[65]

なぜ北朝鮮指導部はこの時期に南側の同胞に対して8項目平和統一方案をアピールしたのか。ここで注目すべきは1971年4月12日というタイミングである。4月27日に大統領選挙を控えていた南の政治状況と大きな関連があったといえよう。8項目平和統一方案は、金大中当選に対する北朝鮮の明確な期待表明ではなかったか[66]。自らの統一論を語る新民党の金大中が大統領に当選することで、南の地においても統一を志向する政権が登場することを期待していたのではないだろうか。許錟は、南の人民に朴正熙政権に終止符を打つことを求め、「新たな人民の政権が樹立されるか、新たな愛国的人士」が政権に就かなければならないと述べていた[67]。金

---

(64) 『労働新聞』1971年4月14日。
(65) 『労働新聞』1971年4月14日。この8項目平和統一方案は、後述する1972年1月10日の『読売新聞』の高木健夫、佃有両特派員との会見の際に、金日成によって北朝鮮の平和統一方針の一つであるとされた。
(66) 韓国大統領選挙の際にはしばしば「北風」が吹くといわれる。北側がある特定候補に有利になるよう働きかける場合もあれば、ある候補が北朝鮮の脅威を力説することもある。なお、韓国政治における北朝鮮要因については、シン・ジョンデ「韓国政治の北韓要因研究：1961-72年を中心に」(신종대「한국정치의 북한요인 연구：1961-72년을 중심으로」) 西江大学校政治外交学科博士論文、2002年12月、が詳しい。

日成も、選挙後ではあるが、71年9月に訪朝した『朝日新聞』の後藤基夫編集局長との会見の際、「さきの大統領選挙では朴正熙が勝ったが、金大中は南北交流、警察政治の排除を主張して人民の支持をうけた。もし公正な選挙が行われていたならば金大中が勝ったかもしれない」と分析していたという[68]。一方、韓国の与党である民主共和党のスポークスマンは、4月14日に新民党の公約が北の「偽装平和攻勢の道具」として利用される結果を招いたと非難した[69]。

　このように北朝鮮は、1970年秋に対南接触に興味を示し、71年4月には8項目平和統一方案を内外に示したのである。

　一方、韓国政府の南北対話への姿勢は受動的であった。韓国の南北対話への姿勢には、米国の意向が強く影響を及ぼしていた。韓国政府は、遅くとも1969年末の段階で米国務省から南北対話の可能性について打診されていた。70年8月の8.15宣言も米国との協議を経たものであった。71年2月にポーター駐韓米大使は、国務省宛電文において、「朴正熙が選出されようと、野党候補が選出されようと……離散家族問題から始まり、文化交流と貿易など北朝鮮と実質的な努力をすべきである」として韓国の新政府が南北対話のために北朝鮮に提起する内容と順序にまで言及していた。また「万一韓国政府が緊張緩和のために満足することのできる措置をとらないのであれば……我々が北朝鮮側と非公式対話のためのチャンネルを求めるであろうことを通告しなければならないと」と主張していたのである[70]。こうした米国側の意向に沿う形で、南北対話はポーターの主張どおり、離散家族問題から始まることになる。

2　南北赤十字会談

南北それぞれの思惑　1971年4月に8項目平和統一方案を示していた北朝鮮は、キッシンジャー訪中の影響を受けて、韓国当局との対話を進める意思を明らかにした。先述したように、金日成は8月6日演説で、韓国

---

(67)　『労働新聞』1971年4月13日。
(68)　「北朝鮮事情について」、フィルム番号D−0012ファイル番号18『北韓一般、1972』、フレーム番号12、韓国外交史料館文書。
(69)　『東亜日報』1971年4月14日。4月27日に実施された第7代大統領選挙の結果、朴正熙が634万票を獲得し、金大中に94万票差をつけ勝利した。
(70)　パク・コニョンほか、前掲論文、74頁。

の与党である民主共和党との対話にも応じる姿勢を示したのである。この演説に反応した南側は、8月12日、大韓赤十字社の崔斗善総裁による特別声明を発表した。声明は、離散家族を「今世紀における人類の象徴的悲劇」であると位置付け、南北赤十字会談を開催することを、北の朝鮮赤十字会に提議した。提案の具体的な内容は次のようなものであり、北側にこの提案に対する回答を要求した。

① 南北間の家族探し運動を具体的に協議するため、近日中に南北赤十字代表が一堂に会し会談すること
② 本会談の手続き上の問題を協議するため、遅くとも来たる10月中に「ジュネーブ」で予備会談を開催すること

これに対し北側は2日後の8月14日、平壌放送を通じて、朝鮮赤十字会中央委員会の孫成弼委員長が、大韓赤十字社崔斗善総裁あての書簡内容を全文報道するという形をもって回答した。そこでは韓国側の提案に対して、

① 南北に別れた家族と親戚、親友の間での自由往来と相互訪問を実現する問題
② 南北に別れた家族と親戚、親友の間での自由な書信往来を実施する問題
③ 家族を探し、再会を斡旋する問題

以上3点の協議を行うことも付け加えられていた。そして8月20日に板門店で書信交換を行うことを南側に求めたのである[71]。

8月20日正午、板門店中立国監督委員会会議室で南北赤十字間における初の派遣員接触があり、相互の書信が交換された。この南北朝鮮当局者の対面は4分間で終了した[72]。その後5回の南北派遣員間の接触を経て、南北赤十字予備会談が開かれることになった。

韓国側の認識では、北側が南北赤十字会談を受け入れた背景には、北朝

(71) 国土統一院南北対話事務局『南北対話白書』南北調節委員会、1978年、69-70頁。
(72) 『朝日新聞』1971年8月20日夕刊。

鮮が「最近数回にわたって南北韓対話の提案をしてきた点からすると、南韓の提議を受け入れたのは、北傀なりに受け入れざるをえない内外の圧力もあるだろうが、それよりは、北傀も同様に国際的な緊張緩和ムードをひとつの現実として受け止め、能動的に平和攻勢をリードしてみようとする考え」があったと受け止められていた[73]。しかしそれと同時に韓国政府としては、北側が「南韓赤十字社の提議に、書信往来などを付け加え、特に外国（ジュネーブ）ではなく、わが国のなかにある板門店で会おうとしている等、巧妙な政治的宣伝効果まで狙っていることは火を見るより明らか」との疑念も抱いていた[74]。

　北朝鮮側の意図に対するこのような韓国側の認識は、当を得たものであったといえる。8月18日、在日朝鮮人の北朝鮮帰国のために日本を訪れた朝鮮赤十字会の朴英植（パクヨンシク）代表団長は、新潟に北朝鮮船籍として初めて入港した万景峰号上にて記者会見を開いた[75]。朴英植は、「朝鮮民族の自主的な統一について共和国がこれまで繰り返してきた南北の交流を、米中接近など国際情勢の変化で南朝鮮の為政者もこれ以上拒否できなくなった」と述べ、南北対話が「離散家族探しにとどまらず、家族、親戚の自由な往来、手紙の交換、さらには経済交流など統一へ向けて拡大していくべき」であるが、「統一実現には米軍の南朝鮮からの撤退が大前提となる」と語った。また記者会見場での、「北朝鮮赤十字が板門店での開催を提案したのは軍事境界線という性格を統一への話し合いの窓口という性格に変える意図があるのか」との質問には次のように答えた。

　　同じ民族同士の問題を話し合う以上、祖国の地で行うのが当然だ。南朝鮮側はジュネーブを提案したが、自国の問題を話し合うのに外国へいく必要はない。板門店で同胞同士が会うことは望ましいことだし、板門店を政治的な話し合いの場とすることはよいことだ。同じ民族が同じ国土で会うのをだれも文句はつけられないだろう[76]。

---

(73)　呉明鎬報告官発大統領宛、1971年8月16日、フィルム番号D-0010ファイル番号3『南北赤十字会談予備会談、第1-10次、板門店、1971.9.20-11.24、全2巻（v.1 基本文書綴）』、フレーム番号44-45、韓国外交史料館文書。
(74)　同上。
(75)　『朝日新聞』1971年8月19日。
(76)　同上。

さらに8月21日、リ・チョルジョン駐印北朝鮮総領事が記者会見を開き、8月20日に板門店で南北赤十字社間の書簡交換があったと発表した。この会見でリ・チョルジョンは、北朝鮮は赤十字会談を統一の最初の段階として位置付けており、この会談は北の提案に南が応じたものであると明らかにした。そして、朝鮮人同士の問題であるために南側によるジュネーブでの会談提案を拒否したと述べるとともに、過去北朝鮮は朝鮮統一のために南北の政治団体指導者が軍事境界線で会談することを提案してきたと強調することで、板門店を会談場所にすることの意義を強調した[77]。

このような一連の記者会見から、北朝鮮側が南北対話の展開を赤十字会談に収めておく意思の無かったことが明らかになる。北側は、朝鮮での軍事境界線の存在を内外にアピールすることで、南北対話を政治・軍事問題討議にまで発展させようとしていたといえよう[78]。北朝鮮は南北対話で扱う問題を積極的に提示し、拡大させることで、統一問題においてイニシアティブをとろうとしていたのである[79]。

一方の韓国側は、南北対話を人道問題に限定する姿勢をアピールすることに努めた。韓国外務部では南北赤十字間の一連の接触に関連して、在外公館にむけて対策を指示していた。その対策では、韓国政府は純粋に人道的な問題のためであれば必要な協力をするという立場をとるとされており、したがって、韓国政府ではなく大韓赤十字社が南北接触を提案したという

---

(77) 駐ニューデリー総領事発外務部長官宛、1971年8月23日、フィルム番号D-0010ファイル番号3『南北赤十字会談予備会談、第1-10次、板門店、1971.9.20-11.24、全2巻(v.1 基本文書綴)』、フレーム番号105、韓国外交史料館文書。
(78) 北朝鮮側による南北対話への姿勢を表すエピソードを、20日におこなわれた南北派遣員接触での取材においても確認できる。その具体的事例として以下の諸点が挙げられていた。20日の初接触に関して北朝鮮側の外国向け報道がこれまでの板門店会議では想像もできぬくらい早く、充実していたこと。北朝鮮側報道陣が外国報道陣をも含めた韓国側をしのぐくらい多数集まり、しかもかなり友好的であったこと。北朝鮮側報道陣が赤十字会談の今後を非常に真剣に考えていたということ。北朝鮮側の報道陣の一人が、会場にはいれずに困っていた日本の通信社記者のテープレコーダーを気軽に預かって中に入り、対面の模様を全部吹き込んでくれたことなどである。『朝日新聞』1971年8月21日。
(79) 1971年9月の『朝日新聞』訪朝団も、北朝鮮は「アメリカのアジア政策に合わせつつ、統一問題についてイニシアティブをとること」を求めていると受けとめていた。「北朝鮮事情について」、フィルム番号D-0012ファイル番号18『北韓一般、1972』フレーム番号8、韓国外交史料館文書。

ことを各界に周知するよう指示されていた。つまり、韓国政府は南北赤十字間の接触に公式に関与したり、表に立つ印象を与えることを避ける立場をとったのである。また外務部では、北朝鮮の8項目平和統一方案や金日成が8月6日演説で韓国の「民主共和党を含むすべての政党、社会団体および個別人士といつでも接触する用意がある」と述べたことが政治的宣伝だけをねらったものであるのに対して、今回の大韓赤十字社の提案が人道的な見地から行われた現実的な案であるという点がひろく認識されるよう指示していた[80]。韓国政府は、「政治的な北に対する人道的な南」という構図での対北政治宣伝効果を期待していたといえよう。

予備会談の開始 1971年9月20日、初の南北赤十字予備会談が板門店中立国監督委員会会議室にて開催された。会談では冒頭から双方の見解が分かれた。韓国側は予備会談の場所や施設、随行員の数などの予備会談の運営や進行手続きについて討議・合意することを提議した。一方、北朝鮮側は本会談の議題と進行手続きに関する提案を行い、すぐにでもこれを討議・決定しようと主張した。結局この会談では、会談の効果的な運営のために南北双方の連絡事務所間の直通電話が必要であるとの意見が南側から出され、これに北側が合意することで、1945年に南北間の電話運用が中断されて以来26年ぶりに、限定的な目的ではあるものの電話が連結されることになった。この合意により南北赤十字双方は板門店共同警備区域内にある「自由の家」(南側)、と「板門閣」(北側) にそれぞれ常設連絡事務所を設置し、71年9月22日、両事務所をつなぐ往復2回線の電話線が開通した[81]。

その後、10月6日に開かれた第3回予備会談で、本会談がソウル・平壌において輪番開催されることで合意した[82]。しかし第3回予備会談では北側が本会談日程を確定することを主張し、一方の南側は具体的日程については予備会談終了直前に合意することを主張したために激論が展開され

---

(80) 外務部長官発全在外公館長宛、1971年8月13日、フィルム番号D-0010ファイル番号3『南北赤十字会談予備会談、第1-10次、板門店、1971.9.20-11.24、全2巻 (v.1 基本文書綴)』、フレーム番号7-8、韓国外交史料館文書。
(81) 国土統一院南北対話事務局、前掲書、74-75頁。
(82) 同書、75-78頁。

た。結局この問題をめぐって双方は平行線をたどり、第6回会談まで進展が見られなかった[83]。

本会談の日程問題について合意に至らないなか、10月27日に行われた第6回予備会談では韓国側が本会談議題に関する南側提案を提起した。その内容は、次の通りである。

① 南北に別れた家族の生死と所在を確認し、彼らの消息を知らせることについて
② 南北に別れた家族の書信交換問題
③ 南北に別れた家族の再会斡旋および相互訪問問題
④ 南北に別れた家族の再結合問題
⑤ その他付随的に解決すべき問題（遺品送還、墓の確認、墓参など）[84]

一方、北側は家族だけでなく親戚、親友を同時に探さなければならず、このためには自由往来が先決条件であると主張した[85]。

第1回予備会談以来、予備会談と本会談進行の手続き上の問題のみが議論されてきたのであるが、ようやく第6回予備会談で本会談の議題となる「再会事業の対象」について協議されたのである。これ以降の南北赤十字予備会談は、基本的に「再会事業の対象」と「再会方法」をめぐる議論に終始した。このように赤十字予備会談が膠着の様相をみせるなか、南北間においては別の対話チャンネルが開かれていく。

第3節　7.4南北共同声明への道

1　政治対話への発展

政治会談化　1971年11月19日に開かれた第9回南北赤十字予備会談終了後、韓国側代表団の鄭洪鎮（チョンホンジン）が北朝鮮側代表団のキム・ドクヒョンに対し、赤十字会談とは別途に実務者間の秘密接触を行うことを提案し、翌20日に

---

(83)　「南北赤十字会談中間報告（第1次会談－第10次会談）」1971年11月26日、フィルム番号D－0010ファイル番号3『南北赤十字会談予備会談、第1－10次、板門店、1971.9.20－11.24、全2巻（v.1 基本文書綴）』、フレーム番号287－289、韓国外交史料館文書。
(84)　同文書、フレーム番号279。
(85)　同文書、フレーム番号289。

鄭洪鎮とキム・ドクヒョンの二人の予備会談代表の間で第 1 回目の単独接触がもたれた[86]。韓国は南北対話を人道問題に限定する消極的な姿勢であったが、71年11月には自ら別の対話チャンネルを設定する行動をとったのである[87]。

韓国側がこのような秘密接触を提起した動機として次のよう側面があったといえるだろう。まず、南北対話に関する北朝鮮側の政治攻勢を抑制する狙いがあったといえよう。韓国政府の文書である『南北対話白書』は、「北側が赤十字会談を、政治会談に変質させようとしているため、このような北側の意図を挫き、赤十字会談として限定された形で進展させるためには、別途政治的対話の通路を生じさせることで、政治性を帯びる問題を赤十字会談で討議できなくする必要があった」としている[88]。

次に、米国の影響も指摘できよう。1971年10月末にキッシンジャーが 2 度目の訪中を果たした後に南北間の秘密接触が提案されたことを考えると、米国が韓国に対してさらなる対話の必要性を促したといえるのではないだろうか。既述したように、北朝鮮も10月の周恩来・キッシンジャー会談後に、さらなる外交攻勢を推進した。李鍾奭の研究は、71年11月20日に南北当局者の間で初の秘密接触が行われた要因として、11月の金日成・周恩来会談で、朝中両国が「ニクソン・ドクトリンに基づく米軍撤収を実現させるためには、南北対話という可視的な緊張緩和措置が必要だという共通認識をもったと考えられる」点を挙げている[89]。このように米中間の対話が中国を通じて北朝鮮の政策に影響を及ぼしたとするならば、米国政府が韓国政府にさらなる対話を促したとしても不思議ではない。そもそも米国側が韓国側に対北対話を求めていたのである。

---

(86) 国土統一院南北対話事務局、前掲書、91頁。
(87) しかしながら金志炯は、北側が11月11日の第 8 回南北赤十字予備会談において、「非公開会談」の必要性を強調していたという事実にも注目する必要があると指摘している。金志炯『デタントと南北関係』ソウル：図書出版ソニン、2008年、157頁。
(88) 国土統一院南北対話事務局、前掲書、91‐92頁。韓国側が秘密接触を提起した別の動機は、「朝鮮半島情勢が依然として緊張しているなか、韓国は南北韓の過渡的な平和共存関係の定立と南北間の善意の競争を模索しており、南北間に政治的対話通路を設定することによって北との直接対話を通じ、朝鮮半島平和定着政策推進の契機を捉えようとする」ことであった。
(89) 李鍾奭、前掲書、255‐267頁。

11月20日の第1回接触で、南側は赤十字本会談議題に対するそれぞれの修正案を準備し、第10回赤十字予備会談を開くことを求めた。北側は赤十字会談とは別途、双方の首脳が信任する人物の間での秘密接触が必要であるという考えを明らかにした。第2回（12月10日）、第3回（12月17日）接触で、南側は北側に対して赤十字会談に対する誠意ある妥結を促し、北側は民主共和党と朝鮮労働党幹部間のハイレベル会談を提起するなど、南北政治会談開催を主張した(90)。

　このように、南北間の赤十字会談が膠着しながらも水面下での接触が続けられるなか、北朝鮮では南側に対して「祖国統一方案」へ応じることを促すキャンペーンを展開した。前述したとおり、1972年1月10日、金日成は訪朝した『読売新聞』高木特派員らとの会見で、南北間における平和協定の締結を主張したが、この後、『労働新聞』上では、南北平和協定の締結と政治協商の実現、「祖国統一」を促すキャンペーンが展開されたのである(91)。1月18日付『労働新聞』には、「朝鮮の平和と平和的統一のための画期的方案」という表題の社説が掲げられており、南側に平和協定締結を受け入れるよう求め、「我々の内部問題である統一問題を我々自身の手で解決する」ためには、南北政治協商を実現させなければならないと主張した(92)。

　1972年2月の米中共同声明発表を受けた後、『労働新聞』は「勝利は正義の偉業を目指す人民の側にある」という表題の社説において次のように南側に訴えている。

　　我々はここで南朝鮮為政者に一言述べたい。事実が見せてくれるように今日、米帝と日本軍国主義者は、誰の面倒をも見る余裕をなくし、またそのような立場にもない。したがって南朝鮮為政者はボスから見捨てられることの焦りと不安に震えているのではなく、真に進む道を探すべきである。外勢に

---

(90)　盧重善『南北対話白書』（노중선『남북대화백서』한울）ソウル：図書出版ハンウル、2000年、30頁。

(91)　このようなキャンペーンは、諸社会団体の委員長による談話発表の形式が用いられている。例えば、1月16日には祖国平和統一委員会委員長、17日には朝鮮職業総同盟委員長、19日には朝鮮社会主義青年同盟委員長、20日には朝鮮民主女性同盟秘書長による、金日成が提示した祖国統一方針を支持する談話が掲載されている。

(92)　『労働新聞』1972年1月18日。

依存し余命を救おうとするのではなく、民族の力を合わせ、外勢を追い出し、国を統一する道に立たなくてはならない。南北間の思想と政治的見解と信仰の差を問わずに集い、祖国統一の方途を議論しなければならず、我が方の正当な平和的祖国統一方案に呼応しなければならない。その道だけが真に進む道である[93]。

このようなアピールは、北朝鮮側が、南北間での統一問題討議に南側が応じるよう求めていた一事例だと位置付けることが出来るだろう。すでに述べたように、第2回南北秘密接触においても、北側は民主共和党と労働党幹部間のハイレベル会談を提案していた。北朝鮮は南北対話が赤十字会談から政治会談に発展することを求めており、そのためにも、日米に見捨てられる「焦りと不安に震えている」のではなく、南北間討議こそが南の当局が選ぶべき「真の道」だという論理を展開したといえるだろう。つまり、米中関係の改善という変化に直面している韓国政府の不安感を煽ることで、南北対話の進展を図ったのである。

1972年2月のニクソン訪中と上海コミュニケの発表という米中関係の進展が世界を騒がすなか、3月以降の南北実務者による秘密接触は急進展を遂げた。3月7日の第5回接触で南北実務者は、前回の接触で北が要請していた信任状を相互交換した。そして鄭洪鎮は、鄭洪鎮とキム・ドクヒョンの二人の南北実務者の「上の線」が、それぞれ李厚洛韓国中央情報部長と金英柱朝鮮労働党組織指導部長だという事実を公式化しようと要請した。さらに李厚洛と金英柱の信任状を携えた人物が相互に秘密訪問する考えも明らかにした。その目的は南北間の意思の疎通であり、政治問題討議も可能だという考えであった[94]。この南側の提案に、北側は3月10日の第6回接触時において同意したのである。ここで南北当局者間の秘密接触は、政治会談の性格を帯びるようになったといえよう。鄭洪鎮によれば、「秘密接触を始めると、北の本音は赤十字会談ではなく、政治会談にあることがあきらかになった」ため、南側も「政治会談をできない理由はないとして、政治会談を開始した」のであった[95]。

---

(93) 『労働新聞』1972年3月4日。
(94) 金志炯、前掲書、160-161頁。
(95) 鄭洪鎮「北は国力の優劣によって『連邦制』から『ゆるやかな連邦制』を駆使、録音機のような北側代表を相手に7.4共同声明合意:70年代南北対話の扉

鄭洪鎮とキム・ドクヒョンによる相互準備訪問

南側の認識に表れているように、その後も北朝鮮は対話の政治会談化を促していった。3月16日の第8回接触では、キム・ドクヒョンは、赤十字会談の促進も重要だが我々の接触がより重要だとの金英柱の見解を伝えた[96]。3月20日の第10回接触でキム・ドクヒョンは、「李厚洛・金英柱会談を希望する」との金英柱の言葉を伝え、さらに李厚洛が平壌を訪問するのであれば、金日成を意味する「最高位級」にも会えるだろうと述べた。二日後の22日に行われた第11回接触で、李厚洛・金英柱会談準備のための鄭洪鎮の平壌訪問が決められた[97]。11回に及ぶ実務者接触の結果、李厚洛・金英柱会談の準備訪問として鄭洪鎮が平壌を訪問し、キム・ドクヒョンがソウルを訪れることになったのである。

3月28日から31日にかけて平壌を訪れた鄭洪鎮は、初日の夕刻に行われた第1回目の金英柱との会談の際、金英柱に信任状と李厚洛の親書を伝達したが、その内容は「平和統一のための貴下の御高見を聞かせて欲しいということ」と、近日中に「直接対談の機会が来ることを願う」というものであった。李厚洛はこの親書を通じて、秘密接触の意義が「意思疎通」と「統一」のためにあることを明らかにした。金英柱も、金英柱・李厚洛会談の目的は「統一」であり、最終結論は金日成・朴正熙の対座を通じてもたらされなければならないという考えであった。このような点で金英柱・李厚洛会談の究極的な目的は政治的性格の「統一問題」を論議するための出会いだということを双方が確認したとみることができる[98]。

一方のキム・ドクヒョンは、4月19日にソウルを訪れた。キム・ドクヒョンに対して李厚洛は、「統一のための政治会談をはやく始めよう」と述べ、政治的統一が解決される前にでも人的、通信、経済交流を行うことを提案した。また翌20日に李厚洛は北との共同声明を採択することを考えているとも明らかにした[99]。李厚洛は、南にも北にも戦争による統一を

を開いた鄭洪鎮理事長＜インタビュー＞」(정홍진「북 국력 우열 따라『연방제』서『느슨한 연방제』구사, 녹음기 같은 북측대표 상대로 7．4 공동성명 합의：70년대 남북대화의 첫문을 연 정홍진 이사장＜인터뷰＞」)『自由公論』412号（2001年7月）、30頁。

(96) 金志炯、前掲書、162頁。
(97) 同書、163-164頁。
(98) 同書、169-170頁。

追求する「激烈分子」がいると指摘し、特に軍部を警戒して欲しいとの注文をすると同時に、李厚洛自身と金英柱の会談でこれを抑えようという政治的メッセージを北側に投げたのである[100]。

李厚洛の平壌訪問　このような鄭洪鎮とキム・ドクヒョンによる相互準備訪問を経て、李厚洛は5月2日に秘密裏に平壌を訪問し、5日までの4日間、金日成と2回、金英柱と2回にわたって会談を行った[101]。北側は、この李厚洛平壌滞在中に、金日成と朴正熙による南北首脳会談を提案した。5月3日に行われた金英柱・李厚洛会談で、金英柱は首脳会談開催を提案したのである。金英柱によれば南北対話は、政治協商から始める必要があり、政治協商をすれば離散家族探しと各種交流問題は徐々にほぐれていくということであった[102]。李厚洛は、金英柱の金日成・朴正熙会談提案について、北とは方法と時期の問題が異なるという立場であった。「統一が究極的に成し遂げられるとき」に朴正熙・金日成会談が必要であり、首脳会談には原則的に同意するが、現時点では適切ではないという考えだった[103]。

5月4日未明に行われた金日成・李厚洛会談では、金日成によって、統一の3原則、すなわち自主、平和、民族大団結という原則の案が示された。金日成は、第一に外部勢力に依っての統一はやめよう、第二に争わずに平和的に統一しよう、第三に民族団結の方向において出発点としようとの三つの点を強調し、共産主義や資本主義という問題は伏せておこうと述べると、李厚洛もその三つが最も基本的なことであると述べて、金日成に同意した[104]。また金日成は、1968年に起こった青瓦台襲撃未遂事件について

---

(99)　李厚洛は、CIAの韓国担当者であるリチャードソンとの会話で、平壌訪問期間における行動には3つのコースがあると述べた。第一は、南の優位性を説得、意見交換、北の統一方案聴取、無事帰任するというものであり、第二は平壌現地で李厚洛・金英柱共同コミュニケを発表することであり、第三は、共同コミュニケを帰任後に合意した日時に共同発表するというものであった。李厚洛自身としては第二の案を希望していた。同書、175頁。
(100)　同書、170-171頁。
(101)　『労働新聞』1972年7月4日。
(102)　金志炯、前掲書、181頁。金英柱は第3国で共同声明を発表しようとの李厚洛の案にも同意した。
(103)　金志炯、前掲書、181-183頁。

「朴大統領には大変済まない事件だった」と釈明し、「私の意志や党の意思ではなく、保衛部参謀長、偵察局長がすべて失職した」と明かした[105]。

同日午後１時から行われた２回目の李厚洛との会談で金日成は、「南側は米国、日本と結託し戦争をしようとしている。北側は南侵・赤化統一をしようとしている」という二つの誤解をときほぐした点を強調した。また金日成は朴正煕との協議の用意があると李厚洛に述べることで、金英柱が取り上げた首脳会談の提案を再度持ち出したのであった[106]。さらにこの場で金日成は、金英柱と李厚洛が接触したことを「調節委員会」と呼び、南北間で生じる諸問題を調節していこうと提案した[107]。つまり金日成は南北調節委員会の創設を提案したのである。

朴成哲のソウル訪問　李厚洛のソウル帰任後、５月29日から６月１日にかけて、金日成は朴成哲第２副首相を秘密裏にソウルに派遣した[108]。李厚洛のカウンターパートは金英柱であったが、代理として朴成哲がソウルを訪問したのである[109]。第１回目の李厚洛・朴成哲会談は、５月29日に行われた。朴成哲は、南北間の政治交渉として調節委員会を常設化しようと提案した。金英柱と李厚洛を委員長とし、この両名がさらに３－５名を任命し、緊張緩和から統一に至るまで政治・軍事問題全般についての協議と決定を行い、その執行を調節する機能を遂行しようとの提案であった。また朴成哲は、南北首脳会談をも提案した。朴成哲によれば、南北間の複雑な問題を解決するためには首脳会談が必要であった。さらに朴成哲は、李厚洛と朴成哲による相互訪問と南北当局が接触している事実を公開しようとの意見を示した[110]。

---

(104)　同書、184-185頁。
(105)　同書、185頁。金英柱も２日の李厚洛との会談の際にこの件に言及していた。この事件は誤解であり、軍部の左傾盲動主義者がおこしたことであるとして謝罪の意を表した。同書、181頁。
(106)　同書、185頁。
(107)　同書、186頁。
(108)　『労働新聞』1972年７月４日。
(109)　鄭洪鎮によると、朴成哲がソウルを訪問したのは、金英柱の持病のためであった。当時金日成は、金英柱が自律神経失調症にかかり、南北会談のような仕事を行うのは難しいと述べたという。金日成は金英柱同様に信頼する朴成哲を送ることについて、南側の了解を求めていた。鄭洪鎮、前掲論文、33頁。

この朴成哲の提案による南北接触の「公表問題」が、翌30日の２回目の李厚洛・朴成哲会談で論議を呼んだ。二人は公開するという原則には同意したが、南側は具体的な時期を定めるのは難しいという姿勢である一方、北側は一日も早く発表しなければならないという立場だった。特に朴成哲は「人民に知らせることなく、どのように教育するというのか」、「軍は直通電話の開通も知らずにいる」、「人民に知らせ、平和的に民族的大団結の方向へと教育する教材を作らなければならない」、「私たち二人が保証し、新聞に報道し、教育しながらほぐしていかなければならない」、「知らせなければ、いつ衝突事態が起きるかわからない」と述べて、南北接触の公表を強く求めた。これに対し李厚洛は「ある程度政治作業が必要だ」、「北では金日成首相の一言で人民がついていくが、我が方は異なる」、「いま知らせれば現政府が北韓にだまされているとして、軍部が決起するだろう」、「この問題は我々に任せて欲しい」と述べて、南北接触の公表は南側内部で政治的に解決する問題であるとの見解を明らかにしたのである[111]。

　31日に朴正煕を表敬訪問した朴成哲は、再度首脳会談の必要性を強調した。しかし朴正煕は「雰囲気が醸成され、条件が成熟したら私と金首相が会って胸襟を開いて話すことができる」として、「今は、そのような条件ではない」と回答した。しかし朴正煕は統一の「３原則を全面的に歓迎する」とし、南北間の「協議機構」を創設することにも賛成した[112]。そして赤十字会談の迅速な妥結を促したのであった[113]。

幻に終わった平壌発表

李厚洛と朴成哲の相互訪問を経た後、板門店

---

(110)　金志炯、前掲書、188-189頁。
(111)　同書、190頁。
(112)　同書、191頁。朴成哲のソウル訪問に関しては、６月10日にハビブ駐韓米国大使も、金正廉大統領秘書室長から報告を受けた。そこでは朴成哲が南北調節委員会、金日成と朴正煕の首脳会談、平壌とソウルで開かれた南北間の秘密会談の公表を提案したとされていた。これに対して朴正煕は、調節委員会創設には同意したが、秘密会談の公開と金日成との首脳会談は拒絶した。朴正煕によれば、首脳会談はまだその時ではないとのことであった。Telegram from the US Embassy in Korea to the Secretary of State, 6/10/1972, Political affairs and relations：prisoners of war、韓国国会図書館所蔵米国務省文書、請求記号：ＭＦ007605。
(113)　国土統一院南北対話事務局、前掲書、96-97頁。

において鄭洪鎮とキム・ドクヒョンの両実務者の間で共同声明の文案を調整する作業が開始された。6月21日、板門店での第1回実務者接触で、鄭洪鎮は李厚洛による南側共同声明草案を北側に提示した。発表場所についての李厚洛の考えは、パリやジュネーブのような第3国での金英柱・李厚洛会談の後に発表しようというものであった(114)。これに対して二日後の23日の実務者接触でキム・ドクヒョンが提示した北側案では、共同声明の発表地が平壌になっていた(115)。結局、この北側案に南北双方が合意することになる。その後の調整過程を経て、28日の第5回実務者接触で、共同声明発表のために李厚洛が平壌を訪問し、7月4日に発表されることに合意したのである(116)。

しかし突如この合意は変更を余儀なくされた。合意から6時間後の28日午後6時、鄭洪鎮はキム・ドクヒョンへの直通電話を通じて、李厚洛「部長がとても平壌にいける立場ではないので、7月4日午後10時に同時発表しよう」と要請したのである(117)。南側が李厚洛の平壌訪問をキャンセルし、ソウルと平壌での同時発表を要請した背景には、朴正熙の反対があった。李厚洛がハビブ大使に伝えたところによれば、南北間の最終合意と公式署名のために李厚洛の7月初旬の平壌訪問が企図されていたのだが、6月28日、朴正熙は李厚洛の平壌行きを望まず、その代わりに共同声明がソウルと平壌で同時に発表されるべきだとの態度を明らかにしたのであった(118)。しかしながら朴正熙は実務者による共同声明文案の調整作業が始

---

(114)　金志炯、前掲書、196頁。
(115)　鄭洪鎮は、個人的見解であるとしながらも、この北側草案の最後の部分にある「朴正熙大統領の委任により」、「金日成首相の委任により」という文言は、問題を難しくする危険があるとして削除を要請し、北側もこれに同意した。同書、197頁。この点について鄭洪鎮は、「当初北からは『金日成首相の委任により党組織部長金英柱』と書いてきましたが、我々が反対しました。朴正熙大統領の名前と国号を入れることができなかったのです。それで『上部の指示により』という文言を入れるようになりました」と回想している。その理由として、「当時は南北の対立が深刻」で、「国民の反共意識も徹底しており、北韓に対する国民感情も悪かった」ことを挙げている。鄭洪鎮、前掲論文、33頁。
(116)　金志炯、前掲書、199−200頁。
(117)　同書、200頁。
(118)　Telegram from the US Embassy in Korea to the Secretary of State, 6/29/1972, Political affairs and relations：head of state. executive branch, 1972, 韓国国会図書館所蔵米国務省文書、請求記号：MF007603。

まる前からも、李厚洛を平壌に派遣する意思はなかったようである。6月10日のハビブとの会話で金正廉韓国大統領秘書室長は、朴正熙は李厚洛を平壌に派遣することは考えていないと述べていた[119]。

鄭洪鎮を通じての南側の変更要請を、キム・ドクヒョンは「仕方ない」と述べて遺憾の意を表しながらも受け入れることになった[120]。その後7月1日の第7回実務者接触で、南北は発表時間を10時にすることを確定したのである。

2 南北共同声明と北の成果

統一3原則 1972年7月4日午前10時、ソウルと平壌で南北共同声明が同時発表された[121]。南北共同声明には、「祖国統一」をもたらさねばならないという共通の念願を抱いた南北双方が、互いの誤解、不信を解き、緊張を緩和させ、ひいては統一を促進することが明示された[122]。

北朝鮮では南北共同声明第1項の「自主、平和、民族大団結」という「祖国統一3大原則」の合意について、北側の主張を南側が受け入れたと認識した。7月5日付『労働新聞』社説は3大原則を、「我が党と政府が始終一貫して堅持してきた根本原則である[123]」と位置付けていた。8月17日にラングーンで行われたインドネシア国慶節レセプションにおいては、北朝鮮側の要請による南北朝鮮の両総領事間の接触で、パク・イングン北朝鮮総領事が「われわれが長年主張してきた平和的で自主的な統一原則を南朝鮮が受諾するようになり、とてもうれしい」と述べていた[124]。事実、

---

(119) Telegram from the US Embassy in Korea to the Secretary of State, 6/10/1972, Political affairs and relations：prisoners of war, 韓国国会図書館所蔵米国務省文書、請求記号：ＭＦ007605。金正廉によれば、韓国政府は現段階では平壌とソウルの間での高位級政治会談には関心がなかった。また調節委員会に関しては低いレベルでの接触を維持するものだと位置付けられた。そして韓国政府の戦略は赤十字会談での進展の具合をみて、慎重にすべてのチャンネルを開けておくことであった。

(120) 金志炯、前掲書、201頁。
(121) 南北共同声明全文は、巻末を参照。
(122) 『労働新聞』1972年7月4日。
(123) 『労働新聞』1972年7月5日。
(124) 駐ラングーン総領事発外務部長官宛、1972年8月18日、フィルム番号Ｄ－0012ファイル番号19『1972．7．4南北共同声明、1972．全2巻（ｖ．1 基本文書 및 米州地域反応）』、フレーム番号145－150、韓国外交史料館文書。

「祖国統一3大原則」は、金日成が提示したものであった。『労働新聞』によると、南北は金日成が提示した「祖国統一の3大原則に合意し、南北共同声明を発表」したのである(125)。この3大原則が金日成によって提示された点については、南側の南北交渉担当者であった鄭洪鎮も認めている。鄭洪鎮は南北共同声明について、「第1項の3大原則は金日成が持ち出し、第2－7項は、お互いに誹謗せず、大小問わず軍事衝突をせず、赤十字会談を成功させ、直通電話をひくことなどを実質的に行おうという南側の主張が反映された」としている(126)。このように北側のイニシアティブが顕著であった。

なぜ北朝鮮指導部は、共同声明の発表において三つの統一原則を欲したのだろうか(127)。南北共同声明が発表されたその日に朴成哲は記者会見を行っているが、そこで朴成哲は、統一への道程において外部勢力の影響力を排除する必要性を訴えている。

今日我々が南北共同声明を発表したのは、合意された内容を全世界に公開することで、国の自主的平和統一に対する双方に共通する念願と決意を再確認し、すでに成し遂げられた南北高位級会談の成果を一層強固に、そして発展させるためであります。

外部勢力によっては決して統一問題を解決することができません。厳然たる歴史的事実が証明しているように、わが国が南北に両断されたこと自体が

---

(125) 『労働新聞』1972年7月4日。
(126) 鄭洪鎮、前掲論文、31頁。
(127) 一方の韓国は、なぜ北側が提案した原則に合意したのだろうか。鄭洪鎮は、「合意書が出てくるにはお互いの主張に対する折衷が必要です。また統一原則は我々も常に言う部分ですが、それをめぐってダメだとは言えませんでした。われわれの主張は下に具体的に表されています。それと妥協することで成し遂げられたものだとみて良いと思います」と述べている。また、「我々としては、東北アジアの平和共存の趨勢に合わせて、平和を確保しなければならない、万が一でも戦争が起これば大事であるという趣旨で一種の時間稼ぎ戦略として会談が必要でした」という。鄭洪鎮、前掲論文、31－33頁。一方、李東馥は、李厚洛が、「北側の祖国統一3大原則を受け入れる過誤を犯しました。当時、実務的にも問題になり私も反対しましたが、李厚洛部長が政治的に強行したのです」と回想している。李東馥「『今は待ち、国力を育てるとき』南北基本合意書履行に戻らなければならない：南北調節委・高位級会談を遂行した李東馥教授＜インタビュー＞」(이동복「『지금은 기다리며 국력을 키워야 할 때』남북기본합의서이행으로 돌아가야 한다：남북조 절위・고위급회담 수행한 이동복교수 ＜인터뷰＞」)『自由公論』412号、2001年7月、38頁。

外部勢力のためであり、今日まで我々が統一できていないことも、まさに外部勢力の分裂政策のためです。外部勢力に依拠していては統一できないというのは、あまりにも自明のことです。したがって我々は外部勢力の干渉を排除することが祖国統一問題を解決する上での最も重要な問題だと思います。外部勢力の干渉と分裂策動がなければ、我々は同じ民族同士が団結するのに何らの障害もありません。

　南北共同声明は、一方で我が民族の志向と歴史の流れに逆流し、朝鮮の統一を妨害し分裂の永久化を追求する者達への強力な打撃になります。今日ではいかなる外部勢力も我が民族の内部問題に干渉する口実を探すことができなくなりました。

　南朝鮮に対する「北からの侵略の脅威」も存在せず、どのような「保護」も必要なくなり、わが民族自身の信念によって民族の内部問題を解決している以上、米帝国主義者はこれ以上わが国の内政に干渉してはならず、自らすべての侵略武力を持って遅滞なく出て行かなければなりません。

　日本軍国主義者はわが国に対する態度を変えるときがきました。日本軍国主義者は南朝鮮に入り、わが国を永久に分裂させようとするのではなく、南朝鮮に対する再侵略策動をただちに止めなければならず、わが国に対する敵視政策を捨てなければなりません[128]。

また金日成も、1972年9月17日に行われた『毎日新聞』特派員団との会見で次のように語っている。

　　南朝鮮人民の圧力と世界各国人民の強い世論に押され、南朝鮮当局者は南北赤十字団体の予備会談とは別途に、南北首脳級の秘密会談をやろうと提案してきた。こうしてすでに広く知られているように南北首脳会談が行われ、われわれが打ち出した祖国統一の3大原則を基本内容とする南北共同声明が発表された[129]。

　　南北共同声明に明らかに示された祖国統一の第一原則は、外部勢力に依存せず、自主的に祖国を統一しようということである。はっきり言って、国を自主的に統一するということは、米帝国主義者が南朝鮮から出ていくようにし、その他に、外部勢力がわが国の統一問題に干渉できないようにしなければならないという意味である[130]。

---

(128)　『労働新聞』1972年7月5日。
(129)　ここでいう首脳会談とは李厚洛と金英柱による会談を指すものと思われる。金日成と朴正煕による会談は実現していない。

このように北朝鮮の指導者は、7.4南北共同声明を契機として、朝鮮の統一問題から外部勢力が排除されることを強調していった。外部勢力の干渉を排除することが、統一問題を解決する上で最も重要な課題とされたのである。

また、北朝鮮政府は、「自主、平和、民族大団結」という「祖国統一3大原則」を梃子にして、韓国、米国、日本の対朝政策変化を求めた。韓国政府は統一問題を解決する唯一の対話の相手であり、その韓国と現在では民族内部の問題の解決を図っているので、外部勢力である米軍は撤退すべきであり、日本は「再侵略策動」をやめるべきであるとの論理が展開されたのである。北朝鮮は統一原則について南側と合意することで、朝鮮問題に関する外部勢力の干渉を排除する論理を展開する担保を得たのであった。

「協商機構」としての南北調節委員会　南北間で南北調節委員会の創設に合意したことも北朝鮮にとっての成果であった。『労働新聞』社説は、南北代表による調節委員会を構成し運営することを、「今回の会談における重要な成果」であると評価していた[131]。南北調節委員会の構成と運営は、南北が「外部勢力の干渉なく互いに力を合わせ、統一問題を実際的に解いていこうとする道に入ったことを意味し、統一偉業の実現において一歩前進した」ことだと評価された[132]。朴成哲によれば、南北調節委員会を構成・運営することに南北間で合意したのは、「祖国統一問題を解決する目的」によるものであった。さらに朴成哲は、南北調節委員会が実質的な「協商機構」にならなければならないと述べた[133]。北朝鮮としては、南北調節委員会を南北間で統一問題を具体的に解決していくための協議機関として位置付けたといえよう。南北間において、統一問題解決の協議機関が創設されようとしていたのである。

このように北朝鮮指導部は、南北間における統一原則と南北調節委員会創設の合意により、朴正熙政権との協議にも統一問題解決の可能性を見出したといえる。それは、1971年以来、朴正熙政権との統一問題の協議を模

---

(130)　『毎日新聞』1972年9月19日。
(131)　『労働新聞』1972年7月5日。
(132)　同上。
(133)　同上。

索していた北朝鮮による上層統一戦線形成の試みにおける成果であった。李鍾奭は、北朝鮮は対南関係において、下層統一戦線から韓国政府を相手にする上層統一戦線並行戦略を行使したと指摘している[134]。事実、北朝鮮では上層統一戦線形成の必要性を重視していた。朝鮮労働党機関誌『勤労者』に掲載された論文によれば、統一戦線において重要なことは、下層の統一に基礎をおきながらもこれを上層での統一に発展させることであった。そして、「米帝とその傀儡」による統治が危機に瀕し、「人民の革命的進出」に直面することにより、南の「上層内」は動揺しているため、「上層統一戦線」を形成すれば「南朝鮮革命と祖国の自主的平和統一への闘争において、より有利な局面を開くことになる」とされたのである[135]。また、72年8月22日に訪中した金日成と周恩来の会談でも、統一戦線をめぐって議論が行われていた。周恩来は中国共産党の統一戦線経験について語り、原則ある統一戦線の運用を強調したという[136]。北朝鮮は、上層統一戦線形成の試みにおいて、南北間における統一原則と南北調節委員会創設の合意という一定の成果を得たのであった。

　連動する赤十字会談　南北政治対話とともに南北赤十字会談も進展をみることになった。南北赤十字の間では本会談で扱う議題をめぐって予備会談が行われていたが、1972年6月5日に行われた第13回実務会議において5項目の本会談議題で合意に至り、6月16日の第20回予備会談で採択された[137]。朴成哲が6月1日までソウルを秘密訪問した直後に合意されたことから、赤十字本会談の議題は南北政治対話の影響を受けて合意に至っ

---

(134)　李鍾奭、前掲書、258頁。
(135)　キム・イルヒョン「反米救国統一戦線を成就させることは、南朝鮮革命勝利の必須的要求」(김일형「반미구국통일전선을 이룩하는것은 남조선혁명승리의 필수적요구」)『勤労者』1971年12号、53-54頁。
(136)　中共中央文献室編、前掲書、546頁。
(137)　南北赤十字は、2月21日から6月5日までの13回にわたって、「本会談議題文案整理のための非公開実務会議」をかさねた末、5項目の赤十字本会談議題に合意した。なお、5項目の議題内容は次のとおりである。①南北に別れた家族と親戚の住所と生死を調査し、知らせる問題、②南北に別れた家族と親戚の間での自由な訪問と自由な邂逅を実現する問題、③南北に別れた家族と親戚の間での自由な書信往来を実施する問題、④南北に別れた家族の自由意思による再結合問題、⑤その他人道的に解決する問題。国土統一院南北対話事務局、前掲書、80頁。

たと考えられるだろう(138)。実際に、韓国側資料である『南北対話白書』の「南北関係主要日誌」という記録には、6月5日の第13回実務会議の部分に「本会談議題文案整理作業完了、双方高位級人士交換訪問」と詳細説明が付記されている(139)。「高位級人士」とは李厚洛と朴成哲のことであろう。つまり『南北対話白書』の記述は、李厚洛と朴成哲の相互訪問によって本会談議題が合意に至ったことを示しているのである。このように赤十字会談も、南北間の政治会談の進展によって動いたのである(140)。

　南北共同声明における統一原則の合意という果実を手にした北朝鮮は、赤十字会談においてもイニシアティブをとろうとした。7月10日の第21回予備会談から南北赤十字双方は本会談代表団の構成について討議し始めたのであるが、特に注目すべきは7月14日の第22回予備会談において北側が諮問委員の問題を提起した点である。北側は、北は最高人民会議と政党・社会団体代表、南はこれに相応する国家機関と政党・社会団体から成る、それぞれ5名から7名の諮問委員団が代表団に随行するよう提案したのであった。この問題は7月19日の第23回予備会談において合意をみることにより解決するのだが、韓国側は北側が諮問委員の問題を提起することで会談の雰囲気を硬化させ、「赤十字会談を、赤十字会談という名の『政治会談』にしようとする」意図であったと受け止めた。

　実際に北朝鮮側は、赤十字会談に「南北の諸政党・大衆団体の代表」を赤十字諮問委員として参加させることで、赤十字会談の「政治会談化」を試みたといえる。北朝鮮赤十字会代表団長の金泰禧は『世界』編集部とのインタビューで、諮問委員に関する北側の立場について語った。金泰禧は、「南北赤十字会談で解決しようとする問題それ自体がほとんどすべての朝鮮人がなめている苦痛と関連している問題であり、民族の最大の課題である祖国統一問題と直接関連している問題であるだけに、北と南の当局者とすべての政党大衆団体および各階各層の人士と人民が立ちあがって共同の努力をかたむけることによって〔南北赤十字会談は〕はじめてりっぱな実

---

(138)　ソウルを訪れた朴成哲に対して朴正煕が赤十字会談の早期妥結を促していた。同書、96－97頁。
(139)　同書、318頁。
(140)　南北の赤十字の間では、8月11日の第25回予備会談で本会談の開催日時と場所が決められた。第1回本会談を1972年8月30日に平壌で、第2回本会談はソウルで開催されることが決められた。同書、81－89頁。

をあげること」ができると赤十字会談を意義づけた。それ故に「朝鮮民主主義人民共和国赤十字会代表団は、諮問委員として各階各層の意思を代表する諸政党、大衆団体の代表を参加させ、ピョンヤンとソウルで開かれる歴史的な最初の会議に南北の諸政党・大衆団体の代表を一同にまねいて祝賀演説をおこなうことを提起」したのであった[141]。このような北側による「政治会談化」は、かねてから南北朝鮮の諸政党・社会団体による南北政治協商会議の開催を求めていた北朝鮮側の方針から導かれたものだといえよう[142]。

さらに北朝鮮指導部は、南北赤十字会談の展開を日朝関係にリンクさせた。北側は、諮問委員の一人として、朝鮮総聯の金炳植第1副議長を選定したのである。1971年夏以降、南北赤十字予備会談の展開と並行するように、日朝間では在日朝鮮人の「祖国自由往来」実現をめぐる「攻防」が繰り広げられていた[143]。金炳植が赤十字諮問委員に選定されたことは、日本政府としても金炳植の北朝鮮訪問後における日本再入国を検討せざるをえない問題となるのであった。

これまでみてきたように、北朝鮮指導部は1971年10月に中国を通じて米国に対米8項目要求を提示して以来、朝鮮の統一問題を南北間の問題として特化させるよう努めてきた。つまり統一問題の「朝鮮化」を試みることで、外部勢力の排除を求めた。その一つの結実が7．4南北共同声明であった。しかし北朝鮮としては、統一への道程において外部勢力を排除するためには、南北関係とは別次元でも行動をとる必要があった。それは、国連という「国際化」された舞台であった[144]。

---

(141)　金泰禧「赤十字会談の経過と展望」『世界』1972年12月号、103−104頁。このインタビューは1972年10月7日に平壌でおこなわれた。

(142)　1971年4月に示された8項目平和統一方案において、南北政治協商会議の開催が求められていた。また、『読売新聞』とのインタビューでも金日成は、南北政治協商会議開催を主張している。『読売新聞』1972年1月14日。

(143)　金炳植の赤十字諮問委員選定と在日朝鮮人の「祖国自由往来」要求の運動については、第4章第4節を参照。

(144)　米国も朝鮮問題の「朝鮮化」を試みていた。洪錫律によれば、米国にとって朝鮮半島緊張緩和問題は、単純に朝鮮半島に限られた問題ではなく、ソ連、中国とデタントを追求する過程で、朝鮮半島が妨げになることを防止する次元において重要な問題であった。そして当時の米国政府は南北対話が、「徹底して『韓国人達のショー』になるべきだという『韓国化（Koreanization）政策』を標榜した」という。洪錫律「1970年代前半の北・米関係：南北対話、米中関係改

第4節　第27回国連総会

中国の国連代表権回復　北朝鮮にとって1971年の第26回国連総会は、それまでにはなかった環境のなかで開かれる国連総会になった。南北朝鮮の赤十字会談が進行するなかで、第26回国連総会は開催されるのであった。第1章でも言及したように、北朝鮮政府は1960年代後半からソ連の協力のもとに、国連総会において在韓米軍の撤退と国連韓国統一復興委員団の解体が決議されることを求めていたが、ソ連側決議案は国連総会において否決され続けていた。こうしたなか北朝鮮政府は、南北対話の進行が国連総会における朝鮮問題討議に有利に作用することを望んだのである。

1971年9月12日、北朝鮮政府は、「朝鮮の平和的統一を実現するうえで重要な先決条件を反映したこの正しい提案を全幅的に支持する」との政府声明を発表した。8月21日、モンゴル・ソ連などの北朝鮮側支持国が「国連の旗の下に南朝鮮を占領している米軍及び外国軍の撤退」と「国連韓国統一復興委員団の解体」の二つを国連総会の議題に含めるよう要求したことを受けてのものだった[145]。政府声明では、次のような指摘があった。

> われわれは南北朝鮮赤十字団体代表の会談が、いま提起されている人道主義的諸問題を成功裏に解決し、すすんでは祖国の平和的統一を実現するうえに貢献できるようにするために誠意ある努力の限りをつくしている。こんにち世界の平和愛好諸国と人民は、南北朝鮮のあいだに接触と直接的な話し合いがはじまったことを熱烈に歓迎しており、朝鮮人どうしで自身の問題を平和的に解決することを一様に期待している。こうした条件のもとで国連は、朝鮮統一問題にこれ以上干渉すべきではない。
>
> 国連はいわゆる「国連韓国統一復興委員団の報告」による「朝鮮問題」の討議をうち切り、かつてアメリカ帝国主義によって強要された「朝鮮問題」に関するあらゆる不法な「決議」を廃棄し、南朝鮮からアメリカ帝国主義侵略軍とその他一切の外国軍を遅滞なく撤退させ、「国連韓国統一復興委員団」を解体させるための措置をとるべきである。これは国連が当然とるべき措置であり、またそうすることは国連憲章にもまったくかなうものである[146]。

善との関連の下で」、39頁。
(145)　*GAOR*, Twenty-Seventh Session, Supplement No. 1（A/8701）, pp.60-61.
(146)　『朝鮮時報』1971年9月18日。

つまり南北対話を通じて朝鮮人どうしで解決をはかるので、国連は朝鮮統一問題への関与をやめるべきだという主張であり、その具体的な要求は、米軍をはじめとする在韓外国軍の撤退と国連韓国統一復興委員団の解体であった。そして声明の最後に、「国連で朝鮮に関する問題が討議されるとき、朝鮮民主主義人民共和国の代表を、それに無条件参加させるべきことをいま一度つよく主張する(147)」としていたように、自らが国連の場に参加することで、要求を貫徹させることを望んだのである。

しかし第26回国連総会における朝鮮問題の討議は翌年に持ち越された(148)。9月23日に開かれた一般委員会において、朝鮮問題討議は第27回国連総会に延期されるべきだとするイギリスの提案が可決されたからである(149)。進行しつつある南北赤十字会談の行方を見守るべきだとの見解が一般委員会で支配的となり、朝鮮問題の討議延期が決められたのであった(150)。

朝鮮問題討議は持ち越しとなったが、第26回国連総会では北朝鮮の国連外交に大きな影響を及ぼす事態が生じた。1971年10月25日、中華人民共和国が国連での代表権を回復したのである。中国の国連加盟の報を受けて、『労働新聞』は「中国人民と世界人民の偉大な勝利」という社説を掲載している。そこでは中国の国連復帰を「第二次世界大戦後、世界の政治舞台でおこったいま一つの大きな歴史的出来事」であり、「中国人民の偉大な勝利であり、正義と真理を重んじる世界すべての進歩的人民の共同勝利」であると評価されていた(151)。北朝鮮にとって、中国の国連代表権回復は自らの外交政策への支援者が国連という舞台に登場したことを意味する。

---

(147) 同上。
(148) 1970年9月17日に開かれた国連第188回一般委員会で、北朝鮮側支持国によって提出された二つの議題(「国連の旗の下に南朝鮮を占領している米軍及び外国軍の撤退」、「国連韓国統一復興委員団の解体」)と国連韓国統一復興委員団の報告書を「朝鮮問題」としてまとめ、国連第一委員会で討議することが決められていた。*GAOR*, Annexes, Twenty-Fifth Session, Agenda Item 98, Document, A/8185. 石橋、前掲論文、53-54頁。
(149) *GAOR*, Twenty-Sixth Session, General Committee, 193rd meeting, pp.19-23.
(150) イギリス案を支持した国々は、国連総会は南北赤十字会談のさらなる発展を待つべきだとの意見を表明していた。*GAOR*, Twenty-Seventh Session, Supplement No. 1 (A/8701), pp60-61.
(151) 『労働新聞』1971年10月28日。

北朝鮮指導部は、中国の国連代表回復に鼓舞されたといっていいだろう。

朝鮮問題討議の延期　中国の国連加盟という事態に背中をおされ、北朝鮮指導部は1972年に入りさらに国連外交を積極的に推進する。北朝鮮当局者は72年初め、ワルトハイム（Kurt Waldheim）国連事務総長とジュネーブで接触し、国連朝鮮問題討議における北朝鮮の立場をしたためたメモを渡すなど、国連総会での朝鮮問題討議の開始を試みた(152)。

さらに、7．4南北共同声明発表後の7月18日に北朝鮮支持国は、前年から討議が持ち越されていた二つの議題の代わりに、アルジェリアが中心となって、「朝鮮の自主的平和統一を促進するための望ましい条件の醸成」と題する新たな議題案（アルジェリア案）を提出した(153)。この議題案は、外国の干渉を受けることなく平和的な方法で統一に向けて努力するとした共同声明の発表が南北対話における重要な進展だと評価し、国連はこの朝鮮での進展状況に留意することで、総会において朝鮮の自主的平和統一を促進するための望ましい条件を醸成する必要があると指摘した。その上で国連韓国統一復興委員団の権限と活動、および国連軍司令部の存在を再考する必要性がかつてなく高まっていると主張した(154)。在韓米軍の撤退という北朝鮮側の目標に関連して、前年までの議題案は「国連の旗の下に南朝鮮を占領している米軍及び外国軍の撤退」という直接的な表現を用いていたが、新たな議題案では国連軍司令部の再考が促されていた。すなわち、国連軍司令部の解体を実現することによる米軍撤退が目指されていたといえよう。

当然のことながら北朝鮮政府はこの議題案を支持し、7月31日にこれに対する政府声明を発表した(155)。そこでは次のように指摘されていた。

　　朝鮮民主主義人民共和国政府は終始一貫して、国連での朝鮮に関する問題とは朝鮮の統一問題に国連が干渉することを許容する問題ではなく、朝鮮の

---

(152)　洪錫律「1970年代前半の北・米関係：南北対話、米中関係改善との関連の下で」、38頁。
(153)　*GAOR, Annexes,* Twenty-Seventh Session, Agenda Item 8, Documents, A/8752 and Add.1-10.
(154)　署名国によれば、この議題案は、国連自らが朝鮮問題に直接関与してきた責任を取り除く機会となる建設的な提案であった。
(155)　『労働新聞』1972年7月31日。

統一を妨害している外部勢力を除去することに関する問題であることを主張してきた。先日発表された南北共同声明は朝鮮問題におけるこのような本質的要求を解決することが今日となっては、これ以上遅らせることのできない切迫した問題になることを如実に示している。

　国連は朝鮮に関する新たな議題案の討議に基づいて、なによりも南朝鮮強占米軍の国連旗使用権を廃棄し、「国連韓国統一復興委員団」の活動を中止させ、さらに朝鮮における強固な平和を保障し、朝鮮人民の民族的統一が実現されるよう南朝鮮から外国軍を撤去する措置をとらねばならない。

　このように、北朝鮮政府は南北共同声明の発表を梃子にして、朝鮮の統一問題への国連の干渉が排除されることを求めたのである。北朝鮮にとって国連での朝鮮問題とは、朝鮮統一を妨害する外部勢力を除去する問題に他ならないのであった。

　国連という舞台をめぐる北朝鮮外交は、７．４南北共同声明の発表により勢いを得た。例えば、先述したラングーンにおける南北朝鮮の両総領事間の接触においても、南側総領事による「これまで韓国問題の国連討議を拒否し、国連を非難してきたあなたたちが、今年にはアルジェリア案を支持してくれるよう駐在国外務省、中立国公館長に会っているというが、その理由は何か」という問いに対して、北朝鮮のパク・イングン総領事は「７．４共同声明で『外部勢力の介入反対』に合意した以上、外部勢力である米軍撤収と国連韓国統一復興委員団の解体は当然成し遂げられるべき先行条件であり、米帝国主義は南朝鮮から出て行かねばならない。したがって過去の国連決議を無効化すべきであり、われわれ同士で朝鮮統一を自主的に成し遂げるために外部勢力は排除されるべきである」と回答した。北朝鮮側は、南北共同声明での統一原則の合意を利用することで、国連総会における北朝鮮側決議案の支持国獲得に動いていたといえよう[156]。

　さらに北朝鮮は、中国を通じて国連での朝鮮問題討議の実施を米側に要求していた。それは中国を通じての対米交渉でもあった。1972年６月22日、周恩来は訪中したキッシンジャーとの会談で、国連韓国統一復興委員団が72年に解体されることを望むと述べた。これに対してキッシンジャーは、

---

(156) 駐ラングーン総領事発外務部長官宛、1972年８月18日、フィルム番号Ｄ－0012ファイル番号19『1972．７．４南北共同声明、1972．全２巻（v.1 基本文書및 米州地域反応）』、フレーム番号145–150、韓国外交史料館文書。

国連での対立が現在進められている南北朝鮮の平和的接触への障害になること、それから米国では大統領選挙を控えていることを理由として、討議が困難であることを明らかにした(157)。7月26日には中国の黄華国連大使が、国連による朝鮮への干渉を終結させるべきであると述べて国連韓国統一復興委員団の解体を打診したが、キッシンジャーは72年に行う必要はないという見解を示したのであった(158)。また8月4日にも、黄華が国連韓国統一復興委員団と国連軍司令部の問題について取り上げると、キッシンジャーは72年の第27回国連総会での朝鮮問題討議が避けられるのであれば、米国は翌73年の国連総会の前に国連韓国統一復興委員団の解体について取り上げるだろうと述べた。これに対して黄華は、朝鮮問題は第27回国連総会で討議されるべきであり、米国側が朝鮮問題討議を73年の第28回国連総会まで延期しようとしていることを再考するよう求めた。これに対してキッシンジャーは再考できないと応じた(159)。

しかし9月に入ると、中国は米側に譲歩姿勢を示した。黄華は9月19日のキッシンジャーとの会談で、中国は米国を当惑させる意図はないと前置きしたうえで、米大統領選のある11月の後に朝鮮問題に関する討論を持つことも可能だとの見解を明らかにしたのであった(160)。この中国側の譲歩が影響したのであろう。翌20日には第27回国連総会での朝鮮問題討議の延期が決められた。9月20日の一般委員会における国連総会の議題討議の結果、イギリスによる朝鮮問題討議の延期案が可決され、朝鮮問題討議は再度1年間延期されることとなったのである(161)。1971年の国連総会と同様、南北対話の進展を見守るという見解が支配的になったのであった(162)。北

---

(157) Memorandum of Conversation, 6/22/1972, Item Number：KT00518, Digital National Security Archives <http://nsarchive.chadwyck.com>［DNSA］.
(158) Memorandum of Conversation, 7/26/1972, Policy Planning Council Policy Planning Staff Director's Files（Winston Lord）［Winston Lord Files］, Box 329, Entry 5027, Record Group 59, National Archives, College Park［NA］.
(159) Memorandum of Conversation, 8/4/1972, Winston Lord Files, Box 329, NA.
(160) Memorandum of Conversation, 9/19/1972, Winston Lord Files, Box 329, NA.
(161) *GAOR*, Twenty-Seventh Session, General Committee, 199th meeting, pp.2-11.
(162) 例えば、米国のブッシュ（George H.W. Bush）国連大使は、国連総会での公開論争は南北対話の今後の進展を脅かしかねないので、イギリス案を支持するよう求めた。*GAOR*, Twenty-Seventh Session, General Committee, 199th meeting, p.7.

朝鮮としては71年に続いて、再度南北対話が国連総会における朝鮮問題討議の延期理由とされたのであった。中国を通じた対米交渉も、国連総会における朝鮮問題討議の延期を阻止することができなかったのである。

　このような事態の進展に金日成は怒りを隠さなかった。金日成は、1972年10月に行われた、雑誌『世界』の安江良介編集長とのインタビューで、「国連総会で朝鮮問題の討議が一年間延期されたため、朝鮮の統一はそれだけさらに妨げられることになります。問題は、アメリカ帝国主義者が先頭に立って妨害策動をおこなっているところにあります。ですから、われわれ朝鮮人民がアメリカ帝国主義に積極的に反対して立ち上がっているのは、偶然ではありません(163)」と述べた。インタビューを行った安江は、金日成が「今秋の国連での結論に対しては想像以上の憤りをもって非難を明らかにした」という感想を記している(164)。

　中国の国連代表権回復は、北朝鮮の国連外交における主な協議対象として中国が浮上したことを意味した。本章第1節でも言及したように、平壌で1971年11月15日に行われた中ソ外交官間の対話では、中国大使館の一等書記官が、北京は朝鮮戦争停戦協定の失効、国連韓国統一復興委員団の解体などを提案していくと、ソ連側に伝えていた(165)。これは中国が、北朝鮮の国連外交に協力していくという意思表示であった。一方、ソ連のマリク（Jakov Aleksandrovich Malik）国連大使は米国のブッシュ国連大使に、朝鮮問題討議に関して、ソ連は何の主導権も発揮していないと語った(166)。このように72年に入り、国連総会における朝鮮問題討議については、米中間で交渉が行われた。国連外交における朝ソ協力関係も相対化されるのであった。

---

(163)　「金日成首相会見記」『世界』1972年12月号、80頁。
(164)　これは「金日成首相会見記」における「編集部まえがき」に記された安江の感想である。同論文、67頁。
(165)　Schaefer, *op.cit.*, p.36.
(166)　The Opposition Position on Korea in the 27th General Assembly Emerges, Winston Lord Files, Box 329, NA.

第4章 対日攻勢の展開と朝鮮総聯

第1節　金日成の対日国交正常化アピール
第2節　対日関係の拡大
第3節　日朝貿易と金炳植による財界接触
第4節　在日朝鮮人の「祖国往来」への道

　　積極的な対日接近を策動しているが、それは日本には北を支持する朝鮮総聯という強力な組織があり、その活動を支援する野党勢力と一部の言論があるほかに、何よりも韓日両国間の友好関係を妨害および破壊することが北として最も重要な利害関係のひとつになっているために、彼らの平和攻勢を宣伝するにおいて最も適切な場所として日本を認識していることは明らかである[1]。

　1972年5月の時点で韓国外務部では、北朝鮮による対日接近についてこのように認識していた。本章では、韓国側がこのような認識をもつに至った北朝鮮の対日接近策について、1971年9月から1973年にかけての時期について分析することにする。それは、第2章でも明らかにしたように、北朝鮮政府は1970年の段階では日本軍国主義復活を批判しながらも日本との「つながり」を求めていたのであるが、1971年9月以降、そのような北朝鮮側による対日接近姿勢が積極かつ柔軟になったからである。

　本章（とりわけ第2節から第4節にかけて）においては、日朝関係の展開

（1）「日本・北傀接触拡大の現況」、1972年5月22日、フィルム番号D-0011ファイル番号22『北韓・日本間接触拡大問題、1972』、フレーム番号22、韓国外交史料館文書。一方、韓国外務部亜州局長によれば、韓国の対日政策は二つの目標のもとに推進されていた。ひとつは、韓国が日本との友好協力関係を強化・発展させることであり、もうひとつは日本と北朝鮮との接触を拡大しないようにすることであった。「米国務省Ranard韓国課長との面談要録（第1回および第2回会議）」、1973年1月23日、フィルム番号H-0021ファイル番号4『UN総会、第28回、New York, 1973.9.18-12.18, 全23巻（V.1 基本対策Ⅰ：1972.10-73.2）』、フレーム番号191、韓国外交史料館文書。

における朝鮮総聯の活動を分析の中心に据えている。それは日朝間に外交関係がない状況において、朝鮮総聯が対日政策の多くを実際に展開していたからである。日朝国交正常化を視野に入れて、北朝鮮の対日接近姿勢が積極かつ柔軟になるなか、日本国内では総聯の金炳植副議長が前面に立ち、日朝関係の改善を推進していたのであった[2]。

第1節では、日本のメディアによる金日成や朴成哲とのインタビューや対談から、北朝鮮政府による対日関係改善の姿勢とその変化について分析する。ここでは、北朝鮮指導者による対日関係についての言及が徐々に柔軟になっていく様子が明らかになる。

---

[2] 金炳植は1919年、全羅南道務安郡に生まれた。旧制第二高等学校を卒業したとも中退したともいわれているが、金炳植自身の著作（金炳植『金日成首相の思想』読売新聞社、1972年）では、第二高等学校卒業、東北大学で経済学を専攻したと紹介されている。金炳植は1955年の総聯結成後、朝鮮問題研究所所長、総聯中央の人事部長と事務局長を経て、1966年に副議長に就任した。金炳植は、1972年1月23日以降、朝鮮総聯第1副議長と称されるようになったが、第1副議長就任にあたって公的な会議における決定という過程を経ていない。第1副議長という職責が公式に用いられたことを、72年1月24日付『朝鮮新報』紙面において確認できる。1月23日に催された「第11回冬季オリンピックに参加する朝鮮民主主義人民共和国オリンピック委員会代表団とオリンピック選手団を歓迎する在日同胞の集い」において鄭光淳（チョンヂャンスン）団長が挨拶演説をおこなった。その冒頭部分で、朝鮮総聯の韓徳銖（ハンドクス）議長とともに金炳植の名も挙げて謝意を表したのであるが、そこで鄭団長は「金炳植第1副議長」と称したのである。前日22日に北朝鮮オリンピック委員会代表団と選手団を羽田空港で出迎えたことに関する記事では、金炳植は副議長という職責であった。『朝鮮新報』1972年1月23、24日。実は北朝鮮オリンピック代表団には、北朝鮮本国で朝鮮総聯の指導を担当しているとされる姜周一（カンジュイル）が含まれており（『朝鮮新報』1972年1月23日。姜周一との関係に関する回想として、韓光熙『わが朝鮮総連の罪と罰』文芸春秋、2002年、146-147頁）、同代表団の東京滞在中に金炳植は代表団と頻繁に行動をともにしていたようである。前述の23日に催された「在日同胞の集い」においても、代表団一行は金炳植の案内により会場に到着していた。また、24日に空路札幌へ向かう際にも、金炳植が代表団を羽田空港まで案内している。『朝鮮新報』1972年1月24、25日。このような経過から考えると、1月22日から23日にかけて、オリンピック委員会代表団に含まれる総聯担当者との協議の上で「金炳植第1副議長」が誕生することになったと考えることができるのではないか。金炳植が、自ら第1副議長という職責への就任を試みたとしても、総聯の大会や会議での公式決定無くしてその地位を得ることは難しいだろう。しかし北朝鮮本国側が金炳植の地位の「格上げ」を図ったがために、その権威を利用することのできた金炳植は、第1副議長という地位を総聯において確保することになったのではないだろうか。

第2節では、北朝鮮側が対日関係において、政治やスポーツ・文化の領域で交流拡大を図ってきた過程を分析する。この過程においても、北朝鮮と総聯は、中国との協調関係を維持していたのであった。

第3節においては、日朝貿易の進展と金炳植による財界接触について分析する。北朝鮮では、日朝間での貿易拡大は経済的利益のみならず政治への波及効果も期待されていた。そのような効果が期待されている日朝貿易の一挙拡大を図るべく、金炳植は財界にも接触することになった。

第4節では、在日朝鮮人の北朝鮮往来が日本政府によって認められていく過程を分析する。1963年以来、「祖国自由往来」を求めてきた朝鮮総聯と在日朝鮮人であったが、1972年に金日成還暦祝賀団、朝鮮学校生徒・児童による訪問団、南北赤十字会談諮問委員に選定された金炳植らに日本への再入国許可が認められるのであった。ここでは、朝鮮総聯が在日朝鮮人の「祖国往来」実現を目指して展開した運動の経緯を記すとともに、北朝鮮側が在日朝鮮人の「祖国往来」を求めていた理由について示すことにしたい。

第1節　金日成の対日国交正常化アピール

対日メッセージの第一歩　金炳植は、日本側からの北朝鮮訪問が日朝関係に及ぼした影響について、『毎日新聞』の松岡英夫編集局顧問との対談で次のように語った。

> 去年の後半から、いろんな人が行くようになりました。それ以前にも社会党の成田委員長、赤松副委員長も行ってきました。だけど、やはり朝鮮と日本の関係を近づけた大きな契機になったのは、去年の9月、朝日新聞の東京本社編集局長の後藤さんが訪問したということ、それに続いて美濃部東京都知事が訪問したということですね[3]。

金炳植がいみじくも述べたように、『朝日新聞』の後藤編集局長と美濃部東京都知事の訪朝は、日朝関係を近づける大きな契機となった。1971年9月25日、金日成首相は『朝日新聞』の後藤基夫編集局長との会見に応じたが、この会見は、金日成からすれば、日本の報道機関を通じた北朝鮮に

（3）『毎日新聞』1972年4月24日。1972年4月22日から5月5日まで『毎日新聞』紙上に、金炳植と松岡英夫『毎日新聞』編集局顧問との対談が掲載されている。

よる対日関係改善にむけたアピールであった。金日成は会見のなかで、日本の歴代政権への批判と日本国民への期待を明らかにし、国交正常化を射程に入れた日朝間の交流増大を求めたのである。以下、金日成の会見における日朝関係に関する部分を引用してみたい。

　日本との関係で、われわれが佐藤政権を不愉快に感じている第一は、ニクソン・ドクトリンに従い、ニクソンとの共同声明を出したというわれわれに対する非友好的行為だ。日本の歴代内閣のわれわれへの言動は侵略的である。日本政府はまず朝鮮民主主義人民共和国と南朝鮮への態度に変化をもたらさなければならない。過去は過去として朝鮮に対する態度、政策に変化がない限り、内閣が代わったくらいで、朝鮮と日本の関係の解決はできない。

このように金日成は、日米共同声明によってアジアにおける日本の軍事的役割が強化されることを憂慮しており、日本の歴代内閣に対しても批判を加えた。しかし同時に金日成は、次のように述べて、日本国民が日朝関係改善への推進力になることへの期待も明らかにしていたのである。

　日本の人民の大部分はわれわれとの関係をよくしようと願っており、反動派は一部だろうが、日本人民自身が反動派に圧力をかけ、政策をかえさせるのが一番だ。日本軍国主義がたとえ復活しても、日本人民は昔の人民ではないので、戦争放棄を阻止できないとはだれもいえまい。70年代の日本人民は軍国主義が復活したかどうかの論争をするより、侵略政策の阻止のために団結すべきだ。

そして金日成は、日朝間における貿易や人的交流の増大を求めるとともに、一方通行ではない相互主義の原則が適用されることを要望した。

　日本がわが国に対する敵視政策を変えれば、平等と内政不干渉、相互主義（ギブ・アンド・テイク）の原則で、友好関係を結ぶことはできるし、われわれは前からその方針でいる。経済関係をみても、友好関係が結ばれれば、日本にも有利だし、我々にも有利だ。日本が封鎖政策をとっているので仕方なくフランス、イギリス、オランダなどまで行って取引しなければならない。国交関係はなくても貿易を発展させていく方針で、国連軍に参加して戦争の敵となったフランスやオランダとも貿易関係をもっている。しかし、日本との関係は現在一方的で、日本の技術者はわが国にこられるけれども、わが国

の技術者は日本に行くことができない。直接、工場や機械を見なくては注文もできない。

さらに金日成は、国交正常化を見据えて自民党議員の訪朝も歓迎すると述べるのであった。

> 日本との国交はもちろんだが、その前段としてできることがたくさんある。貿易、自由往来、文化交流、記者交換など、われわれは実現を望んでいる。その具体的方法はともかくとして、要は日本政府の態度にかかっている。たとえ与党（自民党）の代議士だろうと、友好促進のためにわが国を訪問されるなら、政党のいかんを問わず歓迎する[4]。

このような金日成の見解が日本の報道機関を通じて明らかにされたのは初めてのことであった。それまでは朝鮮総聯の日本語紙である『朝鮮時報』を通じて北朝鮮側の意思が明らかにされることはあった。つまり、この金日成に対する『朝日新聞』のインタビューが、北朝鮮側の対日関係改善の意思を日本政府および日本国民に示す第一歩となったといえよう。

北朝鮮では『朝日新聞』というメディアの持つ影響力に注目したようである。『朝日新聞』関係者自身も北朝鮮側が、『朝日新聞』の報道機関という役割を認識・利用していたと推測している。『朝日新聞』後藤編集局長に同行した波多野中国アジア調査会主査は、「北朝鮮では、日朝関係は転機を向かえつつあるとみているようであり、その場をつくるのにわれわれを迎え入れたようだ。そして美濃部都知事よりも先に来て欲しい、もし遅れるようであれば知事の招待日程を遅らせてもよいといっていた。これは報道機関というバックグランドを考えて利用したのかも知れない」と述べている[5]。

また北朝鮮では、それまで社会党との関係を重視していたことはすでに述べた。しかし金日成はこの時期、自民党との接触をも重視しはじめていた。「北朝鮮事情について[6]」の報告では、北朝鮮政府が「対外面では中ソのほかに日本との関係も非常に重要視しているように見受けられた。日

（4）『朝日新聞』1971年9月27日。
（5）「北朝鮮事情について」、フィルム番号D－0012ファイル番号18『北韓一般、1972』、フレーム番号7、韓国外交史料館文書。
（6）「北朝鮮事情について」に関しては、第3章第1節を参照。

朝関係が大きな転機にきているとみていることは先に述べたとおりであるが、美濃部知事の招請、報道人の招請そして日朝議員連盟の結成等もこのスケジュールの中に出てきたものだ。日本政府との関係はともかく、自民党にも足がかりをつくろうとしている」と報告されている[7]。また、「非公式にでも政府間レベルで話をしてみたいというようなことは言っていなかったか」という外務省側の問いに対して、波多野主査は「そのようなことは言っていなかった。社会党より自民党との接触を重視しているようだった」と述べている[8]。このように北朝鮮は1971年9月の時点では、政府間レベルでの公式・正式の対話よりも、自民党との関係を構築することにより強い関心を示していたのである[9]。

美濃部都知事訪朝　『朝日新聞』による金日成とのインタビューの1ヵ月後、北朝鮮を訪れていた美濃部亮吉東京都知事が金日成との会談を行った。10月30日のその会談で金日成は「日韓協定」は内政干渉であり、北朝鮮と日本との間で国交を樹立するためには「日韓協定」を破棄しなければならないとして、次のように述べた。

　「日韓協定」の第3条は朝鮮半島での唯一の「政府」は「大韓民国」であると指摘されています。これは佐藤内閣の侵略性を示すものであり、朝鮮にたいする内政干渉とみなすことができます。(中略) 朝鮮半島における唯一の政府が「大韓民国」であるというのですから、朝鮮民主主義人民共和国を消滅しなければならないということにつながるのです。(中略) われわれは「日韓協定」第3条を朝鮮にたいする内政干渉とみなすからこそ、朝鮮民主主義人民共和国と国交関係を樹立するためには「日韓協定」を破棄しなければならないと思います[10]。

このように金日成は「日韓協定」、つまり日韓条約の第3条を問題視し、日朝国交正常化の前提条件として日韓条約の破棄を日本側に提示していた。その反面北朝鮮側は、日本に対する柔軟な姿勢も示した。美濃部都知事

---

(7)　「北朝鮮事情について」、フィルム番号D－0012ファイル番号18『北韓一般、1972』、フレーム番号11、韓国外交史料館文書。
(8)　同文書、フレーム番号20。
(9)　北朝鮮側による自民党議員との接触の試みについては、本章第2節を参照。
(10)　「金日成首相会見記」『世界』1972年2月号、56－57頁。

との会談の中で、日朝国交正常化に関して「日韓協定」の破棄を原則として掲げた金日成であったが、日本政府が北朝鮮と日本との人的・経済的交流を事実上黙認していることについては肯定的に評価していた。金日成は、「もし日本政府が美濃部先生のこのたびのわが国訪問を絶対に反対する立場であれば、どうして南朝鮮が反対したにもかかわらず〔訪朝を〕黙認したのでしょうか」と述べた[11]。

　このような認識は日朝間の貿易についても示されていた。金日成は、美濃部に随行していた小森武都政調査委員会常務理事が投じた、日本政府が黙認する場合の日朝間の貿易を認めることが出来るかという質問に対して、「そうすることも悪くはないと思います。日本政府もそのようにしていこうという意図ではないかと思います、南朝鮮もしきりにうるさくいうので、そういうふうに黙認する方向でやろうということも考えられます[12]」と述べていた。このように金日成は、近年の日本人による北朝鮮訪問の事実をふまえ、日本政府が、今後も引き続いて日朝間の接触を黙認する姿勢をとるであろうと展望したのである。1971年中における北朝鮮の対日関係改善の立場は、日韓条約の破棄という原則を堅持しつつも、貿易などの諸分野における交流の増大を図るものであった。

日韓条約破棄を要求せず　しかし翌1972年には大きな変化がおきた。先ほどから述べているように『読売新聞』の高木健夫、佃有両特派員が訪朝し、1月10日に金日成にインタビューを行ったが、この席で金日成は日本の歴代の政権を批判しながらも対日政策の重要な変化を示唆した。

　遺憾なことに、日本政府は、最初からわが国に非友好的に対してきた。吉田から岸、池田を経て佐藤に至るまで、内閣はいくたびもかわったが、わが国に対する日本政府の敵視政策はなんらの変化もなかった。佐藤に至って、わが国に対する敵視政策は一層ひどくなってきた。日本政府は、南朝鮮かいらいどもと「韓日条約」を結んで南朝鮮に浸透しており、国の統一に反対し、同族相うう戦争を挑発しようとする南朝鮮かいらいどもをひ護し、そそのかしてさえいる。佐藤と彼に追随する人々は、朝鮮民主主義人民共和国に反対する戦争に加担することを公然と口にしており、朝鮮人民をやたらに侮辱し

---

(11)　同論文、74頁。
(12)　同上。

ている。今日までわが国と日本の間に親善関係が結ばれていないのは、すべてわが国に対する日本政府の敵視政策のためである。

　両国国交正常化の障害は、南の朴政権を朝鮮の唯一の合法政府と認めた「韓日条約」である。あれは、わが国に対する内政干渉だ。しかし、朝日関係の正常化のためには、必ずしも「韓日条約」を取り消さねばならないとは考えない。国交が正常化すれば、「韓日条約」は自然に取り消されてしまうだろう[13]。

このように金日成は、日朝国交正常化のためには日韓条約が必ずしも破棄される必要はないと述べている。1971年10月末の美濃部都知事との対談では、日韓条約は破棄されなければならないという立場を明らかにしていた金日成だが、2ヶ月の間に日韓条約の破棄を日朝関係改善の前提にしないという立場に変化していた。日朝間で国交が正常化すれば、日韓条約は自然に取り消されるという立場であった。つまり韓国政府を朝鮮における唯一合法政府とさだめた日韓条約は、日朝間の国交が正常化することで事実上効力を失うことになるというのである。この72年1月の時点における金日成発言は、日朝関係における日韓条約問題が、関係改善の「入口論」から「出口論」に変質したことを意味する[14]。北朝鮮としては対日関係改善に臨む自らの立場を変化させたのであった。

しかしながら金日成は、『読売新聞』とのインタビューでさらに次のように語っている。

　われわれは、国交樹立の前にも、両国間に友好的な環境を打ち立てることが出来るものと思っている。現状から見て、朝鮮と日本両国間に国交を結ぶのは一定の時日を要するものと思われる。われわれは、日本と国交を結ぶ前にでも、可能な範囲で人事の往来をひんぱんにし、経済・文化の分野で交易と交流を広く行う用意を持っている。朝鮮・日本の友好関係はどこまでも相互性の原則で結ばれねばならない。現在、両国間には部分的な交流が行われているが、日本政府の間違った態度によって一方的な性格をまぬがれることは出来ずにいる[15]。

---

(13)　『読売新聞』1972年1月14日。
(14)　小此木政夫「南北朝鮮関係の推移と日本の対応――東京・ソウル・平壌関係の基本構造」『国際政治』第92号、1989年、8－9頁。
(15)　『読売新聞』1972年1月14日。

第1節　金日成の対日国交正常化アピール　　　　　115

　国交正常化を見据えて、「経済・文化の分野で交易と交流」を広く行うという金日成の構想は1971年9月以来変わっていない。その上で10月末には、日朝関係正常化のためには、日韓条約の破棄を必要としていたのだが、翌年1月の『読売新聞』とのインタビューではこの必要条件を撤回したのであった。つまり国交正常化という目標があるがゆえに、必要条件を矛に収め、その目標に向けて実質的な関係の拡大を求めたといえる(16)。

　日本との関係拡大を望む北朝鮮の姿勢は、1972年5月14日に行われた飛鳥田一雄横浜市長を団長とする革新市長会代表団と金日成の会談においても示された。飛鳥田団長らとの会談では、日朝の都市間の交流について積極的な姿勢を示したのであった。代表団は、日本の革新都市と平壌をはじめとする北朝鮮各都市との姉妹都市提携、地域単位の経済、文化交流、農業技術の交換などを提案した。これに対して金日成は「相互理解を深める意味で重要であり、地方から積み上げて中央を攻略することは戦術的に見てもよいことだ」と述べて、同意した。また飛鳥田団長が平壌市人民委員会の姜希源委員長(17)を横浜へ招待したいと申し入れたことに対しても「喜んで送り出す」と応じた(18)。このように金日成は地域レベルでの交流にも関心を示していた。これも実質的な日朝関係拡大方針の一環であるといえるだろう。

　南北均等政策の要求　　北朝鮮の対日アピールはさらに柔軟な姿勢をみせてゆく。それは、1972年9月に日本に対して南北均等政策を求めたことにあらわれた。9月7日に朴成哲第2副首相は、南北朝鮮赤十字会談取材

---

(16)　第3章でも言及したが、この時期に北朝鮮側は日本と米国に対して柔軟な姿勢を示した。社会党の川崎国際局長は在日米大使館側に、金日成は、在韓米軍撤退は南北朝鮮平和協定の前提条件にはならないことを「公式な立場」とし、米政府と日本政府の反応を待つと述べていたと報告している。この金日成による川崎への発言について在日米大使館では、これを日朝関係の改善を目的として、北朝鮮が合理的で柔軟である姿勢を示そうとするものであり、北朝鮮によって慎重に指揮されている継続的な努力だと受けとめていた。Telegram from the US Embassy in Japan to the Secretary of State, 2/16/1972, Political affairs and relations：Political parties, 1970-1973、韓国国会図書館所蔵米国務省文書、請求記号：ＭＦ007612。
(17)　市長に相当する職責。
(18)　『読売新聞』1972年5月15日。

のために平壌滞在中の日本人記者と会見した。朴成哲は会見において、日本の歴代内閣による対朝非友好政策、とりわけ佐藤内閣におけるそれを非難した。しかし田中内閣については、北朝鮮との経済、文化、人的交流を広げようとしていると述べて、その対朝政策を一応評価した。北朝鮮としても、日本との各方面にわたる交流の積み上げによる相互理解の増進を望んでおり、交流の拡大が両国人民の利益につながる、と語ったのである。そのうえで、「田中内閣は今後も南朝鮮を政治的に従属させるなどの政策を推し進めるのでなく、南北朝鮮の双方と均衡的政策を採らなければならない」と述べ、日本の南北朝鮮均等外交を受入れる意思のあることを明らかにした。

　朴成哲は、「均衡的政策」の具体的内容に関して、日本が「南朝鮮との外交関係を維持するなら、共和国との外交関係も結ぶべきだし、外交関係を結ばないならば、韓日条約も廃棄すべきであり、あくまでも南側一方にだけ肩入れするような共和国差別、敵視政策をやめるべきだ」と語った。朴成哲は、現実に南北両朝鮮と国交関係を結んでいる国のあることを指摘し、日本が韓国との国交をそのままにして、北朝鮮との国交を結び得ることを示唆したのである。そして北朝鮮との国交正常化が実現すれば、日韓条約は実質的な意味を失うので、日韓条約の廃棄が必ずしも日朝関係正常化の前提とならないという主張を繰り返した[19]。

　金日成の口からも、日本の南北均等政策を求める考えが明らかにされた。金日成は、9月17日に行われた『毎日新聞』特派員団との会見で次のように述べて、まず田中政権を評価した。

　　いまの田中内閣は、わが国に対する敵視政策を佐藤内閣に比べて、やや緩和する機運を示している。佐藤は在日朝鮮公民の祖国への往来や、海外旅行に極力反対していた。いまでは一部の在日朝鮮公民の海外旅行を許可しており、在日朝鮮公民の祖国訪問も部分的にではあるが承認している。これはよいことだと思う[20]。

---

(19)　『朝日新聞』1972年9月8日。また朴成哲は、日本が南北朝鮮と国交を結ぶことが南北分断の固定につながらないかとの記者からの質問に対しては、「勝共統一という南朝鮮への一方的援助こそが統一の妨害である」と述べて、統一後は新たに統一朝鮮と国交関係を結び直すこともできるという考え方を示した。

(20)　『毎日新聞』1972年9月19日。

そのうえで、「朝鮮民主主義人民共和国は創建当初から、たとえ社会制度を異にしていても、日本と善隣関係を結ぶことを望んできたし、今日も両国間に一日も早く正常な関係を樹立することを望んでいる。日本政府がわが国と善隣関係を持つとするならば、当然一辺倒政策ではなく、朝鮮半島の南と北に対してどのような侵略的政策も持たない均等な政策を実施すべきである」として、日朝関係の改善と日本の南北均等政策を求めるのであった[21]。

　このような朴成哲、金日成の発言から明らかなように、北朝鮮は1972年9月には田中内閣に一定の評価を与え、南北均等政策を日本側に求めている。佐藤内閣の対朝「敵視政策」を批判していた時期に比べると、このような北朝鮮側の表現には格段の差がある。72年1月の会見では、日本との国交正常化を念頭におきながらも、正常化の前提条件であった日韓条約破棄の主張を取り下げることで、実質的な日朝間の交流拡大を求めていた。それが9月の日本側への南北均等政策要求では、日韓関係を維持しながら日朝国交正常化が可能であるとの見解が北朝鮮指導者から明らかにされたのである。対日関係の正常化を望む北朝鮮側の姿勢がより明確にされたといえるだろう。

　ではなぜ1972年9月において、北朝鮮の指導者は南北均等政策の実施を日本側に訴えたのだろうか[22]。それには次のような要因を指摘できよう。第一に、南北朝鮮関係における和解の雰囲気が顕著になっていたことを挙げられる。北朝鮮は、南北赤十字本会談の開催という7.4南北共同声明発表以来の南北関係改善の雰囲気の中で、さらなる譲歩姿勢を日本側に示

---

(21)　同上。朝鮮総聯の金炳植も、この会見の席に同席していた。
(22)　南北均等政策の実施を日本側に訴えた北朝鮮の意図について、先行研究は次のように推測している。小此木政夫は、日朝間に国交が樹立されれば、台湾と同じく、韓国も当然日本との国交を断絶せざるをえなくなり、結果的に「日韓条約は自然に取り消されてしまう」と考えたのだろうとしている。小此木政夫、前掲論文、9頁。他方、山本剛士は、「日韓の国交をそのままに北朝鮮との国交を樹立するのが望ましいというのは、日韓基本条約が北朝鮮との国交樹立の障害にならないだけではなく、統一朝鮮が実現するまでは、日韓基本条約を認めるということにほかならない。なぜなら日韓の国交は日韓基本条約の基礎の上に築かれているからである」と指摘している。山本剛士「記録：日朝不正常関係史　日朝関係：その歴史と現在」『世界』臨時増刊第567号、岩波書店、1992年4月、166-167頁。

すことで対日関係改善の速度を速めたかったのではないか。つまり、南北関係という梃子によって日朝関係を動かそうとしたということである。そもそも朴成哲は、赤十字会談取材のため訪朝した日本人記者と会見したのであった。北朝鮮政府としては、南北対話が進展しているという事実をもって、「南か北か」という選択ではなく、「南も北も」という南北均等政策の実施を日本側に求めたのであった[23]。

　第二の要因として、日中関係の展開とそれに伴う田中政権に対する期待を挙げられよう。既述のように、9月に金日成、朴成哲ともに田中政権の対朝政策に対して一定の評価を与えていた。その田中政権は、中国との国交正常化に向けて進みつつあった。竹入義勝公明党委員長の訪中をきっかけとして、8月5日には田中首相の訪中予定が中国側に知らされていた[24]。8月22日から25日にかけて中国を訪れた金日成は、対日関係についても周恩来と意見を交換していたのである[25]。周恩来は日中関係の進展状況を金日成に伝達したであろう[26]。日中関係の経過を知ることによ

---

(23) しかし同時に、日朝関係という梃子を動かすことで南北関係を動かそうとしたともいえる。北朝鮮は、日本に対して南北均等政策を求めることで、日朝接近を憂慮する韓国側を牽制することになった。北朝鮮は日朝関係を進展させることで韓国を孤立化させ、南北間の対話を有利に導こうとしたといえるだろう。

(24) 中国側の招請で訪中した竹入は、7月27日から29日にわたって周恩来と会談した。竹入は中国側の日中共同声明案8項目、台湾問題に関する三項目の黙約事項を書き写し、帰国後、周恩来との会談記録（竹入メモ）とともに田中首相、大平外相に見せた。竹入メモを見た田中、大平はこれで国交正常化はできると判断し、訪中に向けた準備を急いだ。「竹入義勝公明党委員長・周恩来総理会談」石井明ほか編『記録と考証　日中国交正常化・日中平和友好条約締結交渉』岩波書店、2003年、3頁。竹入は8月5日、記者会見で、廖承志中日友好協会会長を団長とする大型代表団の来日が中止になったことを明らかにしたが、これは竹入と周恩来の間で取り決められた、田中角栄訪中承諾のサインであった。竹入義勝「歴史の歯車が回った　流れ決めた周首相の判断　―『特使もどき』で悲壮な決意の橋渡し」、同書、206頁。

(25) 中共中央文献研究室編『周恩来年譜（下）』北京：中央文献出版社、1997年、545-546頁。

(26) 日本側が得た情報では、「中国と北朝鮮は月1回以上、相当高いレベルでの連絡会議を定期的に開催し、主要な国内外問題に関して協議しているよう」であった。これは、香港駐在日本総領事館中国担当官から韓国側にもたらされた情報である。「局長会議報告 1972.12.11 題目：北韓のソ・中共関係」、フィルム番号D-0012ファイル番号5『北韓의 対中国（旧中共）・蘇聯関係 1972』、フレーム番号62-63、韓国外交史料館文書。

り、北朝鮮指導部は、さらなる柔軟姿勢を日本側に示すことで田中政権の対朝政策に影響を与えようとしたのではないだろうか。

1972年秋に日本のメディアに示された北朝鮮指導部の真意は、日本が韓国との外交関係を維持しながらも、日朝国交正常化が可能だとした点にあるといえるだろう。これは日本に対する、実質的な「二つの朝鮮」の承認を容認する発言であった。日本が北朝鮮に対して差別的に遇するのではなく、朝鮮半島の南と北に対して同等の関係を構築することを北朝鮮側は求めた。それが、「南朝鮮との外交関係を維持するなら、共和国との外交関係も結ぶべきだし、外交関係を結ばないならば、韓日条約も廃棄すべきであり、あくまでも南側一方にだけ肩入れするような共和国差別、敵視政策をやめるべきだ」という表現に帰結したのだろう。北朝鮮指導部は、72年9月の段階で、日朝の国交正常化を実現可能性の高い問題と捉えていたのではないか。北朝鮮指導部としては、実現可能性の高い問題であるからこそ、日韓条約はそのままに日朝関係の正常化も可能であるという姿勢を強調した。すでに金日成は、日韓条約破棄という原則論に固執しないことを72年1月の段階で明らかにしていたが、北朝鮮指導部はそのような姿勢を南北均等政策という表現で、より強調したのではないだろうか[27]。

「過去問わず発言」　このように北朝鮮指導部は、1972年中に対日関係改善にむけての譲歩姿勢を日本のメディアを通じて明らかにしてきたが、このような姿勢は1973年に入るとさらに明確になった。73年2月2日に金日成は『東京新聞』の堀田一郎編集局長と会見を持った[28]。そこで金日成は、さらに踏み込んだ発言をしたのである。第一に、日本への明確な対朝国交正常化要求である。金日成は、1972年の間には対日関係改善を求め

---

(27)　しかしながらここで無視することができないのは、中国と北朝鮮の対日姿勢の差異である。中国は日本に「二つの中国」を容認する見解を示していない。一方の北朝鮮は、「二つの朝鮮」を容認する見解を日本のメディアを通じて示していたのである。北朝鮮の対日譲歩姿勢には、中国の対日関係改善の姿勢とは根本的な違いがあった。
(28)　この会見には、総聯第1副議長であった金炳植も同席していた。『東京新聞』1973年2月3日夕刊。なお会見2日前の1月31日にも堀田編集局長は、平壌大劇場で「バッタリ」金炳植と出会い、約30分間会話をしている。『東京新聞』1973年2月2日。金炳植は1972年12月12日付けで第1副議長を解任されていた。金炳植の解任については本章の脚注99を参照。

てはいたが、明確に国交正常化を求める発言をしたことはなかった。しかし堀田編集局長との会見で金日成は対日国交正常化を求めたのである。金日成は、「田中内閣の登場以来、〔田中内閣は〕わが国と日本の関係を改善すると言っており、佐藤内閣よりも良くなっている。田中内閣は、表明した態度を実行に移している段階と思う(29)」と述べて、田中内閣に対する期待感を明らかにした。そして、「われわれは日本政府の出方に対応しつつ、国交樹立を促進すべきとの考えであり、日本政府の態度いかんで友好的に対応していきたい。両国の正常化は双方の合意で実現されるものだから一方側の要請だけでは解決できない。一方的なわが国からの提起は考えていない。日本政府の態度を見守りたい(30)」として、日本政府に対朝国交正常化への努力を求めた。また堀田編集局長の「日本と韓国の関係を現状のままで、朝鮮民主主義人民共和国と日本が国交を結ぶことについて、さしさわりがあるかどうか」という質問に対して、金日成は次のように回答した。

　この問題は、われわれよりも、日本政府が気づかっているのではないか。私の見る限りでは日本政府は南朝鮮との関係のために、わが国との関係をためらっている。日本政府はもっと待ってみようという態度だ。問題はわれわれよりも日本側にある。日本と南朝鮮の関係は、もちろんわが国と日本政府間の話し合いの場合、討議される問題だが、これは容易に解決できる問題だ。世界的に見ても、南朝鮮と関係を持つ国でわが国とも関係を持つ国が増えつつある。きょう午前、チリの外務大臣と会ったが、チリがその良い実例ではないか(31)。

前年中には南北均等政策の要求という形で、暗に国交正常化を求めていた北朝鮮であったが、この会見では日本側に国交正常化への努力を明確に求めた。それもチリという南北朝鮮と外交関係を持つ特定国をも例にあげることで、金日成は、むしろ日本政府が、「南朝鮮との関係のために」北朝鮮との関係正常化をためらっていることに意味がないことを指摘したのである(32)。

---

(29) 『東京新聞』1973年2月3日夕刊。
(30) 同上。
(31) 同上。
(32) 金日成は、1973年6月15日のＴＢＳ代表との会見においても、日本と国交を

第1節　金日成の対日国交正常化アピール

　第二の点は、金日成が「過去については問わない。日本の出方次第ですべての分野で解決すると思う(33)」と述べた点である。つまり金日成は「過去の償いを日本に求めない」ことを示唆したのである。金日成は、堀田編集局長の「日本国民の間には主席は偉大な英雄との評判と同時に、抗日パルチザン闘争のリーダーだったために『こわいおじさん』だとの印象がある。このような印象を消すためにも、過去の償いを日本に求めないと、はっきり表明できないだろうか(34)」という質問に対して次のように答えた。

　　過去は過去、先は先の問題だ。問題は両国人民の利益になるために、お互いに尊重し合うかどうかだ。互いに意思が通じれば、解決できない問題はない。過去は日本人民自身が反省している。いま、ことさら過去を問おうとは思わない。どうすれば善隣関係ができるかだが、もし日本政府が好意を示せば、同じ好意を持って、われわれはその代価を支払うだろう。
　　佐藤内閣のときは日中関係は疎遠だった。田中内閣が態度を変えたため、日中は復交した。両国関係はこのように改善できるものだ。従って日本政府の態度が問題である(35)。

　このように金日成は過去を問うことよりも善隣関係を醸成することを優先したのである。ここにも、日中国交正常化の影響がうかがえる。金日成は、日中国交正常化を肯定的に捉えていた。1972年10月6日に行われた雑誌『世界』の安江良介編集長とのインタビューにおいて金日成は、「最近、中日会談がおこなわれ、中日両国間の共同声明が発表されましたが、この共同声明はいいことだと思います。このたび中日両国が国交の正常化をはたしたことは、アジアの平和にたいする大きな寄与になるだろうと思いま

　　正常化したいが日本政府は時期尚早というだけで何の反応もみせていないこと、そして韓国との国交をもちながら北とも国交正常化している国は少なくないことの二点を指摘している。「金日成、日本のＴＢＳ代表と会見」、フィルム番号Ｈ-0021ファイル番号2『韓国의 ＵＮ加入問題、1972-73』、フレーム番号6-11、韓国外交史料館文書。この点については韓国側でも注目しており、金日成発言の意図について「日本が『二つの韓国観』を認める趨勢を利用できると展望したところからでてきたものとみえる」と分析している。
(33)　『東京新聞』1973年2月3日夕刊。
(34)　同上。
(35)　同上。

す」と述べていた[36]。また、10月30日から31日にかけて訪中した金日成は、毛沢東や周恩来から日中会談の状況について報告を受けている[37]。日中国交正常化の過程で、中国は対日賠償の請求を放棄した。この中国政府の決断が金日成にも影響を与えていたとみるべきであろう。金日成は、過去を問わない代わりに日本政府が対中関係同様、日朝関係においても態度を変化させることを期待したといえよう。堀田編集局長が述べたところによれば、日本政府をして北朝鮮に友好的な態度を取らせるためには「過去を問わないこと」が必要であったのである[38]。

金日成は、日朝関係正常化の実現が目前にせまっていたと考えていたのかもしれない。1973年における金日成の「過去問わず発言」は、「日本政府をして北朝鮮に友好的な態度を取らせるため」のものであった。日朝関係正常化を促進するためのものであったと言ってよい。金日成にとっては、「過去問わず発言」は対日関係改善における「最後のカード」であった。金日成の「過去問わず発言」には前例がある。その前例も、1973年とは状況は異なるが、「最後のカード」ともいえるものであった。金日成は、1965年の日韓条約締結前夜、日本との「過去の問題にはこだわらない」と述べていた[39]。65年の金日成の「過去問わず」発言は、日韓関係正常化に対する脅威認識を抱く北朝鮮による、日韓条約締結の阻止を目指すための「最後のカード」であった。

これまでみてきたように、北朝鮮政府は1971年9月におこなわれた金日成と『朝日新聞』との会見以来、金日成や朴成哲ら指導者の言葉をもって対日関係改善の意思を日本に向けてアピールしてきた。73年2月には、日本に対して「過去の償い」を求めないことにも言及した。過去北朝鮮政府は、日韓条約締結直後である1965年6月23日に政府声明を通じて、日韓間に結ばれた条約と協定の無効を宣言し、対日賠償請求権を保有することを主張していた[40]。この立場を北朝鮮政府の対日政策の原則とするならば、北朝鮮指導者による対日アピールは、譲歩姿勢を示し続けたものであった

---

(36) 「金日成首相会見記」『世界』1972年12月号、78頁。
(37) 中共中央文献研究室編、前掲書、561頁。
(38) 堀田編集局長は、「田中内閣を貴国に対して決定的に友好的態度をとらせる方向に押し上げるために」、金日成に二つの質問を提起したという。
(39) 第1章第2節を参照。
(40) 『労働新聞』1965年6月24日。

といえる。

一方で北朝鮮の対日アピールは、日朝国交正常化という目標に向かって、その水位を高めてきた。すなわち北朝鮮政府は、日本側が北朝鮮との国交正常化を受け入れやすいように、日朝国交正常化に対する自らの立場の変化を徐々に示してきたのであった。そのような北朝鮮による対日アピールの過程には、ニクソン訪中、南北関係の進展、日本での田中政権の登場、そして日中国交正常化という情勢変化も影響を及ぼしていたのである。

第2節　対日関係の拡大

1　日朝友好促進議員連盟と自民党

日朝議連の結成と訪朝　1971年以降、北朝鮮はどのように日本側との政治的関係を拡大・深化させることを試みたのか。北朝鮮の対日関係は、政治レベルにおいては共産党、社会党との関係にほぼ限定されていたが、71年9月には自民党との関係構築についても積極性を示すようになった。その意味では、1971年11月16日に超党派組織として日朝友好促進議員連盟（日朝議連）が結成されたことは一つの進展である[41]。なぜならば、日朝議連の結成は、国会において日朝国交正常化を求める勢力が共産党や社会党に限定されるのではなく、より広がりを持つようになることを意味したからである。日朝議連は、70年12月9日に結成された日中関係における日中国交回復促進議員連盟に相当するものといえるだろう[42]。

1971年11月16日、自民党、社会党、公明党、民社党、共産党、二院クラブの有志議員は、衆院第2議員会館で日朝友好促進議員連盟の結成会議を開き、「日朝両国間の国交正常化と友好関係をすみやかに実現すべきである」との宣言を採択した[43]。日朝議連は北朝鮮との国交回復を超党派で

---

(41)　日朝議連は社会党が中心になって結成に尽力し、日朝国交正常化を目標としてかかげていた。

(42)　緒方貞子は、日中国交回復促進議員連盟が結成されたことを、親中支援者を獲得しようとする中国の努力として理解している。緒方貞子（添谷芳秀訳）『戦後日中・米中関係』東京大学出版会、1992年、24-25頁。

(43)　この日朝議員連盟の結成は、日韓の外務当局者にも否定的印象を与えていた。外務省北東アジア課の遠藤哲也事務官は、韓国外務部東北アジア課長との会談で、日朝議連が日朝交流拡大のため多くの圧力をかけてくると予想し、憂慮しているとの見解を非公式な立場であるとしながらも示した。「面談報告」、1971年11月22、23日、フィルム番号D-0009ファイル番号24『北韓・日本関係,

働きかけることを目的とし、246人の衆参両院の議員が加盟した。同連盟は、経済、文化、芸術、スポーツなどの交流、在日朝鮮人の権利と生活の擁護などを主な事業としていた。会長は自民党議員から選出するとの方針が決められたが、具体的な人選は見送られ、当面は自民党の久野忠治が会長代理を務めることになった[44]。

こうして日朝議連は、日本と北朝鮮とのあいだに横たわるさまざまな問題の解決を目指して、翌72年1月16日に訪朝団を派遣することになった。しかし北朝鮮側が接触を望んでいた自民党から参加したのは久野忠治のみであった。というのも、自民党議員の訪朝に反対する保利茂幹事長が、訪朝する議員に対して離党届の提出を求めており、そのうえ公用旅券の発給にも応じられないとの態度をとったからである[45]。訪朝団の団長となった久野は訪朝に先立つ記者会見において、日朝問題を解決しない限り、「アジアの緊張緩和も、わが国の平和と繁栄もありえない」と前置きしたうえで、国交正常化への扉を開きたいとの意欲を語り、60万人の在日朝鮮人の存在という日朝関係の特殊性に鑑みて、人的交流に配慮する必要性を唱えた。久野は、日朝間には在日朝鮮人の北朝鮮への自由往来の実現、文化・スポーツ交流の促進、貿易の是正という当面課題があると指摘するとともに、日朝間においても、日中間のような覚書貿易協定の締結を目指すという意思を明らかにしたのである[46]。

自民党との接触　北朝鮮側でも日朝議連の訪朝実現に努力した[47]。

　　　1971』、フレーム番号85、韓国外交史料館文書。
(44)　『日本経済新聞』1971年11月17日。
(45)　自民党議員の訪朝は、訪朝団出発直前まで危ぶまれていた。自民党の保利茂幹事長は、1月11日、自民党議員の訪朝は認めないことと、それでも訪朝する場合は離党届を出すことを求めていた。『朝日新聞』1972年1月13日。当初訪朝団に加わる予定であった塩谷一夫、石井一、奥田敬和の三名は参加を断念した。塩谷らは、保利幹事長から公用旅券の発給を拒否されたあとに久野と話し合った結果、「行く以上は公用旅券で堂々と行きたい。それがダメになったからには断念せざるをえない」という考えに落ち着き、久野氏も「諸君は将来がある。無理をすることはない」と、自分だけが参加することで了解しあったという。『朝日新聞』1972年1月15日。久野は一般旅券の発給を受けて訪朝した。
(46)　『朝日新聞』1972年1月17日。保利幹事長ら執行部の反対を押し切って一人で参加した久野団長は、自民党の三木武夫、藤山愛一郎、宇都宮徳馬から激励電話を受けたことを会見で明らかにした。

第2節　対日関係の拡大

　北朝鮮側は、日朝議連の訪朝団に自民党議員が含まれることに大きな意義を認めていた。それは北朝鮮指導部が、日本との関係改善にあたって佐藤退陣後の自民党への足がかりを欲していたからである。金日成は1月24日に日朝議連同行記者団と会見したが[48]、そのなかで金日成は自民党単独の訪朝使節団実現の見通しについて、「佐藤が自民党の総裁でいる限り、実現は不可能だと思う。可能な方法としては党派を問わず日朝議連を通じてわが国にくることが考えられる」という姿勢を示した[49]。金日成としては、佐藤政権下においても日朝議連を通じて自民党議員とのパイプを維持する意向を明らかにしたともいえよう。

　また日本国内においては、朝鮮総聯も自民党議員とのパイプ作りに努めていた。例えば1972年3月、日韓議員懇親会準備会議のために韓国から訪日した李秉禧(イビョンヒ)政務担当無任所長官らに対する福田赳夫外相の発言は、そうした事実を示唆している。というのも福田は、「〔朝鮮総聯が〕野党だけでなく自民党内にも選挙支援を通じた浸透をして困惑している」と述べているからである[50]。このように朝鮮総聯も自民党への足がかりづくりを模索していた[51]。

　なぜ北朝鮮側では自民党を重視したのか。この点に関して、北朝鮮と中

---

(47)　訪朝団に同行する記者団の受け入れについて、北朝鮮側は当初「相互主義」の原則に立つことを日本政府に強く求めていたが、訪朝団の実現が危ぶまれる段階になると、その原則を放棄して報道陣も含めた一行の訪朝実現を優先的に扱った『朝日新聞』1972年1月16日。

(48)　『労働新聞』1972年1月25日。

(49)　『朝日新聞』1972年1月25日。

(50)　「韓・日議員懇親会準備会談参席報告」、フィルム番号C－0059ファイル番号5『韓・日議員懇親会創立総会. ソウル、1972. 5. 2』、フレーム番号24－25、韓国外交史料館文書。

(51)　北朝鮮は公明党との関係にも関心を示したが、ここにも日中関係の展開を彷彿させるものがあった。訪朝した竹入委員長を団長とする公明党代表団は、72年6月6日、朝鮮対外文化連絡協会代表団との間で、共同声明に調印した。『朝日新聞』1972年6月6日夕刊。前年6月に公明党が中国訪問で日中国交回復5原則を盛り込んだ共同声明を出してから日本国内における日中国交回復運動が拡大・深化したことを考えると、北朝鮮指導部も公明党との間で共同声明を出すこと自体に意義を見出していたのかもしれない。公明党訪朝団が平壌に到着した際、金一第1副首相が飛行場で迎接したことも北朝鮮が日本での日朝友好運動のムードに刺激をあたえようとした一例といえよう。日本からの北朝鮮訪問に、金一のような政府幹部が出迎えたのは初めてであった。

国の間で対日政策について協議されていたことを勘案すると、中国側の自民党に対する認識が参考になると考えられる。中国では、毛沢東や周恩来のような指導者が日中国交正常化に前後して、自民党との関係構築の必要性を語っている。周恩来は、「20数年にわたって中日友好運動をすすめてきたのに、国交正常化の手柄は自民党にさらわれてしまうと感じ」ていた日本のある野党の一部の議員に対し、「政権が自民党に握られている以上、国交回復という問題は自民党と話し合わないわけにはいかない。あなたがたが長いこと中日友好に寄与されたことにわれわれは心から感謝する。田中首相さえ野党のみなさんが中日国交回復の地ならしをされたことを認めないわけにはいかない」と述べていた[52]。また毛沢東は1972年9月27日の田中角栄首相との会談の際に、「私は、日本では、野党は問題を解決することができず、中日復交問題を解決するにはやはり自民党の政府に頼ることだと言う」と述べている[53]。対日国交正常化を視野に入れていた北朝鮮指導者としても、中国指導者と同様、政権党である自民党との関係を持つ必要性を感じていたことは想像に難くない。

2　中国との協調 ── 朝鮮総聯在外外交機関化とスポーツ・文化交流 ──

美濃部訪朝・訪中と在外外交機関としての朝鮮総聯　これまでみてきたとおり、北朝鮮と中国は、日本との関係改善に向けて協調姿勢を維持してきた。日本との関係改善において、朝中が協力していた様子を明確にみてとれる事例がある。それは、朝鮮総聯の北朝鮮在外外交機関化の動きにおいてであった。中国は、朝鮮総聯を日本における北朝鮮の在外外交機関として位置付ける試みに協力していた。その動きは、美濃部都知事の訪朝・訪中過程からうかがうことができる。

　美濃部都知事側は、朝鮮総聯の在外外交機関としての認定に積極的に対応した。1971年10月の美濃部訪朝に同行した小森武都政調査委員会常務理事は、金日成との会談の席で、東京都内に朝鮮総聯を実質的に北朝鮮の外交機関として認める考えを示した。小森は、「すこし前、中国から王国権氏が日本にきたとき[54]、彼は東京にある外国外交機関のなかで総聯中央

---

(52)　張香山（鈴木英司訳）『日中関係の管見と見証』三和書籍、2002年、130頁。
(53)　「田中角栄首相・毛沢東主席会談」石井明ほか編、前掲書、130頁。
(54)　1971年8月25日、中国の王国権対外友好協会会長が、周恩来の指示により日

本部だけを訪問しました。わたしたちも王国権氏が考えているのと同じような考え方をしています。すなわち、総聯を実質的に朝鮮民主主義人民共和国の在外外交機関として認めようということです」と述べている[55]。実際に、美濃部と小森は訪朝を前にして、東京の朝鮮総聯中央本部を正式に訪問し、総聯側の案内により中日備忘録貿易弁事処駐東京連絡処を訪問していた。これについて小森は「知事ともなれば公式機関の人物です。その公式機関の人物が、総聯を訪問したことは、歴史上はじめてのことです」とその意義について語っていた[56]。

　金日成との会談における小森の発言からは、美濃部が知事を務める東京都だけでなく、中国も朝鮮総聯を日本における実質的な北朝鮮の外交機関として認める方向で協力していたと考えられる。1971年8月27日、来日した王国権中日友好協会副会長の一行は東京都千代田区の総聯中央本部を訪れ、韓徳銖議長らと懇談していた[57]。この王国権による総聯訪問が朝中本国における協議の上でのことなのか、それとも日本における総聯と中日備忘録貿易弁事処駐東京連絡処の間での協議があったのか、それともその双方なのかという点、つまり誰のイニシアティブによって王国権の総聯訪問がなされたのかという問題の判断は難しい。しかし小森が「王国権氏が考えているのと同じような考え方をしています」と述べていることから、美濃部らにとって、少なくとも王国権による朝鮮総聯訪問は総聯を北朝鮮の外交機関として認めようとする行為として意味付けられていたのである。そして美濃部側がこのような認識を持つに至るには、小森が金日成に述べたとおり、「金炳植の積極的な活動」があった[58]。

　実際に金炳植は美濃部都知事の訪朝・訪中に携わっており、朝鮮総聯は

　　本を訪れた。訪日の目的は、日中の民間交流や貿易を通して日中関係の改善に尽力してきた松村謙三の葬儀に参列することであった。王国権は、日本滞在中に多くの政治家や財界関係者と接触を持ち、その模様は「王国権旋風」ともいわれた。NHK取材班『周恩来の決断：日中国交回復はこうして実現した』日本放送出版会、1993年、17-18頁。

(55) 「金日成首相会見記」『世界』1972年2月号、69頁。王国権中日友好協会副会長の一行は、8月27日午後2時半、朝鮮総聯を訪れ、韓徳銖議長らと懇談した。『朝日新聞』1971年8月28日。

(56) 「金日成首相会見記」『世界』1972年2月号、69-70頁。

(57) 『朝日新聞』1971年8月28日。

(58) 「金日成首相会見記」『世界』1972年2月号、69-70頁。

在外外交機関としての存在感を誇示するような行動をとっていた[59]。美濃部は平壌訪問後に北京を訪問したのであるが、その過程に総聯が関与していたのである。金日成は美濃部に、「美濃部先生の中国訪問問題を中国側に提起したのですが、すぐ返事がこなかったものですから、大使館を通じてちょっとあたってみました。すると、周恩来総理は、総聯の意見を尊重するといいながら、すでに東京に招請電報を送ったと知らせてきました」と述べた。金日成と周恩来の間でどのような実際のやりとりがあったかを知ることはできないが、美濃部都知事の訪中は、「総聯からの周旋による中国入り」という形式をとっていた。この美濃部訪中の件は、国策研究会常任理事を務める矢次一夫が金炳植について聞いた噂とも一致する。矢次は、「美濃部都知事が中共を訪問しえたのは、金氏の斡旋で北鮮に入り、北鮮の推薦を受けて中共入りできた」という話を聞いていたという[60]。このように、美濃部都知事の訪朝と訪中には朝鮮総聯が関与しており、総聯が北朝鮮の対外政策を遂行する外交機関であるという印象を与えていた。事実、在日韓国大使館は、美濃部が訪朝するようになれば、「今回の訪問を裏で周旋したとされる総聯を自信付ける結果になる」ため、今般の訪問が実現されないよう日本側に求めていたのである[61]。

　それでは、なぜ朝鮮総聯は自らを日本における北朝鮮の外交機関として位置付けることを目指したのだろうか。日本には、日朝間の国交がないため北朝鮮大使館などの公的な外交機関が存在しない。したがって、朝鮮総聯が外交機関に準ずる機関としての地位を確保することによる対日関係の拡大を目指したのではないか。国交正常化への一過程として、朝鮮総聯は、北朝鮮本国の在外外交機関としての地位を有する必要があった。そのためには、北朝鮮の外交機能の一端を担う組織が日本に存在するという既成事実が必要とされたのではないだろうか。

(59)　金炳植は、美濃部都知事訪朝の際、中日備忘録貿易弁事処駐東京連絡処の趙自瑞首席代表とともに、羽田空港まで見送りにきていた。『朝日新聞』1971年10月25日。また、金炳植は美濃部が帰国した際にも羽田空港で出迎えている。『朝鮮時報』1971年11月20日。
(60)　矢次一夫『わが浪人外交を語る』東洋経済新聞社、1973年、347-348頁。親韓ロビイストとも称される矢次一夫と金炳植の接触については次節を参照。
(61)　駐日大使代理発外務部長官宛、1971年10月8日、フィルム番号D-0009ファイル番号1『北韓의 対外政策、1971』、フレーム番号59-60、韓国外交史料館文書。

日朝中スポーツ・文化交流　対日関係改善における朝中の協調姿勢は、スポーツ・文化交流という場面においても貫かれていた。1972年5月に習志野高校サッカー部が北朝鮮を訪れ親善試合を行った[62]。習志野高校サッカー部は、北朝鮮からの帰途に中国でも試合を行っているが、その際の対戦相手であった上海ジュニアサッカーチームが同年8月に来日した。8月8日に上海市ジュニアサッカーチームは横浜港に到着したのであるが、その際に飛鳥田横浜市長らのほかに朝鮮総聯関係者も出迎えていたのである[63]。8月10日に行われた横浜選抜高校生チームとの試合にも朝鮮総聯関係者が訪れ、試合後に開かれた飛鳥田市長招待によるレセプションには韓徳銖総聯議長も出席していた[64]。8月21日には、上海市チームの日本での最終戦として、神奈川朝鮮中高級学校サッカー部との間で「朝中親善試合」が行われた[65]。

7月10日には、芸術を通して日中友好ムードを作り上げることを目的として上海バレエ団が日本を訪れた[66]。この上海バレエ団の一行は、公演の間に一般市民や労働者、在日華僑や在日朝鮮人との交歓会にも出かけていたのであった[67]。8月12日には、朝鮮総聯中央常任委員会の主催による上海バレエ団の公演が東京朝鮮文化会館で行われた。『朝鮮時報』での

---

(62)　習志野高校のサッカー・チームの訪朝には、日本テレビ小林与三次社長らの努力があった。金炳植は「ＮＴＶの小林社長と山口久太さんが非常に熱心に動きまして、ＮＴＶがスポンサーになって習志野高校のサッカー団を連れて行く、そしてことしの11月には共和国の学生サッカー団を日本に招待する。文部省だとか法務省、外務省にも、小林さんがずいぶん動きまわりまして、ある程度メドがついたんじゃないかと思います。スポーツを通じての日本との交流をやるということは、非常に画期的な意義を持つんではないかと思います」と述べていた。『毎日新聞』1972年4月25日。習志野高校は、1971、72年における全国高校サッカー選手権大会優勝校である。山口久太は千葉県体育協会会長、東海大学体育部長を務めており、71年9月に北朝鮮を訪れていた。駐日大使発外務部長官宛、1972年3月16日、フィルム番号Ｄ－0011ファイル番号20『北韓・日本体育交流, 1972』、フレーム番号11-14、韓国外交史料館文書。なお、習志野高校サッカー部訪朝団の「顧問」というかたちで記者5名とともに訪朝していた小林与三次日本テレビ社長は、5月21日、金日成と会見している。『読売新聞』1972年5月22日。
(63)　『朝日新聞』1972年8月9日。
(64)　『読売新聞』1972年8月11日。
(65)　『読売新聞』1972年8月22日。
(66)　ＮＨＫ取材班、前掲書、56頁。
(67)　『朝日新聞』1972年8月10日夕刊。

記述によれば、この公演はバレエ団が帰国に先立って、「朝中両国人民間に結ばれた戦闘的友誼と団結の一層の強化をめざし、在日朝鮮公民のために行ったもの」であった。また同日夕刻には、朝鮮総聯中央常任委員会の主催により、日本に滞在している上海バレエ団を歓迎する盛大なレセプションが開かれた[68]。

このようなスポーツや文化における交流は、日本において日中友好ムードとともに日朝友好ムードをも醸成することを、中国側と朝鮮総聯が協力していた事例といえよう[69]。対日政策においても朝中両国は協調姿勢を保っていたのである。

対日関係をめぐる朝中間の違い　1972年9月に日中両国は国交正常化を果たすことになるが、日朝関係が急速に進展することはなかった。南北関係とともに日中関係の展開にも絡めて日朝関係改善の必要性を日本の各界に印象付けることを試みていた北朝鮮であったが、日中関係のような展開には至らなかった。自民党議員の訪朝も1974年夏までなかった。北朝鮮からの政府・党代表の日本訪問も認められることはなかった。

朝中両国の対日アプローチにおいては決定的な違いが二点あった。第一に、前節でも触れたとおり、北朝鮮政府は南北均等政策を日本に要求していた点である。中国は台湾との均等政策を日本に求めることはなかった。中国政府は、「共産党か、国民党か」という決断を迫ることが出来たが、北朝鮮政府は、「北か、南か」という選択を迫ることができなかったのである。そして第二に、対中・対朝関係改善に対する日本経済界の温度差である。日中関係における日本経済界の対中関係改善要望のような動きは、対朝関係においては微々たるものであった。中国と異なり、北朝鮮は自ら対日アピールをする必要があった。その役割を金炳植副議長が果たした。

---

(68)　『朝鮮時報』1972年8月19日。
(69)　この後、北朝鮮からのサッカーチームや芸術団の来日は1973年に入ってから実現した。1月には平壌軽工業高等学校サッカーチームが、8月には平壌マンスデ芸術団が来日した。なお、平壌マンスデ芸術団の構成は220人、滞在期間は60日間という規模・期間においてそれまでの訪日団を凌ぐものであった。団長の尹基福(ユンギボク)は、党・政府の要職にある人物であり、南北赤十字会談諮問委員の一人であった。芸術団の団長という形式ではあるが、日本が北朝鮮要人の入国を認めた初のケースである。

では、金炳植はどのように日本との貿易拡大を目指したのであろうか。

第3節　日朝貿易と金炳植による財界接触

1　幻に終わった財界訪朝団

日朝貿易促進合意書　金炳植は『毎日新聞』の松岡英夫編集局顧問との対談で、日朝貿易に関して次のように語った。

> いままでの共和国と日本の貿易というのは、大体友好貿易です。友好貿易というのは、そんなに量的に急速に発展しないんです。やはり朝鮮と日本の間の貿易を発展させる上で重要なのは、日本からのプラントの輸出です。これは、われわれも必要だけど、日本も必要なんです。だから日本のメーカー、商社は一生懸命やっておるわけなんです[70]。

この発言にも明らかなように、金炳植自身が日本からのプラント輸出推進の役割を担っていた。北朝鮮は日本との間での貿易量の拡大およびプラント輸入という実利を得る必要性にも迫られていたのである。すでに第1章で言及したように、北朝鮮の経済は1960年代に大きな壁に直面していた。そのような状態からの脱却を図るべく、北朝鮮では1971年から6カ年計画が実施され、経済の大規模化・効率化を目指し、工業の近代化を進めていた。このため西側からのプラント導入に力をいれており、日本とのプラント貿易拡大は急を要する問題であった[71]。

日朝貿易は、1956年9月、大連を経由する変則的な形で始まった。しかし1958年5月に長崎国旗事件が起きると、日中貿易が中断するとともに日朝貿易も中断された。その後、香港経由の取引が再開され、日朝直接貿易が認められたのは1959年12月のことであった。その後、日朝貿易は1968年に5000万ドル台を記録し、その後5000万ドル台で推移していた[72]。

北朝鮮政府は日朝貿易の促進を求めた。金日成は、1971年9月の『朝日新聞』とのインタビューで、日朝間の経済関係の発展を訴えた。11月16日に北朝鮮・中国訪問から帰国した美濃部都知事も、北朝鮮側が、特に経済交流を望んでいたことを明らかにしている[73]。

---

(70)　『毎日新聞』1972年4月29日。
(71)　山本剛士『日朝関係：発展する経済交流』教育社、1978年、71頁。
(72)　同書、78頁。

このように日本側への対朝貿易拡大要求が続くなか、1972年に入り、日朝経済関係において大きな進展があった。訪朝した日朝議連代表団と朝鮮国際貿易促進委員会との間で貿易促進に関する合意書が調印されたのである。1972年1月23日に日朝議連代表団は朝鮮国際貿易促進委員会との間で、日朝貿易を飛躍的に発展拡大させることを目的とした、11項目にわたる「日本国と朝鮮民主主義人民共和国の貿易促進に関する合意書」に調印した[74]。合意書には久野団長をはじめ国会議員全員と、日朝貿易会の村上貞雄事務局長が署名し、北朝鮮側では金錫鎮国際貿易促進委員会副委員長が署名した。合意書は、まず「日朝両国民の親善と平等互恵の原則」に立つことを謳い、11項目の取り決めのほか、双方が相手国へ輸出する20品目を明記した付表から成っていた[75]。この合意書は、政治的には「日朝間のさまざまな交流を促進する刺激剤的な役割を持ち」、経済的な側面では「不安定だった日朝貿易に安定性、持続性を持たしたことになり、大幅な貿易拡大につながる結果をうむことになる」と評価されていた[76]。総聯の金炳植第1副議長は、この協定について次のように述べた。

　　久野忠治さんの一行が結んだ協定、これは民間貿易協定でありまして、政府がまだ正式には認めていない。だけど、この協定は遠からずして政府間貿易協定にまで持って行くという、はっきりした見通しをもって結んでいるわけなんです。そして、現在提起されておりますプラント輸出などが行われるようになりますと、あと4、5年のうちに貿易の量は急速に発展していく。いまは大体200億円くらいですけれども、遠からず10倍くらいはいけるんじゃないかという見通しなんです[77]。

金炳植はこの貿易促進合意書を契機として、日朝間の貿易量を拡大させ

---

(73)　①発電所建設、②消費財増産、③石油コンビナート建設、④魚の冷凍設備などについて日本の技術援助を期待していたと述べていた。『日本経済新聞』1971年11月17日。

(74)　関係業界筋は、「人民経済発展6カ年計画」と日朝貿易のつながりを指摘していた。まず合意書の有効期限と6カ年計画の目標年度が一致しており、6ヵ年計画ではあらゆる産業分野での機械化自動化が強調されていたという。『朝日新聞』1972年1月26日。

(75)　『朝日新聞』1972年1月24日。

(76)　同上。

(77)　『毎日新聞』1972年5月1日。

ることと政府間貿易協定締結を目指していることを明らかにしたのである。日朝貿易関係の進展に伴い、北朝鮮側では日本国内において北朝鮮の貿易業務を担う組織を必要とした。そして、1972年2月1日に朝・日輸出入商社が設立されたのである[78]。金炳植は、この朝・日輸出入商社について次のように述べている。

> 貿易協定ができたあと、われわれは、これをもっと具体化する一つの重要な措置としまして、まず、日本政府が共和国との間に正式の貿易代表部の交換をまだ認めないという条件のもとであっても、両方の貿易がどんどん発展するという状況では、何かそういうものが必要だ、というので、ことしにはいって共和国の貿易代表部のようなものを作ろうということで、共和国からその権限を朝鮮総連に委任をしたわけです。
> 　株式会社の看板を掲げましたけれども、実際には自分で商売をやるんではなく、共和国の輸出入商社を総合、代表して、日本の商社との間でいろいろな貿易協定を結び、そして取引の事務を取り扱う。それから、日本の商社と交渉して、共和国へ行って協定を結ぶ必要のあるものは推薦して向こうへ行ってもらう、そういうあっせん、こういうものも含めて貿易代表部の役割をする[79]。

北朝鮮政府は、朝鮮総聯に貿易代表部の役割を果たす組織を日本国内に作ることを委任し、朝・日輸出入商社を設立した。そしてこの朝・日輸出入商社を、北朝鮮政府の貿易代表部的存在として位置付けたのである。このように、貿易促進合意書の調印や朝・日輸出入商社の設立などに顕著なように、日朝間の貿易関係は徐々に進展しつつあった。しかしながら金炳植は、さらなる「起爆剤」を必要としていた。

金炳植の財界接触　金炳植は日本の財界とも接触を始めていた。1971年11月24日に東京の帝国ホテルで開かれた日本記者クラブの会合で、金炳植は朝鮮問題について講演し、日朝関係については経済、文化、人的交流の積み重ねによる交流拡大の必要性を強調した。そして、財界の一部と接触し始めていることを明らかにしたのである[80]。9月16日には関西財界

---

(78)　『朝鮮時報』1972年2月26日。なお、2月19日に同商社設立に関する朝鮮総聯による記者会見が行われた。
(79)　『毎日新聞』1972年5月1日。

代表団が、11月12日には東京経済人訪中団が中国を訪れた後での財界との接触事実の公表であった⁽⁸¹⁾。

　金炳植は1972年に入り、国策研究会常任理事の矢次一夫にも接触した。矢次の回想によれば、矢次自身は日韓協力委員会の設立に参加し、その常任委員の立場にあるため、北朝鮮との接触には慎重になっていた。そこへ、72年1月中旬に元代議士だった古い友人から⁽⁸²⁾、「ぜひ一度会ってくれ」という話が持ち込まれたという⁽⁸³⁾。矢次は金炳植が朝鮮総聯の実力者であると同時に、北朝鮮政府との「強い連絡の持ち主」であるという説明をうけ、「会ってみようということで会ったのです」と回想している⁽⁸⁴⁾。金炳植と矢次との接触は1月の末頃にあり、その後会合を重ねた⁽⁸⁵⁾。そして4月11日には国策研究会で金炳植の講演会を開いたのである⁽⁸⁶⁾。

---

(80)　『朝日新聞』1971年11月25日。日本記者クラブで、在日朝鮮人団体の幹部が講演したのは初めてであった。

(81)　東京経済人訪中団は、きわめて政治的な効果を持ち、日本経済界の中国傾斜を決定的なものにしたとされている。添谷芳秀『日本外交と中国　1945-72』慶応通信、1995年、232-233頁。

(82)　「元代議士」とは福家俊一のことである。山本剛士「日韓関係と矢次一夫」『国際政治』第75号、1983年10月、127頁。

(83)　矢次一夫『わが浪人外交を語る』東洋経済新聞社、1973年、343-345頁。

(84)　矢次が金炳植と会う気持ちになった最大の問題点は、金日成の還暦祝賀会がソウルで挙行されるという情報にあったという。この点に関する矢次の質問に対して、金炳植の回答は「平和的意図のもとに、平和的方法をもって、話し合いで統一への道を求める。還暦祝いはもちろん平壌で行う」というものであった。同書、347-348頁。

(85)　同書、345-346頁。なお、矢次の金炳植評価は、「金さんという人物は、もちろんマルクス主義者なのだろうけれども、長年の実践運動のせいか、話にゆとりがあり、幅もあって、単なる"主義者"というよりも、むしろ政治家というに近い」というものであった。同書、345頁。

(86)　『朝日新聞』1972年4月12日。国策研究会で金炳植の講演が行われるという報に接した在日韓国大使館では、この講演会の中止を求めたが、矢次は「共産主義を防ぐには、かえって共産主義者と会い対話を開くことが効果的である」と強調し、大使の要求には応じなかった。これに対し大使は、矢次のこのような計画を思いとどまらせるためにも、矢次への影響力を有している岸信介元首相に協力を求めるつもりであると本国に報告している。駐日大使発外務部長官宛、1972年4月6日、フィルム番号D-0001ファイル番号23『日本国策研究会主催金炳植朝総聯副会長講演，1972』、フレーム番号4、韓国外交史料館文書。なお、この講演会には外務省北東アジア課の遠藤も出席していた。遠藤による米大使館側への概要報告によれば、遠藤は、朝鮮総聯幹部と親韓派財界人による友好的で前例のない会合に強い印象を受けるとともに、総聯と没交渉であったことを

第3節　日朝貿易と金炳植による財界接触

　金炳植と矢次との接触をきっかけとして、1972年6月には協亜物産が設立され、社長には満州国総務庁次長を務めた経歴を持つ古海忠之が就いた。この協亜物産は日本と北朝鮮間の貿易の日本側の窓口にしようというねらいのもとに、「財界首脳のキモいり」で設立された会社であった[87]。朝・日輸出入商社に対し、日本側の対北朝鮮貿易の窓口としては日朝貿易会があったのだが、日朝貿易に従事してきた中小企業を中心とする組織であったため、日本の財界は新しい窓口を作ることを考え、協亜物産を設立したのである[88]。協亜物産は一般的な商社の形態をとっているが、同社設立に関わった有力企業のプラント輸出を扱い、日朝政府間通商協定が結ばれるまでの間、政界を動かし、日朝両国の経済交流の「橋渡し」役を務めることを目指していた[89]。

　矢次によれば、協亜物産の設立は金炳植の要請によるものだった。矢次は日本と北朝鮮との間の貿易について「アドヴァイスをしてくれる機関がほしい」という金炳植の希望にこたえて、同社の設立に協力したという。金炳植は、日朝間の関係は「超党派的で、イデオロギーを浸透させたようなものでない形」にしたいということであった。金炳植の申し出に協力することにした矢次は、「友人たち―みんな大会社の重役ですが―に株主になってくれるように頼み」、資本金1億円の協亜物産という会社を設立したのであった[90]。

　金炳植による財界接触は、財界による訪朝使節団の派遣計画を現実的問題として浮上させ、財界主流が「日朝関係正常化の時期は熟しつつある」と発言するまでに至った。金炳植は財界主流による訪朝使節団の派遣を極秘裏に推進していたのである[91]。財界人による訪朝経済使節団の派遣計

　　　　後悔していたという。さらに遠藤は、米大使館が総聯幹部との「非常に非公式な」接触を設定することも価値あることかもしれないと提案した。Telegram from the US Embassy in Japan to the Secretary of State, 4/21/1972, 石井修、我部政明、宮里政玄監修『アメリカ合衆国対日政策文書集成ⅩⅧ：日米外交防衛問題1972年・日本　政治・外交編』第6巻、柏書房、2006年、147-148頁。
(87)　『毎日新聞』1973年1月31日。
(88)　同上。
(89)　同上。
(90)　矢次一夫、前掲書、351-352頁。
(91)　在日韓国大使館の禹文旗(ウムンギ)1等書記官が語ったところによれば、韓国側は、矢次一夫のような日韓正常化を手助けした「古い友人」が財界訪朝団の形成に尽

画は、6月末から金炳植を通じて財界人数人に個別に打診が行われていた(92)。金炳植は、永野重雄日本商工会議所会頭（新日鉄会長）、岩佐凱実富士銀行会長、植村甲午郎経済団体連合会会長、木川田一隆経済同友会代表幹事（東京電力会長）、今里広記日本精工社長ら財界首脳と個別に会談を重ねて訪朝を申し入れていた(93)。岩佐富士銀行会長が「今年は朝鮮が世界的な問題になる」と想定していたように、前年（1971年）秋に中国の国連復帰が実現したことから、財界主流は朝鮮問題に関心を寄せていた。さらに1972年8月になると、永野日本商工会議所会頭が、「日朝関係正常化の時期は熟しつつある」と発言するようになったのである(94)。財界主流は中国に続いて北朝鮮との国交正常化の地ならしをするねらいで、年内にも大型経済使節団を派遣するための具体的な検討に入った(95)。8月9日、永野と土光敏夫経団連副会長（東芝会長）らは金炳植と懇談し、金炳植が要請した経済使節団派遣を実現させる方向で協力することに合意した。訪朝時期について、財界筋は10月から12月になるとみていた(96)。ついに北朝鮮への経済使節派遣が現実化の運びとなったのである。

　このような経過を受けて金炳植は、自ら南北赤十字会談諮問委員として平壌を訪れる前に、日朝経済関係の進展に対する期待感を明らかにした。金炳植は8月18日に『朝日新聞』とのインタビューで、財界北朝鮮使節団の訪朝後、「経済協力関係が急速に進展するのではないか」と述べたので

　　力していることに悩まされていた。Japan-DPRK Economic Relations, Telegram from the US Embassy in Japan to the Secretary of State, 8/25/1972, Internal affairs of Japan, 1970-1973, 韓国国会図書館所蔵米国務省文書、請求記号：MF008527。
(92)　『読売新聞』1972年8月10日。
(93)　『朝日新聞』1972年8月8日。財界主流の経済使節団の訪朝が実現すれば、政府も日朝関係の正常化に取り組みやすい情勢が生まれ、アジアの平和と安定に加えて日朝経済交流の拡大に寄与するところが大きいと期待されていた。
(94)　『朝日新聞』1972年8月8日。このような考えにいたるには、①2月に久野忠治自民党代議士を団長とする訪朝議員団が北朝鮮との間に日朝貿易拡大に関する合意書に調印したこと、②3月に北朝鮮の在日通商代表部ともいうべき朝・日輸出入商社が発足したこと、③5月に朴成哲北朝鮮第2副首相と李厚洛韓国中央情報部長とが相互訪問したという要因があったという。
(95)　『朝日新聞』1972年8月8日。
(96)　『読売新聞』1972年8月10日。有力財界人による訪朝経済使節団の派遣問題は、6月末から金炳植第1副議長を通じて財界人数人に個別に打診が行われていたが、関係者が一同に集って、この問題を話し合ったのは、この日が初めてであった。

ある。また、「『南』と取引した企業とは交流しないといったクレームをわれわれはつけていない(97)」として、北朝鮮としては日朝間の取引に関して条件をつけない姿勢を明らかにするのであった(98)。

財界訪朝団構想の挫折　しかしこの財界訪朝団の構想は挫折に追いやられた。その直接的な原因は、金炳植自身の失脚である(99)。財界側によ

---

(97) これは、「周4条件」のことを指しているのだろう。「周4条件」とは、1970年4月19日に松村謙三を団長とする覚書貿易訪中代表団と会談した周恩来が、対中貿易に従事する日本の商社、企業に対して提示した四つの条件のことである。それは、①蔣介石一味の大陸反攻を援助し、朴正熙集団の朝鮮民主主義人民共和国に対する侵犯を援助するメーカー、商社、②台湾と南朝鮮に多額の資本投下を行っているメーカー、商社、③アメリカ帝国主義のベトナム、ラオス、カンボジア侵略に兵器弾薬を提供している企業、④日本にある米日合弁企業およびアメリカの子会社とは貿易を行わないというものであった。添谷芳秀、前掲書、220頁。

(98) 『朝日新聞』1972年8月18日。

(99) 金炳植は1972年12月12日付けで朝鮮総聯の第1副議長を解任された。72年10月13日に日本を発った金炳植は、その後平壌に留まり続けた。いわば「本国送還」の身となったのである。筆者は、この失脚問題を、金炳植に対する韓徳銖議長の「巻き返し」という構図で理解している。韓徳銖は、72年8月25日に金炳植が南北赤十字会談諮問委員として平壌に向けて日本を発つと、総聯中央常任委員会などの会議を開き、金炳植の「組織無視」、「非行事件」を追及し始めた。その追及の過程で、「金炳植議長」下の新指導体系をつくることを目標にしていたことも明らかにされたという。統一朝鮮新聞特集班 『「金炳植事件」——その真相と背景』統一朝鮮新聞社、1973年、35-46頁。なお日本の情報当局では、72年6月の段階で、朝鮮総聯でのリーダーシップが、本国に忠誠的な韓徳銖からより独立的な金炳植にシフトしつつあることに関して、将来的に北朝鮮本国との関係において問題をもたらすであろうと推測していた。Telegram from the US Embassy in Japan to the Secretary of State, 6/6/1972, Political affairs and relations : General Policy Background, 1970-1973, 韓国国会図書館所蔵米国務省文書、請求記号：MF007612。金炳植失脚という総聯の混乱は、まさに本国との関係において問題が顕在化するという情報当局の推測が的中したかのようである。しかしながらこの問題は韓徳銖の「勝利」という形に帰結した。既述したように、金炳植の第1副議長への「格上げ」が本国側の方針であったという筆者の理解が妥当であるならば、金炳植「本国送還」の後にも韓徳銖が総聯議長であり続けたことは、金炳植や北朝鮮本国との関係において韓徳銖の「巻き返し」が成功したということである。つまり金炳植よりも韓徳銖が本国との関係において、より独立的であったということにもなろう。また、韓国の中央情報部では、朝鮮総聯の内紛収拾過程において金炳植に対する反発があまりにも大きかったために、北朝鮮は最終的に金炳植を失脚させたと理解している。『朝総聯』中央情報部、1975年、145-146頁。なお金炳植は、北朝鮮本国では1993年

る、土光敏夫を団長とする三井、三菱、住友、芙蓉などの企業グループの代表をそろえた大型使節団を10月末か11月初めに派遣するという構想は、すでに9月中旬に固まっていた。あとは南北赤十字会談に諮問委員として参加するため8月末から平壌を訪れていた金炳植が、北朝鮮本国側の具体的意向を持ち帰るのを待つだけだった。しかし金炳植は、9月22日に東京に戻ったのにも関わらず、日本側関係者との連絡がとれなくなったのである[100]。日本を離れていた間に韓徳銖の「巻き返し」にあっていたからであろう。

その後金炳植は10月11日夜に、都内の料亭で土光敏夫、永野重雄らと懇談する機会を得た。金炳植はその席で、日本の財界人を北朝鮮に招くという北朝鮮政府の意向を伝え、財界側はこれを受け入れるとの態度を表明した。ただし時期については当初予定していた1972年秋ではなく、73年の春に延期することとされた[101]。しかしながら金炳植が日本を離れたことで、財界訪朝団構想は頓挫した。10月13日、金炳植は南北赤十字諮問委員として再度平壌を訪れるために日本を発ち、その後平壌に留まり続けることになる。金炳植という「窓口」を失った財界代表団の訪朝構想が実現することはなかった[102]。

金炳植の失脚とともに、協亜物産も当初求められた機能を果たすことがなくなった。協亜物産は、金炳植が「同社を朝・日輸出入商社に対応する日本側窓口として扱う」とその役割を保証し、日本の財界側も金炳植に大きな期待をかけ、朝・日輸出入商社を通ずる大きな商談は一手で扱おうというほどの意気込みであった。古海社長らは金炳植の協力を信じて、北朝

　　　7月に朝鮮社会民主党委員長、同年12月に国家副主席に就任した後、1999年7月に死去している。金炳植失脚問題についての分析には、さらなる関係資料や証言が必要となるだろう。
(100)　『朝日新聞』1972年10月7日。
(101)　『朝日新聞』1972年10月12日。
(102)　金炳植と入れ替わるように訪日した、北朝鮮経済代表団団長である金錫鎮国際貿易促進委員会副委員長は、10月23日の記者会見で、「金炳植副議長はあくまで朝鮮総連の第1副議長であり、(北朝鮮側の貿易窓口は)韓徳銖議長の唯一指導のもとにある総連の指導を受ける朝・日輸出入商社である」として、一連の日朝貿易促進交渉にあたっていた金炳植の窓口的役割を否定した。『朝日新聞』1972年10月24日。金炳植の窓口的役割を否定するとともに、朝鮮総聯における韓徳銖のリーダーシップを強調した発言ともいえるだろう。

鮮関係者の入国などに「政治力」を発揮した。しかし、金炳植のパイプに依存していた協亜物産は、金炳植の失脚により打撃を受けたのである[103]。矢次一夫も、「そのうち金炳植さんが北鮮にいったあと、朝鮮総連の内部もごたごたがあるらしく、どうもうまく事が運ばない。しかたがないから一同で相談した上で、北鮮関係はタナ上げすることに決め」た、と述べている[104]。

政治への波及効果　以上みてきたように、北朝鮮側の対日経済関係における日本側への接近方法には二つの形態があったといえる。一つは、本国の機関である朝鮮国際貿易促進委員会による貿易協定の締結に代表される公的な手続きを通じた接近方法である。別の一つは、金炳植による財界接触という私的な通路を用いた「起爆剤」的な形態である。金炳植自身は、次のように述べている。

　　現実には大きな障害にぶつかっているわけです。それは、まず、輸銀（日本輸出入銀行）の適用の問題と、やはり共和国の技術者を日本政府が自由に入れないということです。それで、なんとか突破口を作らなければいけないということで、われわれも努力しておりますし、日本の商社、経済界の中でも、このことで非常に努力をしているわけなんです[105]。

金炳植は日朝経済関係における障壁の打破を目指しており、そのためには突破口が必要であった。金炳植の財界への接触は、財界の対朝貿易への関心をひきつけることで、日朝間における経済の相互依存状況の創出を試みたものだといえる[106]。そのためにも財界使節団の訪朝を実現させることが望まれたのである。

---

(103)　『毎日新聞』1973年1月31日。
(104)　矢次一夫、前掲書、353頁。
(105)　『毎日新聞』1972年5月1日。
(106)　韓国では、日朝接近傾向の背景について次のように分析していた。①日中関係正常化後は日朝関係正常化が主要課題であるという日本財界の動向。②対中関係という前例（経済的既成事実の醸成後、政府ベースの関係正常化促進）によって対朝経済関係を既成事実化。③特に金炳植、朝日輸出入商社などを通じて大型商談を提案することによって日本財界を誘引。「日・北韓経済交流近況」、フィルム番号D－0015ファイル番号5『北韓・日本経済関係，1973』、フレーム番号145、韓国外交史料館文書。

財界使節団による訪朝が、日朝政治関係に波及効果を及ぼすことも当然考慮された。例えば金日成は、日朝国家間関係改善における貿易の役割について次のように言及している。金日成は朝・日輸出入商社代表団との会見の際、「朝・日輸出入商社は日本においてわが共和国の貿易代表部の機能を遂行する機関である(107)」ことを前提としたうえで、北朝鮮側が日本との間で貿易取引を行おうとするのは、「朝日両国の間で善隣友好関係を発展させるため」であると語った。金日成は、国家間での貿易が「関係改善への良い方法の一つ」であるため、朝・日輸出入商社は「日本との貿易取引をすることで、我々が日本財界をはじめとした各界人士との交流を実現するのに尽くさなければなりません」と述べていた(108)。貿易が日朝関係改善に寄与することが期待されたのである。このように北朝鮮側でも日朝関係の改善において経済関係が重要な役割を果たすことが意識されていた(109)。

　北朝鮮としては、日本経済界における北朝鮮ブームを引き起こす必要があった。日中国交正常化は、「ニクソン・ショック」を直接的契機として、日本の経済界の対中傾斜が日本国内に中国ブームを引き起こすなかで実現したという(110)。金炳植は、北朝鮮が日朝関係に関して中国と協議するなか、日中関係正常化に対する日本経済界の意欲を間近で眺めながら、日韓関係における「非正式接触者」である矢次一夫にも接近した(111)。金炳植は矢次を経由して財界の関心をひきつける挙に出たのである。このような金炳植の財界接触は、日中関係正常化の展開を踏まえつつ、日韓関係展開の手法をも踏襲していたといえるだろう。

---

(107)　金日成「朝日輸出入商社の任務について──朝日輸出入商社代表団、東海商事株式会社代表とおこなった談話（조일수출입상사의 임무에 대하여──조일수출입상사대표단, 동해상사주식회사대표들과 한 담화）」1973年2月12日、『金日成全集』第51巻、2003年、平壌：朝鮮労働党出版社、93頁。
(108)　同論文、94頁。
(109)　一方、1971年に政府に先がけて中国に大型経済使節団を送り、政府ベースによる日中国交正常化の地ならしをした日本の財界主流も、訪朝使節団派遣が日朝間の人的交流を一段と促進し、日朝関係正常化の「引金」になるものと考えていた。『朝日新聞』1972年8月8日。
(110)　添谷芳秀『日本外交と中国 1945-72』慶応通信、1995年、233頁。
(111)　日韓、および日朝関係における「非正式接触者」としての矢次に関する研究として、山本剛士「日韓関係と矢次一夫」『国際政治』第75号、1983年10月。

しかしながら、日本経済界の対朝傾斜が起こることはなかった。日中関係において経済界が果たした役割は、日朝関係においては見受けることができなかった。金炳植の失脚という混乱も手伝って、日本の経済界における北朝鮮への関心はそれほど大きくなることはなかったのである。中国は「周4条件」を提示するなど、日本経済界に対しても自らの要求を突きつけることができたのであるが、金炳植は自ら矢次に接近したのである。このことこそが日本経済界による中国と北朝鮮への関心の差を物語るといえよう。

2　伸び悩む日朝貿易

日本の国内事情　さて、金炳植による「起爆剤」的計画は泡と消えたが、それでも日朝貿易は徐々に拡大しつつあった。1972年9月にソウルで開催された第6回日韓閣僚会議では、大平正芳外相が、「北朝鮮との交流は、人事、文化、スポーツに加え、経済面でも進もう」との見通しを述べた。それまでの日朝間の人的交流は文化、スポーツに限られていたが、大平は経済における交流も促進することを付け加えたのであった。そして大平は、個別会談や全体会議で日本の産業界が北朝鮮向けに鉄鋼、電気、合繊、肥料などの大型プラント輸出を進めようとしている実情を説明し、「そうした動きはとめられない」と説明した[112]。73年1月にも大平は外交演説において、「北朝鮮との接触については、きめ細かい配慮を行いつつ、これを漸進的に広げていきたい」と述べた[113]。また、田中首相も施政方針演説への質問に対して、「政府は、人道、文化、スポーツ、貿易の分野で北鮮との事実上の接触を深めてまいります」と答弁した[114]。

このような日本政府の姿勢は、日朝貿易を求める声と無関係ではなかった。日本政府は国内において圧力を受けていたのである。すでに1971年8月には、通産省は対朝プラント輸出に関して社会党議員からの圧力を受けていた。通産省は、社会党議員の圧力や西欧の一部の国がプラント延払い輸出により北朝鮮に進出しているなどの理由により、戦力増強とは関係のない民生安定のためのプロジェクトに限って、日本輸出入銀行資金（輸銀

---

[112]　『朝日新聞』1972年9月6日。
[113]　『朝日新聞』1973年1月27日夕刊。
[114]　山本剛士「記録：日朝不正常関係史　日朝関係：その歴史と現在」、158頁。

資金）を使用するプラント延払い輸出の可能性を検討していた。輸銀資金を使用したプラント輸出はまだ中国に対しても認められていなかった[115]。

　1971年には、対朝貿易に関して日本国内において多様な意見が存在した。日本政府内部や企業との間でも、対朝貿易に対する立場の相違があった。外務省の須之部量三アジア局長は、71年11月19日に行われた在日韓国大使館の姜永奎公使との会談で、外務省に対する日本国内での圧力について説明した[116]。法務省の吉田健三入国管理局長も、輸銀資金による対北朝鮮プラント輸出に関して、通産省と大蔵省は賛成で、外務省は反対しており、日本政府内部にも異見があることは事実であると述べていた[117]。

　このような日本国内での対朝貿易を求める声は、1973年においても収まっていなかった。73年7月、大平外相はロジャーズ米国務長官との会談で、「日本政府は、北朝鮮に借款を提供するよう実業界の圧力を受けている立場である」と述べた[118]。そして大平は、ロジャーズが日朝関係が拡大方向へ進まないことを望むと述べたことに対して、日本国内の政治事情に照らして、徐々に北朝鮮との関係を拡大せずにはいられないと述べたのである[119]。

---

(115) 「日本の対北傀輸出入銀行資金利用問題」、1971年11月3日、フィルム番号D－0009ファイル番号47『日本・北韓経済関係, 1971』、フレーム番号10－18、韓国外交史料館文書。

(116) 須之部は、個人的な意見としながらも、「日本の各界各層で韓国が必要以上にかたくななことをいっているという声が高まっており、特に不景気に苦しむ業者と政府の貿易関係省庁でそのような声が高まっている」と述べた。そのうえで、韓国側に、外務省は日本における北朝鮮への接近傾向に抵抗しているのであるが、「各方面から圧力が相当加えられていること」についての理解を求めた。駐日大使発外務部長官宛、1971年11月22日、フィルム番号D－0009ファイル番号24『北韓・日本関係, 1971』、フレーム番号101－103、韓国外交史料館文書。

(117) 駐日大使発外務部長官宛、1971年12月2日、フィルム番号D－0009ファイル番号24『北韓・日本関係, 1971』、フレーム番号116、韓国外交史料館文書。しかし実際には、73年秋まで輸銀資金が対北輸出に適用されることはなかった。

(118) 「米国国務長官接見要旨」、1973年7月19日、フィルム番号C－0068ファイル番号6『Rogers, William P. 米国国務長官訪韓, 1973. 7. 18－20』、フレーム番号135、韓国外交史料館文書。ロジャーズは、「日本が北朝鮮との関係において性急な態度を止揚し、可能な限りそのような関係を結ぶことを遅らせることに協調することを要請する」と述べていた。

(119) 「面談録」、1973年8月7日、フィルム番号H－0021ファイル番号7『UN総会、第28回、New York, 1973.9.18-12.18, 全23巻（V.4 基本対策Ⅳ：1973.8)』、

実際に1972年から73年にかけて、日朝間では経済関係が拡大する兆候がみられた。そのひとつの事例は、72年秋から北朝鮮の貿易・技術関係者の日本入国が認められるようになったことである。従来日本政府は、北朝鮮からの経済関係使節団の入国は認めていなかったが、72年10月に、初の貿易代表団である朝鮮国際貿易促進委員会代表団が来日した。つづいて73年3月にはカラーテレビの技術交流のために朝鮮放送技術代表団が来日し、初の技術者の入国となった[120]。

北朝鮮に対する輸出拡大のための長期延払いが認められたのは1972年に入ってからであった。それまでは3年が限度であった延払いも、72年にはエチレングリコール・プラントについて6年の延払いが認められ、73年には三井物産のダミー商社である新和物産が窓口となった総額350億円のセメント製造設備に対して、8年の延払いが許可された[121]。

さらに、それまでは一切認められていなかった北朝鮮向けの輸銀資金の使用も1973年秋に認められた。10月27日、日本政府は、200万ドル相当のタオル・プラント輸出に際して、輸銀資金使用申請を許可する方針を決めたのである[122]。この問題に関連して外務省の妹尾正毅北東アジア課長は、輸銀資金使用を許可した理由の一つとして、日本国内の情勢が、「韓国100％、北朝鮮0％」という状態をこれ以上維持することができなくなったためにとられた措置であることを挙げた[123]。

　　　　フレーム番号125、韓国外交史料館文書。また大平は、徐々に北朝鮮との関係が拡大することが、韓国に対する経済援助を増大させることを容易にし、また北朝鮮社会を開放させるのに役立つと主張している。
(120)　山本剛士「記録：日朝不正常関係史　日朝関係：その歴史と現在」、160頁。
(121)　同上。
(122)　駐日大使発外務部長官宛、1973年10月27日、フィルム番号D-0015ファイル番号7『日本의 対北韓 플란트（プラント）輸出 및 輸銀（輸出入銀行）資金使用承認問題, 1973』、フレーム番号168、韓国外交史料館文書。
(123)　同文書、フレーム番号170。北朝鮮に対する輸銀資金使用許可がこの時期に出されたことについて、韓国外務部では、金大中事件解決に対しての一種の圧力手段であると捉えていた。外務部長官発大統領宛、1973年10月31日、同ファイル、フレーム番号178。この問題について朴正熙は、前例を作ろうとする日本側の意図を最大限防ぐよう努力することを外務部長官に指示した。政務主席秘書官発外務部長官宛、1973年11月1日、同ファイル、フレーム番号179。日本側としては、輸銀資金の使用許可は『大筋では既定路線』としていたが、金大中事件の発生で日韓閣僚会議の開催が延期されたばかりでなく、対韓援助も事実上凍結される事態となったため、韓国に不必要な刺激を与えることを避ける意

足踏みする日朝関係　このように、徐々にその規模が拡大しつつあった日朝経済関係であったが、田中政権の対朝関係改善の速度は、北朝鮮にとっては満足いくものではなかった。一貫製鉄プラントの輸出ではなく、セメント・プラントの輸出から日朝貿易の規制緩和に踏み出したことも、北朝鮮側では、これを日本政府の前向き姿勢としてではなく、圧力と受け取った[124]。セメント・プラントの許可に関しては、当時、より大きな商談である新日鉄が中心となって進めていた一貫製鉄プラントの輸出も政府の意向次第で実現する段階にあった。しかし大平は、「一挙に製鉄プラントまでいくと韓国側の反発が激しいから、ここのところはまずセメント製造設備からいきましょう」とセメント製造プラントの許可に踏み切ったのであった[125]。金日成は、1974年8月9日と10日に行われた自民党の宇都宮徳馬議員との会談で、「日本に二千立法メートルの溶鉱炉を注文した。千立方はあるが、二千立方はわが国ではできないからだ。日本から代表団や技術者がきて契約がほとんどできあがった。ところが日本政府の圧力でできないことになってしまったのだ[126]。私は批判しようとしたが、日本との善隣関係のため辛抱強く待つことにした」として、経済に関しては「日本の政府から改善する必要がある」と不満を漏らしたのである[127]。

プラント輸出の件からも明らかなように、日本政府の対朝政策は日韓関係を悪化させない範囲内において変化してきたといえる。外務省の須之部アジア局長は、前述した1971年11月の姜永奎公使との会談で、「現時点で北朝鮮との政府水準や公的な接触をもつ考えは全くない。現在考えていることは、プラント輸出、政治性のない朝鮮人の日本入国程度だ」と述べていた[128]。日本側には、北朝鮮との貿易や人的交流を断絶させる考えはな

　　　味で輸銀適用の決定をそれまで見合わせていた。しかし日韓閣僚会談開催と並行して、対韓新規借款も決まり、日韓関係が曲がりなりにも軌道に乗ったことを受け、対韓一辺倒の外交姿勢に対する国内の批判をかわすねらいもあって、北朝鮮への輸銀資金適用に踏み切ったという。『朝日新聞』1973年12月28日。
(124)　山本剛士「記録：日朝不正常関係史　日朝関係：その歴史と現在」、167頁。
(125)　同論文、160頁。
(126)　この製鉄プラントの商談に関わった吉田猛の回想では、米国政府の反対によりプラント輸出の許可が通産省から下りなかったとされている。河信基『証言「北」ビジネス裏外交――金正日と稲山嘉寛、小泉、金丸をつなぐもの』講談社、2008年、92頁。
(127)　『毎日新聞』1974年8月23日。

第3節　日朝貿易と金炳植による財界接触　　　145

かったが、同時に、政治性のある人物の日本入国や、政府レベルでの関係を持つ考えがないことも明らかにしたのであった。日本政府のこのような立場は、73年になっても維持されていた。73年5月8日と9日に米国務省で行われた日米実務者会議で日本側は、北朝鮮との関係は「文化、経済、スポーツなどの交流を量的に拡大する考えではあるが、当分の間、質的な拡大は期待していない」と述べた。また、日本政府は日本人の北朝鮮渡航を自由化したが、公式訪問は考慮しておらず、北朝鮮からの政治的、公的訪問も一切考えていなかったことが明らかにされた。日本政府では、北朝鮮に対する政治関係には線を引いており、北朝鮮報道機関の日本常駐なども許可する意思がなかった(129)。

一方、北朝鮮側の朝鮮総聯を通じた対日政策においては混乱が生じた。「遠隔地」である日本での朝鮮総聯を通じた対日政策の遂行は、北朝鮮本国との間に齟齬が生じたのである。総聯における「権力闘争」によって生じた金炳植の失脚という事態は、対日政策にも大きな影響を及ぼした。財界訪朝団構想の頓挫は、その最たる例であった。金炳植の失脚は、日本政府にも金日成と韓徳銖総聯議長が決して一枚岩ではないと受け止められており、総聯を通じての北朝鮮の対日政策が「二重外交」的色彩を帯びているとの印象を与えたともいえるだろう(130)。

(128)　駐日大使発外務部長官宛、1971年11月22日、フィルム番号D−0009ファイル番号24『北韓・日本関係、1971』、フレーム番号101−103、韓国外交史料館文書。
(129)　US-Japan Talks, 5/9/1973, Item Number：JU01731, DNSA. このような日本の対朝政策は、米国の対朝政策によって変化すると米側では認識されていた。日本の北朝鮮への政治的関心は経済的関心に比べて二次的なものであるが、日本は米国の対朝政策を注視すると捉えていた。そして、米国が北朝鮮との関係改善を開始する意図の兆候を認めると、日本は恐らく経済関係から政治関係に急速に展開するだろうと分析されていた。The Korean Peninsula, November 1973, Item Number：JU01822, DNSA.
(130)　外務省の中平立北東アジア課長は在日韓国大使館の禹文旗に、金炳植問題に関して、金日成と韓徳銖の間には歩調の不一致があると伝えている。その根拠は、『東京新聞』堀田編集局長からの情報であった。訪朝前に朝鮮総聯を訪れた堀田に対して、韓徳銖は金炳植に会わないよう求めたという。一方北朝鮮では、堀田局長は、金炳植と会おうするのであれば周旋するとの提案を受けたという。そして北朝鮮側は、金日成とのインタビューに金炳植を同席させたのである。この場で金日成は、金炳植は優秀な人物であり、現在、政治経済の訓練を受けているが一年の訓練が終了すれば、自らの重要な補助者として働くようになると述べたという。駐日大使発外務部長官宛電文、1973年3月3日、フィルム番

金日成は1973年秋の段階では日本との関係改善にかつてほどの関心を示さなくなった。金日成は、「われわれは、今、わが国と日本との国交正常化問題についてはそれほど神経を使っていません。国交が正常化されるからといってわが国と日本の関係がすべて解決されるのではありません。ピョンヤンに日本大使館が設置され、東京にわが国の大使館が設置されるからといって、わが国と日本の関係がみな解決されるとは言えません」と述べた。そのうえで金日成は、日本政府が北朝鮮に対する「敵視政策」を中止することを求めるとともに、日朝両国が理解を深める必要があることを指摘したのである[131]。

　このように北朝鮮の対日国交正常化への意欲は1973年から74年にかけて低下していった。北朝鮮指導部にとっては、対日国交正常化という目標に到達するには、日本との経済や政治における関係改善の速度が遅々としていたからであろう。とはいえ、対日関係において北朝鮮側の目標がまったく実現しなかったわけではない。北朝鮮は、在日朝鮮人の「祖国往来」をめぐっては、日本との関係において大きな成果を得ることができたのである。

第4節　在日朝鮮人の「祖国往来」への道

　「祖国往来」の要求　　1971年夏、朝鮮総聯は日本政府に対して、在日朝鮮人の「祖国自由往来」を認めるよう要求するキャンペーンを展開した[132]。外務省は71年夏に日朝間の相互訪問を漸進的に認める姿勢を示しながらも、在日朝鮮人の日本への再入国に関しては関心を示していなかった[133]。このような日本政府の方針の緩和を目指すかのように、朝鮮総聯は「祖国自由往来」運動を展開したのである[134]。

　　　号Ｐ－0012ファイル番号22『朝総聯動向，1972-73』、フレーム番号92、韓国外交史料館文書。
(131)　「金日成主席会見記」『世界』1973年11月、85頁。
(132)　韓国の国籍を有していない在日朝鮮人には、原則として日本への再入国は認められていなかった。
(133)　Telegram from the US Embassy in Japan to the Secretary of State, 9/17/1970, Internal affairs of Japan, 1970-1973、韓国国会図書館所蔵米国務省文書、請求記号：ＭＦ008527。
(134)　すでに朝鮮総聯では、1963年に「祖国自由往来」の容認を求める運動を開始していた。総聯中央常任委員会は1963年4月、「在日朝鮮公民の祖国への往来の

第4節　在日朝鮮人の「祖国往来」への道

　1971年8月23日、朝鮮総聯は、「在日朝鮮公民の民主主義的民族権利の保障を要求する要望書」を日本政府におくった。「要望書」の内容は、在日朝鮮人の「祖国自由往来」、日朝間の経済・文化・スポーツにおける交流促進と人的相互往来、在日朝鮮人の帰国事業の継続、在日朝鮮人の海外渡航の自由を求めるものであった[135]。9月14日には、在日朝鮮人の「祖国自由往来」と海外渡航の自由を要求することを特集とした『朝鮮時報』臨時号が発行された[136]。また9月16日と23日には、在日本朝鮮人記者団が、南北朝鮮赤十字予備会談を取材報道し、再び日本に入国できるよう再入国許可申請書を法務省に提出している[137]。8月20日に南北赤十字の間での初接触があったが、朝鮮総聯はこのような南北関係の展開と歩調をあわせるかのように、在日朝鮮人の北朝鮮往来と海外渡航の自由を認める運動を強化したのであった[138]。

　それまでは、「親族訪問」という名目以外での在日朝鮮人の北朝鮮訪問後の日本入国は認められていなかった。1965年以降1971年9月までに、墓参・肉親との再会というケースで41人の在日朝鮮人の日本再入国が認められていたが[139]、これは北朝鮮地域出身者に限られ、在日朝鮮人の90％以上を占める南朝鮮地域出身者には認められていなかった[140]。在日朝鮮人の北朝鮮への帰国事業が始まってから9万人以上が帰国していたが、「先に帰国した肉親との再会を願いながら、むなしく嘆願、陳情を繰り返して

　　権利を獲得」することについて討議決定し、「在日朝鮮人祖国往来要請委員会」を設け、在日朝鮮人の北朝鮮往来に対する世論の喚起を促した。呉圭祥『記録 在日朝鮮人運動朝鮮総聯50年：1955.5-2005.5』綜合企画舎ウィル、2005年、67頁。

(135)　『朝鮮時報』1971年9月4日。
(136)　『朝鮮時報』臨時号、1971年9月14日。
(137)　『朝鮮時報』1971年10月2日。なお、この再入国申請は、日本政府に許可されていない。
(138)　在日朝鮮人の北朝鮮訪問に関する韓国の立場は、北朝鮮を訪れるのは朝鮮総聯関係者であり政治活動に関連した者だけであるため、人道的理由というのは表面上の理由に過ぎないというものであった。外務部長官発駐日大使宛、1971年8月19日、フィルム番号D-0010ファイル番号3『南北赤十字会談予備会談、第1-10次、板門店、1971.9.20-11.24、全2巻（v.1 基本文書綴）』、フレーム番号82-83、韓国外交史料館文書。
(139)　『朝総聯』中央情報部、1975年、85頁。
(140)　『朝日新聞』1972年3月4日。

いる人」がいたのである[141]。

打開策としての片道行　　北朝鮮との往来が認められない状況を打開するための一つの方策として、「片道切符」による北朝鮮訪問が行われた[142]。つまり日本への再入国許可を得ずに北朝鮮を訪れることで、日朝間を往来することのできない現状を日本の社会に訴えたのである[143]。そのような北朝鮮訪問は、主に北朝鮮における社会団体の会議や記念行事に際して行われた。例えば、朝鮮民主女性同盟第4回大会への在日朝鮮女性祝賀団は、大会終了後も日本に戻ることはなかった。『朝日新聞』では、「大会は終わったが、再入国を認められないため、一行は生活の根拠地であり、家族のいる日本へ再び戻ることはできない。彼女たちは一日も早く日本と共和国との間の自由な往来の実現することを願っていた」と紹介されていた[144]。

また、1972年3月17日には金日成首相誕生60周年を祝う在日朝鮮人の祝賀文伝達団60人が万景峰号にオートバイごと乗り込み、3月17日に新潟から出航している。この一団は日本各地をオートバイ行進し、その地域ごとの在日朝鮮人団体の祝賀文を受け取り、北朝鮮の清津港入港後は平壌まで再びオートバイ行進を行うことになっていた。この青年たちは、「家族や友人のいる日本へ戻らないことを覚悟のうえの『片道行』で、晴れの祝賀団でいながら、同時に別離の悲しみを背負っての日本出国」となったのである[145]。

---

(141)　同上。
(142)　これらの訪朝が、日本へ再入国できない状況を打開するためだけに行われたことを文書によって確認することはできない。しかしながら、日本のメディアでの扱いを考慮すると、これら「片道切符」による訪朝が、在日朝鮮人の北朝鮮往来が認められていない状況をアピールする役割を果たしたといえるだろう。
(143)　『朝日新聞』1972年3月4日。
(144)　『朝日新聞』1971年10月18日夕刊。
(145)　『朝日新聞』1972年3月7日。北朝鮮での各種行事と関連しての在日朝鮮人の祝賀団はすでに1956年3月の朝鮮労働党第3回大会を最初に、68年の北朝鮮創建20周年祝賀団、72年2月の朝鮮農業勤労者同盟第2回大会など、いくつかの在日朝鮮人祝賀団が北朝鮮に渡ったが、いずれも日本への再入国を認められないまま、行ったきりとなっていた。『朝日新聞』1972年3月4日。

第 4 節　在日朝鮮人の「祖国往来」への道　　　　　　　　　149

金日成還暦祝賀団への再入国許可　　在日朝鮮人の「祖国自由往来」を求める運動が展開されるなか、1972年3月に李季白（リ・ケベク）朝鮮総聯副議長らに再入国許可が下りることになった。金日成還暦祝賀を目的として再入国許可を申請した13名中6名に対して、3月18日に「親族訪問」という名目で再入国許可が出されたのである(146)。李季白は金日成首相誕生60周年を祝う在日朝鮮人祝賀団の日本再入国許可を要請するため、2月9日に竹下登内閣官房長官と前尾繁三郎法相を訪れ、要請書と再入国許可申請書を手渡していたのであるが(147)、再入国の許可は、この朝鮮総聯側の要請に対する日本政府の措置であった(148)。金炳植は、この金日成還暦祝賀団への日本再入国許可について、「われわれは長年、ちょうど日本という収容所にはいっているようなもので日本から一歩も出られないわけです。（中略）解放後20何年間も運動を行ってきまして、ようやく初めて道が切開かれたわけなんです」と評した(149)。

　在日朝鮮人の日本再入国に関しては、日本のメディアでもこれを認めるよう日本政府に求めていた。3月5日付『朝日新聞』は、「在日朝鮮人の再入国を認めよう」という社説を掲げている。そのなかで「祖国訪問」、第三国訪問後の日本への再入国が許されていないという在日朝鮮人がおかれている状況を非人道的なものと捉え、在日朝鮮人の再入国許可は、今後の日朝間の交流、ひいてはアジアの緊張緩和に寄与することは疑いないと結んでいる(150)。3月8日付『読売新聞』も「在日朝鮮人の再入国許可を」という社説を掲載し、李季白副議長ら金日成誕生祝賀団13名への再入国許可を日本政府に求めていた(151)。

---

(146)　「朝聯系北傀訪問」、1972年3月19日、フィルム番号Ｐ－0011ファイル番号21『在日同胞　北韓訪問、1972』、フレーム番号33、韓国外交史料館文書。
(147)　『朝鮮時報』号外、1972年2月12日。
(148)　韓国側では、今回の許可は金日成誕生日の祝賀団派遣に関する野党勢力と朝鮮総聯の圧力に対して日本政府および与党が、従来の方針と韓国との関係を考慮し、表面上であるが政治的な目的のケースではないという点を維持しながら妥協した結果であると理解した。「朝聯系北傀訪問」、1972年3月19日、フィルム番号Ｐ－0011ファイル番号21『在日同胞　北韓訪問、1972』、フレーム番号37、韓国外交史料館文書。
(149)　『毎日新聞』1972年4月25日。
(150)　『朝日新聞』1972年3月5日。
(151)　『読売新聞』1972年3月8日。

金日成首相還暦在日朝鮮人祝賀団の日本再入国許可を取り付けたことは、朝鮮総聯にとっては大きな成果であった[152]。それまでは許可されることのなかった総聯幹部6名の再入国が認められ、そのうちの5名は南朝鮮地域出身者であった。総聯は、1972年度の権利擁護活動で収めた最も大きな成果として、金日成首相還暦在日朝鮮人祝賀団の日本再入国を実現させたことであると評価している[153]。

朝鮮学校「祖国訪問団」への再入国許可　1972年夏には、さらに大きな規模での在日朝鮮人の日本再入国が許可されることになる。朝鮮学校生徒・児童による「祖国訪問」に伴う日本再入国を日本政府が認めたのであった。72年7月13日に法務省は、東京朝鮮高級学校サッカー部と横浜朝鮮初級学校音楽舞踊サークルの再入国許可申請を許可し、関係者に通知した[154]。前尾法相は6月27日の閣議後の記者会見で、北朝鮮渡航後の日本再入国許可申請について、「これを認めては北朝鮮との自由往来を認めたのとそう違いがなくなってしまう」と述べ、許可しない方針を明らかにしており、サッカーチームとともに音楽舞踊サークルもこの法相発言によって不許可になるとみられていた[155]。しかし日本政府は、7月4日に南北共同声明が発表されたことによって再検討した結果、一転して再入国を許

(152)　一方、日本政府がこれを許可した理由は何か。福田外相が韓国側に語ったところによれば、国会において野党全体が在日朝鮮人再入国許可の問題を政治問題化させており、予算案通過を遅延させる動きをしているため、野党対策としてとった措置であったという。駐日大使発外務部長官宛、1972年3月21日、フィルム番号P－0011ファイル番号21『在日同胞　北韓訪問, 1972』、フレーム番号56、韓国外交史料館文書。
(153)　「在日本朝鮮人総聯合会決定書――総聯の1972年度事業において収めた成果を強固たるものにし、それを一層発展させることについて」、1972年12月、フィルム番号P－0011ファイル番号18『朝総聯動向, 1972』、フレーム番号174、韓国外交史料館文書。
(154)　朝鮮社会主義労働青年同盟中央委員会からの招待状を受けた東京朝鮮中高級学校と横浜朝鮮初級学校では引率者をふくむ訪問団を結成し、6月12日に法務省に再入国許可申請を行っていた。『朝鮮時報』1972年6月24日。
(155)　『朝日新聞』1972年6月27日夕刊。法務省は、在日中国人については、72年2月に横浜山手中華学院の高校3年生12人による修学旅行の再入国を許可していた。これと同じようなケースを在日朝鮮人に認めないことについて、法相は「中国は国連のメンバーであり、それが前提となっているが、北朝鮮については国際関係が違う」と述べていた。『朝日新聞』1972年6月27日夕刊。

可することを決めたのである(156)。前尾法相の発言を踏まえると、この訪問団をもって在日朝鮮人の北朝鮮との自由往来が原則許可されたといえる。また、南北朝鮮関係の進展が、日本政府による在日朝鮮人への再入国許可に影響したともいえよう。

金炳植赤十字諮問委員　このような南北関係の進展という要素が、日本および韓国側により大きな影響を及ぼす事態が生じた。金炳植朝鮮総聯第1副議長が南北赤十字会談における北側赤十字諮問委員として選定されたのである(157)。これは日韓政府当局者の頭を悩ます問題となった。

韓国政府は、金炳植の北側赤十字諮問委員への選定という事態に対して、混乱していた。当初、在日韓国大使館は朝鮮総聯幹部の日本再入国には断固反対する立場であった。姜永奎公使は7月25日に法務省入管局長を訪れ、金炳植および総聯系記者5人の赤十字会談出席および取材のために必要となる日本への再入国許可について、これを許可しないよう要請した。姜公使は、赤十字会談は南北離散家族を探すための会談であり、総聯はこれと何ら関係がなく、総聯はこれを機に総聯幹部および総聯系記者の北朝鮮往来の道を開こうと画策していると述べた。そして赤十字本会談が長期化する場合、総聯側は数次にわたって諮問委員および記者を交代して派遣し、北朝鮮への自由な入出国を実現しようとしているとの見解を明らかにした(158)。

(156)　『朝日新聞』1972年7月13日夕刊。この再入国申請の件に関して許可しないことを求めていた韓国側に対し、法務省資格審査課長は、この再入国申請は、訪朝した公明党議員が背後で交渉を推進中であることを示唆した。駐日大使発外務部長官宛、1972年6月17日、フィルム番号P－0011ファイル番号21『在日同胞　北韓訪問、1972』、フレーム番号124、韓国外交史料館文書。

(157)　読売新聞ソウル支局長を務めていた嶋元謙郎は、1972年2月下旬、ソウル行きを希望する金炳植が韓国政府の高位人士との接触を嶋元に要請したと回想している。嶋元はこのことで金鍾泌と李厚洛と会い、李厚洛からの招請状を金炳植に伝達したとのことであった。康仁徳、ソン・ジョンファン「南北会談：7.4から6.15までの研究」2002年度学術振興財団協同研究支援事業研究結果報告書、368頁。しかしながら嶋元が仲介する形での金炳植のソウル訪問は実現していない。金炳植は72年9月に、北側赤十字諮問委員の一員として平壌からソウルを訪問した。

(158)　駐日大使発外務部長官宛、1972年7月25日、フィルム番号P－0011ファイル番号21『在日同胞　北韓訪問、1972』、フレーム番号139、韓国外交史料館文書。

これに対して在韓日本大使館では、7月27日、金太智韓国外務部東北亜課長に、25日の姜公使の発言が本国政府の指示によるものであるかの確認とともに、金炳植らへの再入国許可に関する韓国政府の立場を明確にすることを求めたのである(159)。結局韓国側は8月17日に、金炳植と随行記者団への日本再入国許可に異議を唱えないという韓国政府の立場を金太智から在韓日本大使館側に伝えた(160)。そして同日、金炳植と随行記者団の日本再入国が許可されたのであった。韓国政府は南北対話を進めている状況においては、金炳植の北朝鮮入国後の日本再入国に関して、反対の立場を貫くことが出来なかった。なぜならば金炳植自身が、赤十字会談諮問委員という南北対話の当事者だったからである。

　金炳植の赤十字諮問委員への選定は、日本政府にも強い印象を残した。外務省側に、「高度に政治的である」との印象を与えたのである。外務省北東アジア課の遠藤は、在日米大使館のインガソル（Robert S. Ingersoll）大使との協議において、南北赤十字会談に関連し北朝鮮を訪れる金炳植第1副議長を含む6名に対し再入国許可を与えたことを伝えた。遠藤は、日本政府が在日朝鮮人の日本への再入国を人道・文化・スポーツ目的に限って認める再入国許可認定政策は現行のまま維持し、政治的傾向の強い訪問の際の再入国は拒否し続けるつもりであると述べた。しかしながら、金炳植の行為を高度に政治的であると認めたのであった。遠藤は、金炳植は赤十字会談と絡めて北朝鮮を訪れたため、日本政府はこれを人道的目的であると考慮せざるを得なかったと述べている(161)。

　金日成も、朝鮮総聯幹部の訪朝と赤十字会談の関連性を認めていた。金日成は、総聯での金炳植失脚後に赤十字諮問委員に選定され訪朝した朴在魯副議長らに対して、「今回祖国に来ることができたのは、総聯が過去、在日同胞の祖国自由往来を実現するため力強く闘争した結果です。南北赤十字会談はあくまで人道的な問題を討議するものであるため、日本当局もその会談に参加するため祖国を訪れる総聯活動家の前途をさえぎることが

---

(159)　「面談要録」、1972年7月27日、同ファイル、フレーム番号146-149。
(160)　外務部長官発駐日大使宛、1972年8月17日、同ファイル、フレーム番号169-170。
(161)　Telegram from the US Embassy in Japan to the Secretary of State, 8/25/1972, Internal affairs of Japan, 1970-1973、韓国国会図書館所蔵米国務省文書、請求記号：MF008527。

できなったのでしょう」と述べている[162]。

認められた在日朝鮮人の「祖国往来」　これまでみてきたように、1972年春から夏にかけて日本政府による在日朝鮮人の日本再入国許可が数回にわたって認められた。この状況について、金日成は1972年9月17日に、「いまの田中内閣は、わが国に対する敵視政策を佐藤内閣に比べて、やや緩和する機運を示している。佐藤は在日朝鮮公民の祖国への往来や、海外旅行に極力反対していた。いまでは一部の在日朝鮮公民の海外旅行を許可しており、在日朝鮮公民の祖国訪問も部分的にではあるが承認している。これはよいことだと思う」と述べ評価するに至ったのである[163]。

日本政府は、1972年3月に政治的目的を持っていると認識しながらも、李季白総聯副議長らの北朝鮮訪問を親族訪問という名目で許可し、7月には朝鮮学校生徒・児童による本国でのスポーツ・芸術交流を許可した。8月には当時の朝鮮総聯の「顔」ともなっていた金炳植の南北赤十字会談諮問委員としての訪朝を、人道的目的であるとして認めることになった[164]。在日朝鮮人の「祖国往来」は1972年に事実上、可能になったのである。72年には8回にわたって各種訪問団が北朝鮮を訪れ、73年には18の訪問団が訪問した[165]。そして多くの訪問団が金日成と接見する機会を持った[166]。

---

(162)　金日成「総聯において組織を一層強化し、思想教化事業を行うことについて──総聯副議長、在日朝鮮人記者団とおこなった談話（총련에서 조직을 더욱 강화하고 사상교양사업을 잘할데 대하여──총련부의장, 재일조선인기자단과 한 담화)」1973年3月19日、『金日成全集』第51巻、平壌：朝鮮労働党出版社、2003年、347頁。

(163)　『毎日新聞』1972年9月19日。

(164)　在日朝鮮人教職員同盟代表4名が、72年6月6日からハンガリーにて行われた「国際教職員組合会議」に参加した。これは、第三国訪問後の日本への再入国が朝鮮総聯の傘下団体に認められた初めてのケースであった。

(165)　『朝総聯』中央情報部、1975年、85-86頁。

(166)　1972年に限っても朝鮮総聯の文書では、金日成が、1972年に総聯の幹部と在日朝鮮人青少年学生の祖国訪問の道を開き、彼らと接見したこと、また解放後はじめて在日朝鮮人の第三国への旅行の自由を勝ち取るようにしてくれたと指摘している。金日成は、金日成首相還暦在日朝鮮人祝賀団と自転車行進団、朝鮮農業勤労者同盟第2次大会に参加した在日朝鮮人祝賀団、全国社会科学者大会に参加した在日朝鮮人科学者代表団、南北朝鮮赤十字者会談取材の在日朝鮮人記者団、科学院創立20周年記念行事に参加するため祖国を訪れた在日朝鮮科学者代表団、祖国を訪問した東京朝鮮中高級学校サッカー部と横浜朝鮮初級学

なぜ北朝鮮指導部は在日朝鮮人の北朝鮮との往来を求めつづけたのか。第一に、朝鮮総聯幹部との直接接触のためである。北朝鮮指導部は、朝鮮総聯幹部が日朝間を往来することを求めていた。金日成自らも、「日本にいる居留民団の人たちには南朝鮮に往き来できるようにしながら、総聯の幹部は朝鮮に往き来できないようにしている」として、総聯幹部の北朝鮮往来を認めない日本政府を批判していた[167]。何よりも朝鮮総聯幹部ならずとも在日朝鮮人の北朝鮮往来は、日朝間の関係が断絶しないことを意味していた。

第二は、在日朝鮮人における北朝鮮支持層の拡大を目指していた点である。その一例として、「祖国」滞在中の朝鮮学校生徒に対する破格ともとれる待遇を挙げることができよう。1972年7月26日に羽田を発ち、翌27日に平壌に到着した東京朝鮮高級学校サッカー部と横浜朝鮮初級学校音楽舞踊サークルの一行は、平壌市民20万人の歓迎を受けた[168]。その後も朝鮮学校生徒の試合や公演、地方都市訪問などの北朝鮮国内での動静が、生徒が滞在する間、『労働新聞』上を賑わしていた。例えば、7月29日には朝鮮学校生徒の祖国訪問を歓迎する平壌市学生少年集会が開催されており[169]、朝鮮学校生徒一行は、8月13日には工業都市である咸興を訪れた[170]。試合や公演についても逐一報道されていた。そして、8月18日に一行は金日成と接見している[171]。東京朝鮮高級学校サッカーチームの主将は、日本到着後の報告集会で、金日成首相が「在日同胞は社会主義祖国を大切にし、愛し、民族的自負心と誇りを高めなくてはいけないと教えられた」と発言した[172]。朝鮮学校の生徒が「祖国」を体感することで、在日朝鮮人における北朝鮮支持層の裾野が広がることに対する期待があった

　校音楽舞踊サークル、第6回および第7回在日同胞祖国訪問団の成員と接見した。「在日本朝鮮人総聯合会決定書――総聯の1972年度事業において収めた成果を強固たるものにし、それを一層発展させることについて」、1972年12月、フィルム番号P−0011ファイル番号18『朝総聯動向, 1972』、フレーム番号150−152、韓国外交史料館文書。

(167)　「金日成首相会見記」『世界』1972年2月号、58頁。
(168)　『労働新聞』1972年7月28日。
(169)　『労働新聞』1972年7月30日。
(170)　『労働新聞』1972年8月16日。
(171)　『労働新聞』1972年8月19日。
(172)　『朝鮮時報』1972年9月30日。

といえよう。

　第三に、経済・技術発展における在日朝鮮人への期待である。北朝鮮では、在日朝鮮人が北朝鮮の技術や経済の発展に尽くすことも求めていた。金日成は、「7ヵ年計画期間に技術革命を行おうとしましたが、国防建設に多くの力を注ぐことになり、そのようにできませんでした。そして6ヵ年計画期間に技術革命に力をいれようとしています。6ヵ年計画を遂行しようとしますが、労働力が不足しています」と述べていた[173]。金日成は、北朝鮮での機械工学、電子工学の発展に遅れがあると述べており、とりわけオートメーション化のための電子工学の重要性を在日朝鮮人科学者代表団に語っていた。在日朝鮮人科学者が「祖国」の科学技術発展に尽くすことを求めていたのである[174]。

　また、金日成は、北朝鮮が貿易を不得手としていたことも吐露している。その理由は、「わが活動家は労働者、農民出身であるため商売をしたことがありませんでした。そのためか、わが活動家は貿易をうまくできません」というものであった[175]。さらに、在日朝鮮人商工人が「社会主義祖国と経済取引を多くもつことがよい」とも述べていたように[176]、貿易に関しては朝鮮総聯と在日朝鮮人に期待を寄せていたといえよう[177]。

---

(173)　金日成「総連は対人活動の方法をより洗練させなければならない──在日朝鮮人代表団とおこなった談話（총련은 사람과의 사업방법을 더욱 세련시켜야한다──재일조선인대표단과 한 담화）」1971年5月7日、『金日成全集』第46巻、平壌：朝鮮労働党出版社、2002年、385頁。

(174)　金日成「在日本朝鮮人科学者はわが国の科学技術発展に積極的に貢献しなければならない　在日朝鮮人科学者代表団とおこなった談話（재일본조선인과학자들은 우리 나라의 과학기술발전에 적극 이바지하여야 한다）」1972年12月16日、『金日成著作集』第27巻、平壌：朝鮮労働党出版社、1984年、566－568頁。

(175)　金日成「朝日輸出入商社の任務について──朝日輸出入商社代表団、東海商事株式会社代表とおこなった談話」1973年2月12日、『金日成全集』第51巻、平壌：朝鮮労働党出版社、2003年、96頁。

(176)　金日成「共和国政府の商工人政策と同胞商工人の前にあるいくつかの課業について──在日同胞商工人とおこなった談話（공화국정부의 상공인정책과 동포상공인들앞에 나서는 몇가지 과업에 대하여──재일동포상공인들과 한 담화）」1973年5月26日、『金日成全集』第51巻、平壌：朝鮮労働党出版社、2003年、465頁。

(177)　日朝貿易に長年従事してきた村上貞雄は、北朝鮮の対日貿易について、「資本主義国との貿易は経験が少なかったし体制の不備もあった」と述べている。村上貞雄「私が見た北朝鮮の内幕──日朝貿易40年秘話」『中央公論』1996年7月号、113頁。

朝鮮総聯と在日朝鮮人は、北朝鮮の対日政策や経済建設における重要な資産であった。

第5章
対話の限界と代理交渉の限界

第1節　難航する南北対話と対米直接接触の模索
第2節　南の攻勢と対話の中断
第3節　第28回国連総会

　1971年夏以降、北朝鮮は中国との協調関係を維持しながら、南北対話を推進するとともに、国連総会での在韓米軍撤退と国連韓国統一復興委員団解体の決議を目指して外交的努力を傾注していた。北朝鮮は、朝鮮における外部勢力の排除を試みていたのであった。このような北朝鮮による積極的な政策展開について、第3章では分析した。

　本章は、いわば第3章の続編である。第3章では、1972年秋の国連総会の時期までを扱ったが、本章では72年秋から73年秋の国連総会までの時期をカバーする。この時期、実は北朝鮮の統一外交政策は国際政治の厳しい現実に直面することになる。南北対話が思うように機能せず、中国という「代理交渉者」を通じての対米交渉も行き詰ったのである。その結果、国連総会における朝鮮問題討議も、北朝鮮としては不満の残る結果に終わることになった。

　第1節では、南北対話における北朝鮮の目標と、その目標が適わなかった原因が分析される。南北間での統一問題協議に可能性を見出していた北朝鮮指導部は、南側に対して政治・軍事問題討議の開始を迫った。南北首脳会談という政治会談を開くことによって軍事問題の解決を図ろうとしたともいえる。しかしながら南側はこのような北の要求を受け入れなかった。南との対話に困難を覚えた北朝鮮側は、中国を通じて米国との接触を模索する。

　第2節では、北朝鮮側が南北対話の中断を表明した原因について考察する。それまで北朝鮮の攻勢にさらされていると認識していた韓国政府は、1973年6月23日午前に朴正煕による「6.23宣言」を発表し、反攻に転じることを試みた。一方の北側でも、同日夕刻に金日成による「祖国統一5

大綱領」が明らかにされた。このことによって対話に臨む南北の姿勢の違いは決定的なものとなった。北側は、その後8月28日に「金英柱声明」を発表することで、南北対話の中断を通告したのである。本節では、北側が対話中断に踏み切った原因について、当時北朝鮮の対南・対外関係に影響を及ぼしたと思われる諸事象を交えて考えてみたい。

　第3節では、1973年秋の第28回国連総会における朝鮮問題討議について検討する。第28回国連総会は、史上初めて南北朝鮮の代表が出席するなかで開かれたものであった。71年、72年と朝鮮問題討議を延期されてきた北朝鮮としては、ようやく国連総会の場にたどり着いたことになる。北朝鮮政府はこの総会で国連軍司令部解体と在韓米軍撤退、そして韓国統一復興委員団の解体が決議されることを目指した。実際に、この総会では国連韓国統一復興委員団の解体が決定された。しかしながら、国連軍司令部の解体と在韓米軍の撤退については表決に付されることもなかった。なぜなら、朝鮮問題討議は米中間の妥協によって処理されたからである。国連総会の裏面では、朝鮮問題討議を巡って米中交渉が行われていたのである。

第1節　難航する南北対話と対米直接接触の模索

南北の姿勢の違い　1972年7月4日に南北共同声明が発表された後、8月30日に平壌で第1回南北赤十字本会談が開催された。この平壌会談とソウルで開催された第2回赤十字本会談は、南北赤十字会談そのものの進行というよりは、分断以後初となる南北政府当局者による往来が実現したことによって祝祭のような雰囲気のなかで行われ、多彩な行事が大きな比重を占めていた[1]。したがって、実質的な討議は10月24日から開催された第3回本会談で始まった。

　しかしこの第3回赤十字本会談では、南北双方の立場の違いを露呈することになった。第3回本会談では、南北双方が本会談議題解決の基本原則や事業の遂行方針を提示したが、南側は赤十字会談が「人道性と中立性の

（1）　国土統一院南北対話事務局『南北対話白書』南北調節委員会、1978年、114頁。しかしながら会談のソウル・平壌の輪番開催は、双方の宣伝合戦も伴うことになった。南北双方とも、経済発展の様相を含めたそれぞれの体制の優位を相互に印象付けようとしていた。Oberdorfer, Don, *The Two Koreas : A Contemporary History*, London : Warner Books, 1999. pp.27-31.

原則」に立脚し、「血縁的紐帯を回復する」ことを目的としているため、「赤十字の本質を阻害する懸念のある要素の排除」を求めていた。そのため、赤十字会談の推進に際しては、「当事者各個人」の自由意思が尊重されなければならないと主張した。一方の北側は、「民族的和睦と大団結を図る原則」を堅持し、この事業を「挙族的な全民族的事業として推進する原則」を具現するとした[2]。このように赤十字会談の性格を、南側は「当事者個人」の問題として、北側は「民族」全体の問題として位置付けようとしたのである。

　南北赤十字会談におけるこのような南北間の姿勢の違いは、南北調節委員会の場においても露呈した。1972年10月12日、南北調節委員会共同委員長による第1回会議が板門店で開かれ[3]、南北双方の間での議論が交わされたが、北側の朴成哲は南側の対話姿勢に対して次のような見解を明らかにした。「共同声明はお互いに上部の意を呈して合意されたものであるが、声明のインクが乾く前に南朝鮮の一部の公職にある人間がそれを中傷し、覆そうとしているのは、いくら個人主義社会だといっても、理解が出来ない」。「南朝鮮の一部では、米軍も国連も外部勢力ではないとして共同声明で合意した自主的統一の原則に違背している」。「結局、共同声明発表後、否定的な面がより多く、先行きが深く憂慮される」。「対話はするが合作はせず、南北関係に関する論議はするが統一はしないということではないのか」。「貴側が真剣に問題を平和的に解決しようとするのか、それとも平和統一の看板を掲げ時間を稼ぐ考えなのか忌憚無くのべてもらいたい」。朴成哲は以上のように述べて、南側の南北対話に臨む姿勢に疑義を呈したのであった[4]。

（2）　国土統一院南北対話事務局、前掲書、124–129頁。
（3）　共同委員長会議を開催する目的は、南北調節委員会を発足させるために必要な諸般の手続きを協議・解決する一方で、南北共同声明発表以後の南北関係の動きを相互に検討することにあった。その結果、双方は11月4日、平壌で開かれた第2回共同委員長会議で「南北調節委員会構成および運営に関する合意書」に合意し、またこのことに基づいて11月30日に南北調節委員会を正式に発足させた。同書、101頁。
（4）　金志炯『デタントと南北関係』ソウル：図書出版ソニン、2008年、224頁。南北調節委員会のレベルについても、北側は政府高位級（長官級）から始めようとの立場であったが、南側は各界の専門家から始めて、徐々に高位級に進もうという段階論を示した。同書、226頁。

軍事問題討議と首脳会談　このように朴成哲は南側の対話姿勢に対する不満を表したのであるが、同時に、南北調節委員会での軍事問題討議の開始を南側に要求した。すなわち、北側は南北間での平和協定の締結を主張したのである(5)。これは1972年1月に行われた金日成による『読売新聞』との会見での南北平和協定の締結主張と同様に、在韓米軍撤退を前提条件とするものではなかった。北朝鮮は、南北調節委員会共同委員長による会議という「協商機構」の場で、平和協定の締結を南側に求めたのであった。実は7．4南北共同声明発表後には、北朝鮮指導者の発言やメディアでの論調では平和協定締結という主張を自制していた。しかしながら南北調節委員会共同委員長による会議の場で平和協定締結を南側に求めたという事実は、北側が南北調節委員会での軍事問題討議に期待を寄せていたことの証左になるといえるだろう。北側は南北当局間での軍事問題討議に可能性を見出したからこそ、平和協定締結を世界に向けて声高に主張する必要もなかったのである。

　北側は、11月2日から4日にかけて平壌で開かれた2回目の南北調節委員会共同委員長による会議でも南北間での軍事問題の討議を求めた。北側は南北調節委員会が軍事問題の直接解決を追求すべきだとの立場を明らかにしたのである(6)。

　しかし、このような北側の軍事問題討議を優先させる姿勢は軟化せざるを得なかった。南北双方は、平壌での会議で調節委員会合意書の採択をめぐって協議していたのだが、合意書をめぐる対立が深刻になると、李厚洛は合意書と共同発表文の採択を断念するに至ったのである(7)。李厚洛は南側発表文を作成し、このことを4日午前9時20分にソウルに知らせるとと

---

(5)　同書、104-105頁。10月12日、北側代表は、統一に向けて現在必要なことは、南は外国勢力への依存を止め、反共主義を中止し、緊急事態を終結させ、平和協定を締結し、政治交渉を行うことだと述べた。Telegram from the US Embassy in Korea to the Secretary of State, 10/16/1972, Political affairs and relations：unification of territories, 韓国国会図書館所蔵米国務省文書、請求記号：MF007604。

(6)　同書、231頁。

(7)　合意書をめぐって、キム・ドクヒョンと鄭洪鎮を代表とする実務者会議が3日午後8時から開かれたが、南北の相違点は少なくなかった。例えば委員構成について、南側は各分野の専門家によって構成されるとの案であるのに対して、北側は、委員は閣僚から成り、副首相が副委員長を務めるべきであると主張した。北朝鮮は政府次元の対話を志向したのであった。同書、231-232頁。

もに北側にも通知した。すると10時20分に朴成哲らが南側訪問団の宿舎を訪れ、折衷案を示した。このような北側の態度変化は、「金日成首相の指示が合意文を採択するようにというものであったのに、採択できずに李部長先生が帰ったら、金首相に合わせる顔がない」という朴成哲の言葉に表れているように、金日成の南北対話に寄せる期待によるものだといえよう[8]。金日成は南北調節委員会合意書の採択を必要としていたのである。

事実、11月2日から4日にかけての平壌での会議に関する韓国側結論の報告では次のように記述されていた。李厚洛と朴成哲との2度の会談は「装飾的なもの」であり、北は金日成と李厚洛の会談を最優先していた。金日成は李厚洛との会談を南北接触における韓国側の真の意図を探るものとして利用し、金日成は平壌訪問の意欲を明らかにした李厚洛とその同行者に対して好印象を抱いた。金日成は南北対話の進展を望んでおり、したがって南側の提案にも可能な限り寛大でもある。金日成は対話の良い結果を、北朝鮮での強硬派を沈静させることに用いたがっている[9]。

結果的に、平壌会議では南側の要求事項の多くが受け入れられ、北側は要求事項の多くを譲歩することで合意が可能となった。これによって11月4日付で6項目に達する「南北調節委員会構成および運営に関する合意書」を公式発表した[10]。

---

(8) 金日成は、11月3日午前に李厚洛および随行員との会談の席で、南北対話に対する熱意と関心を語った。金日成は「南北調節委員会構成及び運営に関する合意書」に合意するよう勧める一方で、南北間の政治的・経済的・文化的「合作」を主張し、南北「相互軍縮」と南北「連邦制」について論じた。また国連同時加盟に対する強い反対の意思を明らかにした。同書、235-36頁。李厚洛によれば、金日成は5月の会談時と同様に、この11月の李厚洛との会談の席でも1968年1月21日の青瓦台襲撃未遂事件についての説明と謝罪に多くの時間を費やしたという。Telegram from the US Embassy in Korea to the Secretary of State, 11/22/1972, Political affairs and relations: unification of territories, 韓国国会図書館所蔵米国務省文書、請求記号：MF 007603。

(9) Telegram from the US Embassy in Korea to the Secretary of State, 11/29/1972, Political affairs and relations: unification of territories, 韓国国会図書館所蔵米国務省文書、請求記号：MF 007604。李厚洛の一般的印象によれば、北には強硬派と穏健派が存在した。李厚洛は、金日成は穏健派であるが、北の軍幹部は南北関係進展に対する態度が好意的ではないと理解していた。Telegram from the US Embassy in Korea to the Secretary of State, 11/22/1972, Political affairs and relations: unification of territories, 韓国国会図書館所蔵米国務省文書、請求記号：MF 007603。

合意に達した南北双方であったが、その合意の脆さはすぐに明らかになった。11月30日にソウルで行われた第3回共同委員長会議で、双方は、南北調節委員会を構成する手続きを終え、共同委員長会議を終わらせた(11)。同日、南北調節委員会が正式に発足し、第1回南北調節委員会は11月30日と12月1日にソウルで開かれたが、やはりここでも南北の立場の差が明らかになった。南側は委員会の実務機能を整備し、抵抗要因の少ない非政治・非軍事分野から調節委員会の事業を推進しようと提案したのである(12)。

これに対し北側の朴成哲は、今後、南北調節委員会が次の三つの問題を解決すべきだと主張した。第一に、南北が相互信任し、その証拠を民族の前に示す問題として、軍備競争、武力増強の中止と兵力縮小を提案した。第二は、南北間での合作、特に文化と経済分野での合作を提起し、スケトウダラ共同漁業は今年からでも実施可能だとの提案だった。第三は、金日成と朴正熙による首脳会談を一日も早く実現すべきだという点であった(13)。首脳会談を開けば、南北調節委員会の作業も早まり、統一問題解決のためにそれよりも早い道はないという判断であった。朴成哲は「共同声明が出された以上、南北は互いに信任しなければならない」として、南北双方は優先的に双方の軍事代表者会談を開き、南北間の軍事的対峙状態を解消する方案を協議し、政治・軍事・外交・経済・文化など五つの分科委員会を同時に発足させようと主張した。このように、北は軍事分野における対話の優先的な推進を求めていたのである(14)。

ソウルでの南北調節委員会を終えて平壌に戻った朴成哲は記者会見で、「今回の会議では期待したようないい結果を持ち帰ることが出来なかった」との評価を下した。朴はさらに、「軍備競争をやめ軍備縮小することは北

---

(10) 金志炯、前掲書、234頁。
(11) 同書、238-239頁。
(12) 国土統一院南北対話事務局、前掲書、109-110頁。
(13) 在韓米大使館側に伝えられた南北調節委員会議事録にも、朴成哲は、金日成と朴正熙の近い将来における首脳会談を提案したと記録されている。朴成哲は首脳会談を秘密裏に行う可能性についても南側に打診した。Telegram from the US Embassy in Korea to the Secretary of State, 12/8/1972, Political affairs and relations: unification of territories, 韓国国会図書館所蔵米国務省文書、請求記号：M F 007604。
(14) 金志炯、前掲書、240頁。

第1節　難航する南北対話と対米直接接触の模索

と南の間の緊張状態を緩和し、朝鮮の平和を保障することにおいて重要な担保になるだけでなく、北と南の関係を改善し、自主的平和統一を促進するうえで大きな意義を持ち」、「我々は一日も早くこの問題が解決されることを望んでおり、このために積極的な努力を傾けてきた」と南北対話への北側の努力を強調した。しかしながら、「双方会談であることから、どちらか一方の努力だけでは問題が解決できるものではない。この問題については『時期尚早』という意見もある」が、「我々としてはこれが成熟した問題であり、一日も早く解決されるべき切迫した問題だと捉えている」と述べて、1972年中に対話が進展しなかったことに対する遺憾の意を表明するのであった(15)。

このように、7.4南北共同声明は発表されたものの、1972年のうちに対話が進展することはなかった。南北調節委員会が進展しなかった本質的な原因として、調節委員会に対する南北間の目標の違いが明白だったことを挙げられよう。この南北間の違いについては、李厚洛の見解が示唆的である。11月2日から4日にかけて平壌で行われた第2回南北調節委員会共同委員長による会議からソウルに帰還した後、李厚洛はハビブ駐韓米国大使との会談において次のようなことを述べている。ハビブが、平壌側が南北対話に求める比較的大きな問題（政治・軍事問題：筆者注）を韓国側が避けることによって対話が決裂する可能性について尋ねた際、李厚洛は南北調節委員会の方法では統一を達成できないと明確に述べるとともに、韓国は平壌側が持ち込もうとする大きな問題を決して受け入れないと語った。そして李厚洛の認識によれば、南北はともに時間を稼ぐという共通の目的を持っていた。韓国は国力の増強と対北優位を達成し、北は南内部での資本主義制度の矛盾と革命的雰囲気の醸成を通じて南を弱体化させることを望んでいるとのことであった。さらに李厚洛は、韓国では基本的に南北調節委員会を平壌の「平和攻勢」を鈍らせようとする装置だと見なしていると述べるとともに、調節委員会を全ての南北関係が通過しなければならない「総合的な窓」であると表現した。韓国が「窓」を開閉することで南北対話をコントロールできるとのことであった(16)。南北調節委員会に関し

(15)　『労働新聞』1972年12月5日。
(16)　Telegram from the US Embassy in Korea to the Secretary of State, 11/22/1972, Political affairs and relations：unification of territories, 韓国国会図書館所蔵米国

て、北は首脳会談開催と平和協定締結のような「大きな問題」の討議を求めていたのに対して、南は北の「平和攻勢」を鈍らせる「窓」として対応していたのである。

対米接触の模索　南北対話が膠着するなか、北朝鮮政府は年が明けると新たな行動をおこした。すなわち、米国との接触を模索し始めたのである。北朝鮮政府は1973年に入ると、中国を通じて米国に対米接触意思の伝達を試みた。その伝達者の役割は、周恩来が担うことになった。2月9日から14日にかけて、北朝鮮の許錟外交部長[17]は中国を訪れ、周恩来との会談を二度行った。許錟は、その席で朝米接触の可能性について米国側に打診するよう要請したのである。これに対して周恩来は、キッシンジャー訪中時に北朝鮮側の要求を伝えることを明らかにし、①朝鮮問題は南北対話を通じてのみ解決可能である、②外国は干渉・妨害・破壊してはならない、③すべての外国軍は撤退すべきである、④国連韓国統一復興委員団は解体しなければならない、という原則問題に関する討議を米側に求めるとした[18]。

　許錟が要請した北朝鮮側の対米接触要求は、2月15日から19日にかけてのキッシンジャー訪中時に周恩来から伝えられた。これに対するキッシンジャーの回答は次のようなものであった。

① 国連韓国統一復興委員団は1973年後半に解散する
② 米軍は韓国から徐々に撤退するであろうし、1974年の撤退計画もありえる
③ 韓国の抑圧政党が統一を阻んでいるという問題には注意を払っていない
④ 朝米接触の可能性については考慮していない[19]

　　務省文書、請求記号：ＭＦ007603。李厚洛は11月30日に始まる第3回調節委員会会議も特段の進展がないと予想していた。
(17)　1972年12月に社会主義憲法が採択されるとともに、政府職制も変化した。それまでの外務省は外交部に名称変更した。
(18)　王泰平主編『中華人民共和国外交史 第三巻 1970-1978』北京：世界知識出版社、1999年、41頁。
(19)　同上。

第1節　難航する南北対話と対米直接接触の模索

　この周恩来・キッシンジャー会談における米側の回答は、2月20日、パキスタン訪問からの帰途、北京において許錟に伝えられた。許錟は、キッシンジャーが北京に滞在する時期をはずして、再度北京を訪れていた。このような異例ともいえる許錟の中国訪問は、北朝鮮が米中関係の進展に並々ならぬ関心を寄せていたことをあらわしているといえよう[20]。

　なぜ北朝鮮は対米接触を打診したのだろうか。筆者は、この問いに直接答えうる資料については未入手であるが、上述したキッシンジャーの回答がこの問いに答えるヒントになるのではないかと思われる。三つ目のキッシンジャー回答から、北朝鮮側は韓国側が統一を阻んでいるという認識を米側に伝えていたと推測しうる。北朝鮮側は韓国との統一問題討議、すなわち南北対話が進展しないことを、中国を通じて米側に伝えていたということである。南北共同声明発表後、南北間での統一問題協議の開始に希望を見出していた北朝鮮であったが、既述したとおり、対話に臨む南北の姿勢には大きな隔たりがあった。北側が望む政治・軍事問題討議を南側が回避していることが、南北調節委員会をめぐる交渉の過程で明らかになったのであった。南側当局との対話が効果的でないと認めつつあった北朝鮮としては、南との対話では埒があかなかったのである。その帰結として北朝鮮は、米国を協議対象として選定したのであろう。金日成は、1972年の第27回国連総会での朝鮮問題討議が延期されたことに対して、米国が「先頭

---

(20)　なお韓国側も、許錟の訪中に関しては大きな関心をよせていた。まず前年12月に姫鵬飛外交部長が平壌を訪れてから1ヵ月半しか経過していないことが異常であると捉え、キッシンジャー訪中と密接な関係があると観測していた。韓国側は、北朝鮮は中国に、在韓米軍の撤収、国連韓国統一復興委員団解体、国際的孤立からの脱却のための対米接近などの問題をキッシンジャーに提起するよう求めるものと予想していた。また、香港の米国と日本の総領事館でも、中国が北朝鮮の要求に基づいて米側と討議するであろうと予測している。しかし中国側が米軍撤収の早期実現を真に求めているかどうかについては疑問視していた。駐香港総領事代理発外務部長官宛、1973年2月14日、フィルム番号D-0013ファイル番号17『北韓・中国（旧中共）関係、1973』、フレーム番号5、韓国外交史料館文書。また韓国側では、許錟が14日にパキスタンを訪問した後、20日に再度北京を訪れている点を「異例」だとして、その目的をキッシンジャーとの会談結果を中国側から聞きだすためであるものと推測していた。そしてこのような北朝鮮の米中高位会談に対する大きな関心に影響を受け、韓国側でも米側からキッシンジャー訪中の情報を入手するよう努めることが求められていた。駐香港総領事発外務部長官宛、1973年2月22日、同ファイル、フレーム番号22。

に立って妨害策動をおこなっている」と非難していた[21]。北朝鮮としては、朝鮮問題討議において「先頭に立って妨害策動をおこなっている」米国との接触を必要としたのであった。

平和協定締結案の公開という圧力　このように米国との直接接触を拒否された北朝鮮であったが、1973年春に開かれた南北調節委員会においては、あらためて軍事問題の討議を提案した。3月15日に平壌で開かれた第2回南北調節委員会で南側は、第1回会議と同様に、委員会の実務機能を優先的に整備するべきだと再度主張した[22]。これに対して北側の朴成哲は、「南北間の現軍事的対峙状態をまず解消しないことには、真正に信義ある対話を行うことができず、南北関係を実質的に改善することもできず、国の統一と関連するどのような問題も成果的に解決することができない」と述べ、次の5項目からなる軍事問題の解決を主張したのである。

① 武力増強と軍備競争を打ち切ること
② 南北は軍をそれぞれ10万、もしくはそれ以下に減らし軍備を大幅縮小すること
③ 外国から一切の武器と作戦装備および軍事物資の搬入を中止すること
④ わが国から米軍をふくむいっさいの外国軍隊を撤退させること
⑤ 以上の問題を解決し、南北間に互いに武力を行使しないことを保証する平和協定を締結すること[23]

さらに朴成哲は、南北間の軍事的対峙状態を解消するためには双方軍隊の総参謀長をはじめとする軍事委員を調節委員会に参加させることで軍事

(21) 「金日成首相会見記」『世界』1972年12月号、80頁。
(22) ソウル側は、①南北調節委員会運営細則・幹事会議運営細則・共同事務局設置規定などを速やかに制定し、②板門店共同警備区域内に南北調節委員会の実務および行政要員を収容し、会議施設を具備した共同事務局建物を南北が共同で建設しようと提案した。これとともに南北調節委員会の、5つの分科委員会のうち経済と社会・文化など2つの分科委員会を設置することに合意し、その具体的な実務問題は幹事会議に委任することを提案した。国土統一院南北対話事務局、前掲書、111頁。
(23) 『朝鮮時報』1973年3月24日。

第1節　難航する南北対話と対米直接接触の模索

分科委員会を創設し、この5項目軍事問題への対策を講じなければならないと主張した。そして第1回会議と同様に、南北調節委員会内に政治、軍事、外交、経済、文化の分科委員会を設置することを提案するのであった[24]。そして朴成哲は、このような自らの主張を同日の晩餐の席での演説を通じて公開した。これは南側にとってみれば、南北間で合意に達してない内容を公開しないという慣例が破られた行為であった[25]。

朴成哲は翌16日の夕刻に開かれた第2回南北調節委員会についての記者会見で、南北対話が遅々としており、解決した問題は満足いくものではないと指摘した。そして北側が提議した問題がソウル側の反対で合意に至らなかったと述べたうえで、「統一問題の平和的解決のために南北対決状態の終息のような最も根本的な問題から解決していくべき」だと強調したのであった[26]。

第2回南北調節委員会での朴成哲の発言における注目すべき点は、平和協定締結という主張を公開したことである。なぜ北朝鮮は、このように1973年に入って、平和協定締結の主張をオープンにしたのだろうか。筆者は南北対話の有効性に疑問を感じた北側による南側への圧力であると理解している[27]。第3章でも述べたように、1972年1月に金日成は南北平和

---

(24)　同上。
(25)　国土統一院南北対話事務局、前掲書、112頁。このような、南北対話に対する北側の微妙な態度は、南側当局者にも認識されていた。南側では北側の態度が変化したと受けとめられていたのである。鄭洪鎮は、1973年3月に南北調節委員会本会議での訪北時、「それまでになされていた金日成との会見もなく、それまで軍事境界線以北の都市である開城から平壌にヘリコプターで入っていた慣行が自動車に変わっていたことをみて、北側の態度が変化したことをある程度認識していた」と回想している。鄭洪鎮「北は国力の優劣によって『連邦制』から『ゆるやかな連邦制』を駆使、録音機のような北側代表を相手に7.4共同声明合意：70年代南北対話の扉を開いた鄭洪鎮理事長＜インタビュー＞」『自由公論』412号（2001年7月）、32頁。
(26)　『労働新聞』1973年3月17日。
(27)　また国際環境要因として、ベトナム情勢も挙げられる。すでに1973年1月にはベトナムでの和平が成立しており、パリ和平協定には、米軍の撤退が明示されていたのである。最高人民会議第5期第2次会議の初日である4月5日の報告で、金一総理は、「ベトナムでも平和協定が締結されアメリカ軍が撤退するのに、停戦協定が締結されて20年になるわが国で平和協定を結べない理由があるはずはなく、南朝鮮からアメリカ軍を追い出せない理由はないでしょう」と述べている。『朝鮮時報』1973年4月10日。

協定の締結を提案していた。この提案は米軍の撤退を平和協定締結の前提条件としないものであり、ニクソン訪中による米中首脳会談を前にして、米国に北朝鮮の柔軟姿勢を示したものであった。この平和協定締結案は、その後『労働新聞』によっても宣伝され続けた。しかしながら、北朝鮮による平和協定締結の主張は、72年7月4日の南北共同声明の発表以降は影を潜めることになった。それは北側が「統一問題を解決することを目的とする」南北調節委員会での軍事問題討議に期待を寄せていたからだといえる。事実、既述したように、非公開で行われた10月の南北調節委員会共同委員長会議の場で、北側は南に対して、平和協定を締結し政治交渉を行うことを求めたのであった[28]。つまり北は、討議内容が公開されなかった南北調節委員会という「協商機構」の場では、平和協定締結を求めていたのである。だとすると73年3月の北朝鮮側による平和協定締結主張の公開は、それまで南北間での軍事問題討議に可能性を見出していた北朝鮮指導部が、南北共同声明発表以降の対話の過程において、軍事問題討議に対する南側の意思に疑問を持ち、米国との直接接触も拒絶されることで、かつてのように南北平和協定締結の必要性を国際社会に訴え始めたことだといえよう。

　このような北の行動については、李厚洛も北朝鮮が国際社会に訴えだしたとの印象を抱いた。1973年3月27日のハビブとの会談の際、李厚洛は第2回南北調節委員会について、北側が南北間での合意を目指しているのかどうかわからないと前置きしうえで、北は国連での朝鮮問題討議に向けての事例として、南北対話では進展が見られないということを国際社会に周知する過程に入っていると述べたのである[29]。

　実際に4月に入ると、北朝鮮は、南北対話に対する南側の「不誠実」を国際世論に訴え始めた。第2回南北調節委員会で5項目の軍事提案を行った北朝鮮は、朝鮮の統一と軍事問題の解決に関する自らの要求を、4月6日の最高人民会議第5期第2回会議で、「世界各国の国会と政府に送る手

---

(28) Telegram from the US Embassy in Korea to the Secretary of State, 10/16/1972, Political affairs and relations : unification of territories, 韓国国会図書館所蔵米国務省文書、請求記号：MF 007604。

(29) Telegram from the US Embassy in Korea to the Secretary of State, 3/28/1973, Political affairs and relations : unification of territories, 韓国国会図書館所蔵米国務省文書、請求記号：MF 007610。

紙」と「米国議会に送る手紙」の採択という形で明らかにしたのである。「米国議会に送る手紙」においては、北側が５項目の提案を行ってきたのにも関わらず、それに対する南側からの回答がないため、「北と南の間での対話は、双方の協議事項を具体的に実現するための段階から前進していない」とされていた。このような事態は、「朝鮮が朝鮮人自身の手によって平和的に統一されることを望まない米国当局の政策に起因している」ため、北朝鮮政府は、米国が「南朝鮮から軍隊を撤去させ、『国連韓国統一復興委員団』を解体する」ことを要求したのであった[30]。米議会は反応を示さなかったが、北朝鮮政府は、米国の政策を変化させる必要性を米議会に訴えたのであった。

　このように73年に入り北朝鮮政府は、対米接触を視野に入れて南側や米側に対していくつかの提案をしてきたが、やがて転機が訪れた。南側の攻勢が始まるのであった。

第２節　南の攻勢と対話の中断

1　統一方案をめぐる差異

　朴正熙の6.23宣言　　北朝鮮の提案攻勢を受けていた韓国政府は、自らが受動的な立場に置かれていることを懸念していた。それは北朝鮮側が、韓国を外交的・軍事的に弱体化させるため平和協定締結や軍縮を唱え、国際世論を有利に転換しようとしているようにみえたからである。韓国政府は南北対話に対する北朝鮮の政策目標が、朝鮮における外部勢力の影響力の排除、すなわち在韓米軍の撤退と朝鮮問題に対する国連の関与の終結においていると認識していた[31]。それゆえ韓国政府は、この北朝鮮側による宣伝の効果を打ち消すためにも、受動的な立場からの脱却を目指したのである。

　1973年６月23日に韓国の朴正熙大統領が声明を発表したのは、このような状況においてであった。「平和統一外交政策に関する特別声明」（6.23宣言）のなかで朴正熙は、以下のような７項目にわたる政策を提示し

---

(30)　『朝鮮中央年鑑』1974年、平壌：朝鮮中央通信社、640頁。
(31)　「北韓の南北対話に関する宣伝攻勢に対する対策（案）」、1973年４月21日、フィルム番号D-0015ファイル番号13『南北対話、1973』、フレーム番号45-46、韓国外交史料館文書。

た(32)。

① 祖国の平和統一成就のためにすべての努力を継続する
② 南北韓は相互に内政干渉・侵略しない
③ 南北対話の成果のために誠実と忍耐をもって努力する
④ 緊張緩和のためであれば北韓の国際機構参加に反対しない
⑤ 統一の障害にならないのであれば、南北国連加盟に反対しない。また大韓民国代表が参席する国連総会における「韓国問題」討議に北韓側がともに招請されることに反対しない
⑥ 互恵平等の原則の下、全ての国家に門戸開放する
⑦ 平和善隣を基調に友邦との既存の紐帯を強固にする(33)

　では、韓国政府はこの6.23宣言において、北朝鮮側に対するどのような外交攻勢を含意していたのだろうか。それは端的にいえば、6.23宣言を発表した直後の1973年7月、ロジャーズ米国務長官との会談のなかで朴正煕が説明したように、北朝鮮を「国連に引き入れる」ことで北朝鮮が「無謀な行動を起こすことをけん制」するというものであった(34)。すなわち、韓国政府は国連（および国際機構）の場に北朝鮮を取り込み、南北関係を国連という枠組みのなかに組み込むことで、北朝鮮の行動を抑制しようとしたということである。4項と5項において、北朝鮮の国際機構や国連への加盟に反対しないとの立場を表明しているのは、その一つの証左であった。

　さらに韓国政府は全ての国家に門戸開放すると表明することで、共産圏諸国との関係を改善する意思を明らかにした。これは北朝鮮の行動をけん制するためにも必要であった。例えば、朴正煕はロジャーズに対して北朝鮮の行動を抑制できるかどうかは「ソ連と中共がどのような態度に出てくるのかにかかっている」のだと指摘している。また、金溶植外務部長官は

---

(32)　この特別声明は、「6.23宣言」、「6.23声明」、「平和統一外交宣言」などと称されている。
(33)　『東亜日報』1973年6月23日。
(34)　「米国国務長官接見要旨」、1973年7月19日、フィルム番号C-0068ファイル番号6『Rogers, William P. 米国国務長官訪韓, 1973.7.18-20』、フレーム番号129、韓国外交史料館文書。

6.23宣言について、これを「現実に立脚した新しい外交政策」だと意義付けたうえで、「南北韓の国連および国際機構の同時加入に反対せず」、「共産圏に対して門戸を開放し、共産国家もこれに相応することを促す立場を闡明したもの」だとロジャーズに強調している[35]。ただ、6.23宣言を基盤とした共産圏諸国との関係改善には、米国の協力が不可欠であった。金溶植は、「韓国の政策が平和維持という目標に基盤を置いたもの」であり、「米国が影響力を行使し、共産国も韓国に門戸を開放するような方案を講じてくれる」よう、米国側の支援を要請した[36]。韓国政府はいわば、北朝鮮を国連や国際組織のなかに取り込むだけではなく、米国との協力のもと、北朝鮮に対して影響力を持つ中国やソ連をはじめとした共産圏諸国との関係改善を通じても、北朝鮮の行動を統制しようとしていたのである[37]。

　これに対するロジャーズの回答は、韓国政府を満足させるものであった。というのも、ロジャーズは朴正熙に対して、6.23宣言の発表を契機に「我々」は北朝鮮側を守勢に立たせるべきだと主張したからである。ロジャーズからすれば、6.23宣言は、南北朝鮮の国連同時加盟を掲げている点で建設的なものであり、韓米側は、北朝鮮側による国連軍司令部と国連韓国統一復興委員団の解体に関する主張に先んじて、攻勢の立場をとることができるのだとされた。なぜならば、たとえ北朝鮮側が国連の場において、国連軍司令部と国連韓国統一復興委員団の解体を主張したとしても、それは南北朝鮮の国連同時加盟を遅延させようとする策動だとみなされるからであった[38]。

　またロジャーズは、韓国と中国やソ連をはじめとする共産圏諸国との関係改善を側面支援するために、米国や日本が北朝鮮との関係改善を自制す

---

(35)　外務部長官発大統領宛、1973年7月18日、同ファイル、フレーム番号64、韓国外交史料館文書。
(36)　同文書、フレーム番号77-78。
(37)　ここで興味深いのは、韓国側がこうした安全保障上の理由からだけではなく、経済的な理由からも共産圏諸国との関係改善を目指していたのだということである。金溶植がロジャーズに対して説明したように、韓国側は、東欧諸国を含む共産圏諸国および各国との関係改善によって、経済進出と通産振興を成し遂げようとしていた。同文書、フレーム番号77。韓国政府による共産圏諸国への接近の動きについては本節第2項を参照。
(38)　「米国国務長官接見要旨」、1973年7月19日、前掲、フレーム番号132-133。

ることを約束した。個人資格による米国人実業家の訪朝などは防ぎきれないと思われるが、米国としては、対北朝鮮関係においても性急な関係改善を避けながら韓国の立場を尊重する、と述べたのである[39]。こうして米国政府は、韓国側の新政策である6.23宣言に協力するとともに、北朝鮮との関係改善を抑制する方針を明示したのであった。

韓国政府が打ち出した6.23宣言は、これまで南北関係の「朝鮮化」を主張してきた北朝鮮側に対抗するために、南北関係の「国際化」を目指したものだということができる。すなわち、南北関係を「国際化」し、北朝鮮に影響力を持つと考えられる中国など共産圏諸国との関係改善を推し進めることで、北朝鮮の行動を抑制するというのが6.23宣言の核心であった。そして韓国政府はこの新政策に対する米国側の協力を求め、米国側もまた、韓国と共産圏諸国との関係改善を後押しし、米国や日本が北朝鮮との関係改善を自制することで、韓国側の6.23宣言を支援する姿勢を明らかにしたのである。

金日成の祖国統一5大綱領　このような韓国側の新政策に対して、北朝鮮側はどのように対応したのだろうか。6.23宣言という朴正熙の反攻に直面した金日成は、これに対抗して同日、5項目からなる統一方案を提示した。金日成は6月23日夕刻、チェコスロバキアのグスタフ・フサーク（Gustav Husak）書記長を団長とする党・政府代表団を歓迎する平壌市民大会で行われた演説で、祖国統一5大綱領と称されることになる統一方案を明らかにしたのである。統一方案は次の5項目から成っていた。

① 南北間の軍事的対立状態の解消と緊張状態の緩和
② 北と南の多面的な合作と交流の実現
③ 北と南の各階層人民と政党、大衆団体の代表で構成される大民族会議の召集
④ 高麗連邦共和国の単一国号による南北連邦制
⑤ 単一の高麗連邦共和国の国号による国連共同加盟[40]

---

(39)　外務部長官発大統領宛、1973年7月18日、前掲、フレーム番号78–79。
(40)　『朝鮮時報』1973年6月27日、7月28日。

この金日成による統一方案は、同日の午前に行われた朴正煕の特別宣言に対抗するものであった。北朝鮮政府は、韓国政府が6.23宣言を発表することを予想していたといえるだろう。朴正煕による6.23宣言発表に関し、事前に中国から情報がもたらされていた可能性があるからである。キッシンジャーは6月19日、黄鎮駐米中国連絡事務所所長に、韓国が朝鮮半島における国連の役割、北朝鮮との関係、大国との関係に関連して、外交政策を大きく変更する準備をしていることを伝えていたのであった[41]。

　金日成の演説には、北朝鮮側の国際情勢認識をみてとることができる。韓国の6.23宣言が、「第二次世界大戦後の冷戦が終わり、現状維持を基調とする列強の勢力均衡により平和共存を維持することがその主な潮流」であるとした朴正煕の認識に基づいていたとするならば、6月23日の金日成演説からは、米国が「大きな国とだけ関係を改善している」という北朝鮮側の認識が明らかになる。金日成は、「アメリカが大きな国とだけ関係を改善し、小さな国をひとつひとつ侵略していくことができると考えるか、いわゆる『反共』の看板のもとに人民の排撃を受ける手先らを後押しすることによって自らの植民地支配権を維持できると考えているならば、それは大きな誤りである」と指摘した[42]。南側当局との統一問題交渉が困難であることを認め、対米直接接触を拒絶されていた金日成の苛立ちともいえるだろう。

　韓国の「反攻」を受けた形で北朝鮮側の祖国統一5大綱領が登場したのであるが、これにより南北での統一方針の明白な差異が世界に宣言されたのである。南の統一方案は、北との関係を「国際化」させることであった。国連への同時加盟や、共産圏との関係改善を進めることで、北との関係を国家間関係として位置付けようとした。一方、北の統一方案は、南との関係を「朝鮮化」させることに努めていた。すなわち金日成は、大民族会議の召集を呼びかけ、高麗連邦共和国という単一国号まで準備したように、南北関係を「民族内部の問題」として位置付けることを試みたといえよう。1973年6月23日は、南北双方が統一原則に合意した7．4南北共同声明の発表から1年と経っていなかった。

---

(41) Tab D, Memorandum of Conversation, 6/19/1973, Winston Lord Files, Box 328, NA.

(42) 『朝鮮時報』1973年6月27日。

このような南北間の差異が公にされることで、その後の南北当局者会談が進展することはなかった。南北調節委員会は、6月12日から13日にかけてソウルで第3回会議が開かれていたが、南北の主張は平行線をたどり、合意を導き出すことが出来ずにいた。赤十字会談は7月11日に平壌で第7回本会談が開催されたが、進展はなかった。会談は、議題の第1項をめぐって膠着状態に陥ったままであった。この会談の席で北側は、①現行反共法規の撤廃、②反共活動の禁止と反共団体の解体、③事業参加者に対する人身、所持品の不可侵および言論、出版、集会、通行など活動の自由と便宜保障、④現軍事的対峙および緊張状態解消のための積極的措置、⑤同条項を当局が法的・行政的に措置し、これを内外に宣言する、という内容の共同声明案を南側に提示したが、この第7回会談は進展なく閉会したのである(43)。

2　1973年8月──対話の中断と東京、北京、モスクワでの出来事

金英柱の対話中断声明　このように南北当局者の会談が進展しないなか、8月28日に平壌放送は、南北調節委員会共同委員長である金英柱による声明を発表した。この声明で金英柱は、「調節委員会の使命に忠実であろうとする我々の一貫した立場から出発し、南朝鮮の李厚洛をはじめとする『中央情報部』のごろつきを、これ以上、対話に参加させることはできないことを内外に厳粛に声明する」と述べ、南北共同声明に署名し、南北調節委員会の南側共同委員長であった李厚洛韓国中央情報部長を、対話の当事者から除去することを求めたのである(44)。この声明を機に、2年にわたって継続された南北当局者間の対話は中断状態に陥ることになった。

北朝鮮が南北対話の中断を宣言したのは、南北対話から期待したような成果が得られなかったからであろう。北朝鮮指導部は、南当局との間での軍事対峙状況を解消する問題の討議が困難であることを認めつつあったが、そこに朴正熙の6.23宣言が直撃したのである。李厚洛は、北側が対話中断宣言を発したことを、6.23宣言の影響によるものだと指摘した。8月29日に李厚洛は金英柱声明に反駁したのであるが、その内容は、6.23宣言に

---

(43)　国土統一院南北対話事務局、前掲書、131-135頁。
(44)　「南北調節委員会共同委員長声明」1973年8月28日『朝鮮中央年鑑』1974年、663頁。

第 2 節　南の攻勢と対話の中断

対する内外での評価に当惑した北朝鮮側が、国連総会での不利な立場から逃れようとして対話の進行を忌避したというものであった[45]。

また先行研究でも、北による対話中断宣言については、南北間での軍事問題討議が進展しないことや6.23宣言との関連性が指摘されている。洪錫律は、北朝鮮は南が北との軍事・政治問題討議を忌避したのは、米国が背後で妨害したためだと述べた上で、北朝鮮による南北対話の中断は、「様々な原因が複合的に作用」しながらも、米国に「交渉の前面に出てくるよう求める外交的圧迫の一環であった」と指摘する[46]。金志炯は、北が朴正熙の6.23宣言を「二つの朝鮮路線の公開的宣布」であると規定したことからも、北朝鮮が南北会談を断絶させた実際の理由は6.23宣言であったと述べている[47]。鄭洪鎮は、南北会談を進めるほど守勢に追いやられることを認識した北は、「わが政府が1973年6月23日に『6.23平和統一外交政策宣言』を発表すると、わが政府が分裂路線を追求しているとして対話中断を宣言したが、それは言い訳に過ぎない。事実彼らは南北対話をする過程で対話を壊すべきだと決心していたとみえる」と回想している[48]。

実際に、朴正熙の6.23宣言が、北側による対話中断宣言への直接的契機となったようである。例えば在中北朝鮮大使館の参事官は、在中オーストラリア大使館側に、朴正熙の最近の発言が南北対話の終わりを意味するだろうと明確に表現していた[49]。

しかしながら6.23宣言以外にも、1973年8月には北朝鮮が金英柱声明発表へと舵を切ることに影響を及ぼしかねない幾つかの象徴的な出来事が起きていた。東京、北京、モスクワを舞台にしたこれらの出来事が金英柱声明の発表にどれほど直接的・間接的影響力を及ぼしたのかは定かではないが、北朝鮮の対南・対外関係の観点からは看過することのできない事態

---

(45)　『韓国日報』1973年8月30日。
(46)　洪錫律「1970年代前半の北・米関係：南北対話、米中関係改善との関連の下で」『国際政治論叢』第44集2号、2004年、45-46頁。
(47)　金志炯、前掲書、252頁。
(48)　康仁徳、ソン・ジョンファン「南北会談：7.4から6.15までの研究」2002年度学術振興財団協同研究支援事業研究結果報告書、386頁。
(49)　Inward cablegram from Australian Embassy Peking, 6 July 1973, A1838 (A1838/2), 3107/40/91 Part8, China-Relations with North Korea, National Archives of Australia, Canberra [NAA].

であった。

金大中拉致事件　1973年8月8日、韓国の野党政治家である金大中が、韓国中央情報部により、東京のホテルで拉致されるという事件が起きた[50]。北朝鮮では、この事件を韓国当局の犯行であるとして激烈に非難した。事件発生後、早くも8月9日付『労働新聞』は、この事件の真相は明らかではないとしながらも、事件が韓国の特務機関の犯行であるとして韓国当局を非難した[51]。その後も『労働新聞』は連日、金大中拉致事件に関連し、韓国当局を非難する記事を掲載していった。

朝鮮労働党としては、金大中拉致事件によって南北共同声明作成のカウンターパートであった韓国中央情報部に対する不信が高まったといえる[52]。金英柱の声明は、李厚洛除去を要求することになった直接的原因を、韓国当局による金大中拉致事件に求めていた。「この事件の真犯人が、ほかでもない李厚洛を頭目とする南朝鮮『中央情報部』であることは明白」だとしたのである。声明では、金大中は「南朝鮮で民主主義と祖国の平和統一のために闘ってきた野党系の政治家」で、「71年の『大統領選挙』に新民党『大統領候補』として出馬し、南朝鮮社会の民主化、南北交流、平和統一を政治綱領として打ち出し、類例のないファッショ的暴圧と詐欺のもとでも540万票もの支持票を得た」と評価されていた。そして、このような「民主主義と平和統一を主張する南朝鮮の愛国力量と人民に対する横暴無道のファッショ的弾圧は、南北共同声明の精神に全く背馳するものであり、祖国の平和統一を渇望するわが民族と対話の相手方である我々に対する耐えがたい背信行為である」と非難したのである[53]。

金大中事件を非難する北朝鮮外交部スポークスマンによる声明や諸社会団体の声明では、一様に「民主化と平和統一を主張した民主人士」である

---

(50)　当時金大中は、「韓国民主回復統一促進国民会議（韓民統）」を組織することに尽力するなど、朴正熙政権に対する海外での闘争を展開していた。近年公開された韓国外交文書を利用した金大中拉致事件に関する日本語文献として、古野喜政（『金大中事件の政治決着』東方出版、2007年）の研究がある。

(51)　『労働新聞』1973年8月9日。

(52)　『労働新聞』1973年8月29日。

(53)　「南北調節委員会共同委員長声明」1973年8月28日『朝鮮中央年鑑』1974年、662-663頁。

第2節　南の攻勢と対話の中断

金大中の拉致は、「二つの朝鮮」をつくりだすことで祖国統一の機運を抑制しようとする韓国当局の策動であるとされていた[54]。このように、1971年の韓国大統領選以来、統一問題を議論する必要性を主張していた金大中に対する北朝鮮指導部の評価は高いものであった。

一方、金大中拉致事件は、北朝鮮にとって韓国を窮地に立たせる絶好の機会でもあったといえる。北朝鮮政府は秋から始まる第28回国連総会を前にして、韓国の国際イメージの低下を狙ったのではないか。北朝鮮政府は国連総会において在韓米軍の撤退と国連韓国統一復興委員団の解体が決議されることを目指しており、国連総会決議での北朝鮮支持票を獲得する必要があった[55]。そのため国際世論に金大中拉致事件を韓国当局によるものだと訴えることで、韓国のイメージを低下させようとしたのではないか。実際に第28回国連総会演説でも、北朝鮮代表は金大中拉致事件を強く非難した[56]。6.23宣言という反攻を受けた北朝鮮にとって、韓国を窮地に追い込むことのできるチャンスであると認識されたのかもしれない。

金英柱声明は、李厚洛の除去を求めながらも、南北対話の継続を主張していた。声明は、「我々は会談を今後も続ける必要があることを認め、このために双方がともに努力することを南朝鮮当局者と各政党・社会団体、各界各層の人士に訴える」として、南北対話の必要性に言及していたのである[57]。北朝鮮指導部は、あくまでも南北対話を維持する姿勢を表明することで、対話中断の責任が金大中事件を引き起こした韓国当局にあるとの図式を国際世論に植え付けようとしたのではないだろうか。

朝米外交官接触　既述したとおり、北朝鮮政府は1973年に入り中国を通じて対米接触を打診したのであるが、実は1972年の段階で北朝鮮は対米関係改善の姿勢を徐々に示していた。1972年3月に朝鮮総聯の金炳植第1副議長は、『ワシントン・ポスト』のセリグ・ハリソンとのインタビュー

---

(54) 例えば、「朝鮮民主主義人民共和国外交部代弁人声明」1973年8月10日『労働新聞』1973年8月11日。
(55) 実際に北朝鮮政府は、1973年に入り韓国との国交を持つ国との外交関係設定にも成功していた。詳しくは本章第3節参照。
(56) 『朝日新聞』1973年11月15日夕刊。
(57) 「南北調節委員会共同委員長声明」1973年8月28日『朝鮮中央年鑑』1974年、663頁。

において対米関係改善の意思を表していた。そこで金炳植は、在韓米軍撤退が、北朝鮮と米国の間における関係拡大および対決終息の先行条件になる必要は必ずしもないと発言した。そして、米国が北朝鮮との関係を改善する出発点は「朝鮮民主主義人民共和国」という正式名称を使うことであり、状況の進展に応じて政治家、企業家、学者、記者による北朝鮮訪問が望ましいと述べていた[58]。その後、ハリソンや『ニューヨーク・タイムズ』のソールズベリー（Harrison E. Salisbury）とジョン・リー（John Lee）、ハーバード大学教授で当時京都に滞在していたジェローム・コーヘン（Jerome Cohen）などが72年に訪朝している[59]。

一方、米国においても1972年に入ってから対北朝鮮政策について検討され始めた。3月7日、ロジャーズ国務長官が記者会見で「米国政府は北朝鮮が米国と関係改善を求めている兆候を知っている」としながら、「一般的にニクソン政権は全ての国との関係改善を求めており、北朝鮮もここに含めることができる」とした[60]。72年初めから国務省では米国の対朝政策について検討を進めており、検討の結果、3月24日に「北朝鮮に対する米国の政策」という文書として整理された。この文書では、北朝鮮の正式

---

(58) *Washington Post*, March 7,1972.
(59) 金炳植は、京都に一年間滞在していたコーヘンに接触を図り、朝米間接触を開くことを目的にコーヘンに訪朝を打診した。金炳植は、コーヘンが北朝鮮指導者に米国との接触が望ましいと説くことを希望するとほのめかしたという。Telegram from the US Embassy in Japan to the Secretary of State, 2/7/1972, Political affairs and relations：prisoners of war, 韓国国会図書館所蔵米国務省文書、請求記号：M F 007605。コーヘンが国務省に報告したところによれば、コーヘンは1971年10月から数回にわたって金炳植やその他の朝鮮総聯幹部と会合を持っていた。しかしながらコーヘンの印象では、朝鮮総聯と北朝鮮当局は米国人との接触を真剣に求めているが、合衆国に関して無知であり、どのように接触するのかよくわかっていないとのことであった。Telegram from the Secretary of State, "Possible travel to North Korea by Prof. Jerome Cohen," 4/28/1972, Political affairs and relations：prisoners of war, 韓国国会図書館所蔵米国務省文書、請求記号：M F 007605。また、『ニューヨーク・タイムズ』東京支局長のジョン・リーもソールズベリーとともに北朝鮮からの招請を受けた。リーによれば、訪朝交渉は過去四ヶ月間にわたって行われていたという。Telegram from the US Embassy in Japan to the Secretary of State, 4/28/1972, Political affairs and relations：prisoners of war, 韓国国会図書館所蔵米国務省文書、請求記号：M F 007605。
(60) 洪錫律「1970年代前半の北・米関係：南北対話、米中関係改善との関連の下で」、40頁。

第 2 節　南の攻勢と対話の中断

国号を制限的に使用する問題や、米国人の旅行規制に関することなどに関して、米国が中国に対して行ったように、段階的緩和措置が必要であるとされていた[61]。

このような米国政府の方針は1973年に入っても大きく変化することはなかった。前節でも述べたように、北朝鮮政府による、73年2月の中国を通じての対米直接接触の提案は拒否されていた。米国には、北朝鮮それ自体との関係を改善する意思は希薄であったのである。米国の対朝鮮半島政策は、73年3月13日に東アジアおよび太平洋に関する省庁間グループで行われた議論をもとに作成された国家安全保障覚書（National Security Study Memorandum：NSSM）154に集約され、4月3日、キッシンジャーに報告された。NSSM 154によれば、朝鮮における米国の利益はソ連、中国、日本との関係によって決められていた。したがって、米国政府にとって朝米関係は、米国による対中・ソ関係改善の一部分であった。米国政府は、北朝鮮との関係を改善することに大きな利益はなかったのである[62]。

南北間の対話が進展しないなか、米国の米朝接触に対する姿勢は、1973年7月まで変化することはなかった。ロジャーズ国務長官は7月20日、訪韓時の記者会見で、「南北間に対話が行われている状況で、米国が北朝鮮と対話を持つことは助けになるとは思わない」と述べた[63]。また、この会見では韓国の6.23宣言と国連での南北朝鮮同時加盟を支持する発言をした。そして北朝鮮と西欧諸国との国交樹立には、東欧諸国による韓国承認が必要であるという立場を明らかにしたのである。

しかしながら、このような米国側の姿勢は8月に変化をみせた。キッシンジャーは北京を舞台にした北朝鮮側の接触提案を受け入れたのである。8月21日にあった北朝鮮側からの駐北京米国連絡事務所長もしくは責任ある人物を訪れたいとの要望に関して、キッシンジャーは、「この会合に同意し、彼らが何を言うのか聞こうと考える」ようになったのである。しか

---

(61)　同上。
(62)　Memorandum for Mr. Henry A. Kissinger The White House, NSSM 154-United States Policy Concerning the Korean Peninsula, 4/3/1973, Item Number： PR01071, DNSA.
(63)　「ロジャーズ国務長官記者会見要旨」、1973年7月20日、フィルム番号C－0068ファイル番号6『Rogers, William P. 米国国務長官訪韓、1973.7.18-20』、フレーム番号87、韓国外交史料館文書。

しながら「中国が韓国による接触アプローチに応じない限り2度目の会合には同意すべきだとは思わない」という考えであった[64]。そしてキッシンジャーは、ハビブに対して、朴正煕がこの米朝接触に同意するよう促すことを指示した。それはこの米朝の接触が、「韓国と中国の接触への基盤を作ると思うから」であった[65]。この、中国の反応がない限りの2回目の朝米接触は無いとしたキッシンジャーの提案に、朴正煕は8月24日のハビブとの会談において同意したのである[66]。

このように米国側が韓国側の了解をとりつけた後に、米国外交官と北朝鮮外交官による初めての接触が、金英柱声明が発表される前日の8月27日に北京で行われた。27日午後5時30分、李宰弼（リジェピル）中国駐在北朝鮮代理大使が北京駐在米国連絡事務所に到着し、ジェンキンス（Alfred L. Jenkins）連絡事務所副所長が出迎えた。北朝鮮は、5月に世界保健機構（WHO）に加盟していたため、ニューヨークの国連本部に常駐代表団を送ることになっていたのであるが、在北京米国連絡事務所を訪れた李宰弼ら北朝鮮外交官は、米国政府が、北朝鮮国連常駐代表団の身辺保護、通信確保、外交官特権などを保証してくれるかどうかについて尋ねた。これに対してジェンキンスは、この件について米国政府は慣例により処理すると応じた。さらにジェンキンスはこの会合を秘密にすることを提案し、李宰弼はこれに同意した。

李宰弼は、この席で朝米外交官接触への期待感を明かした。李宰弼は、

---

(64) キッシンジャーは1971年10月に訪中した際、朝鮮半島により永続的な法的地位を築くことでは中国と協力する旨述べていた。キッシンジャーによれば、米国が南北赤十字接触を促した理由は、「朝鮮に存在している二つの国家が、お互いを対等に扱う用意があるなら」、朝鮮半島に平和がもたらされるだろうと信じているからであった。Document 13, Memcon, Kissinger and Zhou, 10/22/1971, "Negotiating U.S.-Chinese Rapprochement-New American and Chinese Documentation Leading Up to Nixon's 1972 Trip," National Security Archive Electronic Briefing Book No.70（Edited by William Burr with Sharon Chamberlain, Gao Bei, and Zhao Han, May 22, 2002）.〈http://www.gwu.edu/~nsarchiv/NSAEBB/NSAEBB70/doc13.pdf〉［20 November, 2005］. pp.9-13.

(65) Henry A. Kissinger to Ambassador Habib, 8/23/1973, Winston Lord Files, Box328, NA.

(66) Ambassador Habib to the White House, 8/24/1973, Winston Lord Files, Box328, NA. 朴正煕は、韓国の頭越しに北朝鮮と米国が直接交渉しているとみせることを危惧しており、このような朝米接触が公にならないことを強く望んだ。

この朝米接触がおそらく北朝鮮と米国外交官による初の会議であるためにとても重要だと述べた。また李は、ジェンキンスからの飲み物提供の申し出を多忙だとの理由で辞したのであるが、同時に後に機会があるとの希望も明らかにしたのである。

この朝米初接触で実質的な問題は議論されなかったのであるが、ジェンキンスは、北朝鮮側が「何か心に大きなものを持っている」との印象を抱いた。その印象とは、北朝鮮側はより実質的な接触に向けて、米国連絡事務所の雰囲気と米国政府側を確かめる意図を有していたというものであった。このことについてジェンキンスは、北朝鮮が、例えばモスクワのような、異なる地においても米国政府に接近していたという事実から推測されうると報告している[67]。

北朝鮮政府は、8月27日に対米直接接触に成功し、そして翌28日に金英柱による声明を発表することで南北対話の中断を宣言したのであった。

韓ソ接近　このように対米直接接触に成功した北朝鮮であったが、一方では韓国とソ連の接近という自らの対外関係が浸食されかねない危険にも直面していた。1973年8月15日にモスクワで開かれた第7回夏季ユニバーシアード大会に、ついに韓国選手団が参加したのである。一方の北朝鮮は朝鮮中央通信を通じて、「大会参加は社会主義国家間の不和を招来する」という理由を表明し、同大会への参加を拒否した[68]。このユニバーシアード・モスクワ大会の例に象徴される韓ソ接近の動きは、以前から水面下で進行していた。北朝鮮が南北対話を推進し、日本との関係改善を進展させようとしていた時期、韓国もまたソ連との接近を図っていたのである[69]。1971年10月に李厚洛中央情報部長が東京でソ連のトロヤノフス

---

(67)　From David Bruce to Henry A. Kissinger, 8/28/1973, Winston Lord Files, Box328, NA. 北朝鮮政府は、この北京での朝米外交官による初会合をもって、その後の朝米間対話が進展する可能性を見出したのかもしれない。

(68)　『東亜日報』1973年8月16日。

(69)　韓国による社会主義国への接近はすでに1960年代から試みられていた。66年には、朴成哲北朝鮮外相がグロムイコ外相に、韓国によるソ連や他の社会主義国への接近の試みに応じないよう求めていた。朴成哲によれば、韓国は国際会議などを通じて、ソウルに社会主義国代表を招請したり、社会主義国に訪れることを試みていたのである。例えば朴成哲は、「5月にモスクワで行われるユネスコ会議にソ連外務省がビザを発給しないと確信している。またソウルで国際

キー（Oleg A. Toroyanovsky）大使と接触したという情報が日本の外務省から在日米国大使館にもたらされていたが[70]、このような情報を追認するかのように、李厚洛はハビブ駐韓米国大使との対話のなかで、韓国政府がソ連や中国との接触を始めていると述べた[71]。韓国外務部は、それまで北朝鮮の立場を支持してきたソ連が、韓国に対して極力敵対的な刺激は避けようと努力している徴候をみせはじめ、韓国に対して柔軟姿勢をとっているると認識したのであった[72]。

　このような韓国側の対ソ接近の試みは、1973年に入ってからその成果が現れつつあった[73]。イタリアでの対ソ窓口となっていた在伊韓国大使館のアン・ヨンチョル参事官は、73年3月27日、在伊ソ連大使館のピシュギン（Oleg Piciughin）文政官夫妻を自宅に招いた際に韓ソ関係の改善を訴えた。具体的には同年8月にモスクワでの開催が予定されていたユニバーシアード大会を挙げて、この大会を契機とした関係改善を促した。アン・ヨンチョルは、中国がアメリカとの関係改善を試みた際、ピンポン選手を招

　　　会議が開催される場合にも、社会主義国が代表を送らないと信じている」と述べていた。Document 20, Record of Conversation between Soviet Foreign Minister Andrei Gromyko and North Korean Foreign Minister Pak Song Ch'ol, 4/9/1966, Radchenko, Sergey S., "The Soviet Union and the North Korean Seizure of the USS Pueblo：Evidence from Russian Archives," *Cold War International History Project Working Paper,* #47, 2005. pp.54-56.
(70)　Telegram from the US Embassy in Japan to the Secretary of State, 10/15/1971, Political affairs and relations：Korea-USSR territorial waters, 韓国国会図書館所蔵米国務省文書、請求記号：MF 007611。
(71)　Telegram from the US Embassy in Korea to the Secretary of State, 10/29/1971, Political affairs and relations：Korea-USSR territorial waters, 韓国国会図書館所蔵米国務省文書、請求記号：MF 007611。
(72)　「対共産圏関係改善方案」、1973年11月29日、フィルム番号E－0011ファイル番号4『対蘇聯 및 東欧圏関係改善方案, 1973』、フレーム番号77、韓国外交史料館文書。実際、1970年代に入り、韓国とソ連は、接近する姿勢をみせていた。71年9月8日に、イラン・サッカー代表チームのコーチを務めるイゴール．A．ネト（Igor' Aleksandrovich Netto）が、韓国政府の許可を受けソ連国籍保持者として初めて韓国を訪れた。『東亜日報』1971年9月9日。また韓国からは、作家、財界人、科学者などが韓国政府発行の旅券を持ってソ連を訪れていた。鄭鎮渭（小林敬爾訳）『平壌――中ソの狭間で』コリア評論社、1983年、265頁。
(73)　1971年12月、韓国外務部はソ連との関係改善を目的として、カナダ、イタリア、スウェーデン駐在大使に対ソ接触を指示していた。「対共産圏関係改善問題」、フィルム番号E－0011ファイル番号4『対蘇聯 및 東欧圏関係改善方案, 1973』、フレーム番号21、韓国外交史料館文書。

待したことに言及しながら、モスクワ・ユニバーシアード大会がもうひとつの「ピンポン」ケースとなることに対する期待感を明らかにした[74]。実際にユニバーシアード大会に韓国は参加し、北朝鮮は不参加を決めたことで、韓ソ関係は改善の歩を進めたといえよう。

興味深いことは、ユニバーシアード大会終了後の９月５日にアン・ヨンチョルとピシュギンの間で行われた対話から、ソ連側の対北朝鮮認識を垣間見れることである。ソ連の外交官は、北朝鮮を中国の盲従者として認識していたのであった。アン・ヨンチョルはユニバーシアード・モスクワ大会における韓国選手団に対するソ連の待遇に謝意を表したのであるが、ピシュギンから北朝鮮がユニバーシアード大会をボイコットしたことについての見解をうかがい知ることができた。ピシュギンは、北朝鮮が「大会参加を拒否した理由をソ連としてもまったく理解することができずにおり、言動が一致しない彼らの例を明らかにしたと思う。中国の圧力で参加を拒否したように考えられ、そのほかの問題でも中国に盲従しているようだ」と語った。ピシュギンは北朝鮮の大会不参加を、中国からの圧力を受けたことによるものと捉えたのである[75]。

ピシュギンの発言は、ソ連が北朝鮮を中国の従属的な存在として位置付けていたことを如実に示している[76]。ピシュギンは、イタリア国会内に

---

(74) 駐伊大使発外務部長官宛、1973年３月30日、フィルム番号Ｃ－0062ファイル番号２『韓・蘇聯 関係改善을 爲한 外交官接触, 1973』、フレーム番号48-49、韓国外交史料館文書。

(75) 実際に北朝鮮の大会不参加が、中国の圧力によるものだと判断することは難しい。しかしながら北朝鮮側には、韓国選手団がソ連での大会に参加することに対する反発とともに、北朝鮮側の要求を米国との間で代理交渉している中国に対する配慮があった可能性も指摘できるだろう。

(76) ソ連が韓国との接近を図った背景には、疎遠になる朝ソ外交関係とともに、朝中関係に対するソ連の疑念があった。韓国外交当局者には、ソ連の対韓接近意思に関する米国側の見解がもたらされていた。韓国外務部は72年12月の段階で、駐ソ米大使館政務担当官であった米国務省当局者から、朝ソ外交関係についての情報と、ソ連が対韓関係を改善しようとしているとの情報を得ていたのであった。それは、①北朝鮮は主な国内外政策についてソ連と協議をしていないだけでなく、十分な情報も提供していない。例えばソ連は7.4南北共同声明の経緯や進展に関してよく知らないでいる、②在モスクワ北朝鮮大使館はソ連外務省との接触がほとんどなく、隔離されている状態にある、③ソ連は韓国との関係改善に関心を持っており、北朝鮮が猛烈に反対しなければ徐々に韓国との関係を開く用意があるようにみえる、というものであった「局長会議報告

ある北朝鮮との関係正常化のための委員会についても、ソ連大使館がこの委員会の動静について多くの関心をもっており、この件に関して韓国側と相互に連絡を取り合うことを求めた。この問題に対するピシュギンの評価は、「中国は彼らの盲従者をイタリアに引き込み、彼らの立場を強化しようと画策しているものと考えられる」というものであった。南北対話についてピシュギンは、中国は「南北会談が順調に進み、統一が成し遂げられると、自らに盲従している北朝鮮を失うことになると考えており、南北会談成功に対する恐怖症にかられている」ため、「盲従する北朝鮮を失うより、朝鮮半島の分断を望んでいるのであろう」と述べた。さらにピシュギンは、「いまの北朝鮮にどんな自主性があり独立性があるのか、北朝鮮は韓国のような独立国家ではなく中国の盲従者にすぎない」と述べ、北朝鮮の中国への「盲従ぶり」を非難した。

そのようなピシュギンの認識は韓国との関係改善意欲として明らかにされた。ソ連は公式には6月23日の金日成提案を支持していたが[77]、ピシュギンは朴正熙の6.23宣言を「国際的な現実に適う韓国の合理的な外交政策を闡明するものとみて、ソ連もこれを支持する」と評価した。そして、「今後、ソ連と韓国が多くの部分において近い関係を持つようになることを希望」するのであった。さらにピシュギンは、国連代表部を通じた接触によって外交関係を含む公式関係の改善を図っていくことが必要だと思われると述べて、韓ソ関係接触の具体的なチャンネルについても言及したのである[78]。

以上のようなソ連側の見解は、ピシュギン個人の口から発されたものであるが、ここに示された北朝鮮や朝中関係に対する認識、および対韓関係改善の意欲をすべてピシュギン個人に還元することはできないだろう。アン・ヨンチョルという在伊韓国大使館職員との接触については、ピシュギ

  1972.12.11　題目：北韓のソ・中共関係」、フィルム番号Ｄ－0012ファイル番号5『北韓의 対中国（旧中共）・蘇聯関係 1972』、フレーム番号62－63、韓国外交史料館文書。
(77)　6月26日、ブレジネフは権熙京（クォン ヒ ギョン）駐ソ大使の訪問席上で、金日成が新たに提示した祖国の自主的平和統一方針に全面的な支持を表明した。『朝鮮時報』1973年6月30日。
(78)　駐伊大使発外務部長官宛、フィルム番号Ｈ－0021ファイル番号8『ＵＮ総会、第28回、New York, 1973. 9.18－12.18, 全23巻（V.5 基本対策Ｖ：1973. 9）』、フレーム番号17－21、韓国外交史料館文書。

ンから駐伊ソ連大使に報告されており、大使も関心を示していたのである[79]。したがって、ピシュギンの発言は、在伊ソ連大使館の見解に準じているといってよいだろう。ソ連は北朝鮮を「中国の盲従者」と位置付けており、韓国との関係改善を考慮していたのである。しかしながらソ連の対韓接近姿勢は、北朝鮮だけではなく、その背後にある中国の姿を意識してのものであった。

このような韓ソ接近の動きに北朝鮮はどのように応じたのだろうか。この点については、韓国側の文書から北朝鮮が韓ソ接近の阻止に努めていたことを確認できる。例えば、韓国外務部が在印ソ連大使館の情報任務担当者であると想定していたティトフ（Sergei Titov）からの情報提供によれば、北朝鮮はソ連・東欧諸国と韓国との関係改善を阻止するための活動を強化しており、ソ連に対して「北朝鮮が韓国と対話している間は、この対話に支障を与えないよう、南当局との全ての接触を禁止してほしい」と要請していた[80]。

また、金日成の対ソ認識も厳しいものであった。例えば、1973年11月に行われた朝鮮総聯の代表団との会見で、金日成は、第4次中東戦争にふれながら、「ソ連はアラブの国々に武器を与え、代金を受け取ったといいます。ソ連の人たちは国際主義原則をすべて捨て去りました。いまソ連では人民に対する教育事業をせず、人間も社会も腐っていっています」と辛らつに批判している[81]。

さらに北朝鮮政府は、ブレジネフが提唱したアジア集団安全保障構想にも批判的であった。1973年8月9日、在モスクワ北朝鮮大使館のホ・ソプ1等書記官とキム・チャングク2等書記官は、オーストラリア大使館のポーイス（J. G. Powys）2等書記官との会話で、ソ連のアジア集団安全保障提案について、北朝鮮は現時点ではさほど関心を払っていないと述べ

---

(79) 同文書、フレーム番号22。
(80) 駐ニューデリー総領事発外務部長官宛、1973年7月17日、フィルム番号C-0062ファイル番号2『韓・蘇聯 関係改善을 위한 外交官接触, 1973』、フレーム番号84、韓国外交史料館文書。
(81) 金日成「総連の対外活動における原則的立場を固守し、総連教員を革命化することについて——在日本朝鮮人教職員同盟代表団との談話（총련의 대외활동에서 원칙적립장을 고수하며 총련교원들을 혁명화할데 대하여 ― 재일본조선인교직원동맹대표단과 한 담화）」1973年11月9日『金日成全集』第53巻、平壌：朝鮮労働党出版社、2004年、221頁。

た[82]。金日成も、「『アジア集団安全保障体系』というものは内容のない戯言」であるとして、アジアの安全を保障するのであれば当然、「わが国と中国、ベトナム、ラオス」のような国との議論なしにアジア集団安全保障問題を解決できないとしている[83]。

一方、韓国ではソ連のアジア集団安全保障構想が評価されており、韓国が「アジア集団安保構想」を最初に支持する国家になるであろうとまで評された[84]。倉田秀也は、72年にドイツ基本条約が締結されたことによりドイツ問題が現状固定という形で解決をみたことが、朝鮮問題に対するソ連の外交姿勢に何らかの示唆を与えたとしても不思議はないとして、「朝鮮問題の解決方法において少なくともこの時点では、ソ連は北朝鮮とよりも韓国と共有するところが大きかった」と指摘している[85]。実際に、ソ連の外交官であるピシュギンは、韓国の6.23宣言支持を表明していたのである。

南北対話は、北朝鮮をして米国への接触を可能にしたが、同時に韓国にもソ連への接近を許したのであった。

第3節　第28回国連総会

米国との接触に成功し、南との対話を中断した北朝鮮政府は、国連軍司令部解体による在韓米軍の撤退と国連韓国統一復興委員団の解体とを目指して、国連総会に臨んだ。1972年までの国連総会で朝鮮問題討議が延期され続けたという経験をふまえて、北朝鮮政府は1973年秋に開かれる第28回国連総会での朝鮮問題討議に向けて、外交的努力をおしまずにいた。北朝鮮政府は第28回国連総会に向けて北朝鮮支持国を増やす努力をしており、同時に世界保健機構（WHO）に加盟することによって、国連総会への足場を築いてゆく。

---

(82) Powys to the Secretary, 13 August 1973, A1838 (A1838/329), 3123/3 Part 25, UNCURK-General, NAA.

(83) 金日成「総連の対外活動における原則的立場を固守し、総連教員を革命化することについて――在日本朝鮮人教職員同盟代表団との談話」1973年11月9日『金日成全集』第53巻、平壌：朝鮮労働党出版社、2004年、219－220頁。

(84) 倉田秀也「韓国『北方外交』の萌芽：朴正煕『平和統一外交宣言』の諸相」、『国際政治』第92号、1989年、89頁。

(85) 同上。

第3節　第28回国連総会

1　外交関係の拡大と国際機構加盟

外交関係の拡大　北朝鮮の外交攻勢は1973年にも続いた。北朝鮮政府は、南北対話に対する支持を得ながら、それまで国交のなかった国々との外交関係設定に積極的であった。特に韓国との国交を持つ国々に対する接近が積極的になった[86]。72年中には北朝鮮外交使節団の訪問国数が42カ国であったのが、73年には3月の段階で訪問国が48カ国に達しており、そのうちの20カ国は韓国との外交関係を持つ国であった[87]。

北朝鮮による外交攻勢は、国連総会へ向けて北朝鮮支持国を増やすことを目的のひとつとしていた。実際に多くの国が国連総会でも北朝鮮支持へと姿勢を変えた。1971年に北朝鮮が国交を結んだシェラレオネとマルタ、1972年に入ってから国交を結んだチリが、第3章でも言及した1972年国連総会における北朝鮮支持国による「朝鮮の自主的平和統一を促進するための望ましい条件の醸成」と題する議題案（アルジェリア案）の共同提案国に名を連ねた。また1972年に北朝鮮が国交を結んだ9ヶ国のうち、ザイールが1973年国連総会での北朝鮮側議題案共同提案国に加わった。さらに1970年時点で中立の立場にあったオートボルタは北朝鮮支持の立場に変わった。北朝鮮は、1970年時点で韓国側議題案共同提案国に名を連ねていたルワンダとは72年4月に、トーゴとは73年1月に国交を結んだ。ルワンダは韓国側議題案共同提案国から脱し、トーゴは73年北朝鮮側議題案共同提案国に加わった[88]。

WHO加盟　北朝鮮は韓国と外交関係のある国にも積極的に外交関係

---

[86]　「北韓の親善使節団派遣現況（73.1月－3月）」、フィルム番号D－0013ファイル番号1『北韓의 対外政策，1973』、フレーム番号42、韓国外交史料館文書。
[87]　同上。なお、北朝鮮は1972年に、カメルーン、ルワンダ、チリ、ウガンダ、セネガル、オートボルタ、パキスタン、マダガスカル、ザイールと国交正常化をはたした。同文書、フレーム番号40。73年には、マレーシア、インド、バングラデシュ、アフガニスタン、スウェーデン、デンマーク、アイスランド、フィンランド、ノルウェー、ダホメ、トーゴ、ガンビア、モーリシャス、リビア、イランとの国交正常化をはたした。「1973年度北韓の対外動向」、フィルム番号D－0013ファイル番号1『北韓의 対外政策，1973』、フレーム番号110、韓国外交史料館文書。ただしチリとはピノチェトによるクーデターを受けて、73年9月に断交している。
[88]　石橋克巳「南北対話と北朝鮮外交政策——国連中心の積極外交と米中接近の影響を中心に」東京大学大学院総合文化研究科修士学位論文、2001年、56－57頁。

の設定を進めていくとともに、国際機構への加盟にも意欲をみせていた。すでに韓国外務部では1972年末の段階で、73年中に北朝鮮が国連専門機構であるＷＨＯに加盟申請すると予想していた[89]。その予想は的中し、北朝鮮はＷＨＯへの加盟を申請したのである。

　1973年3月7日、北朝鮮のＷＨＯ加盟申請がＷＨＯ事務総長によって受理され、5月7日に開幕した第26回ＷＨＯ総会における5月8日の本会議で北朝鮮の加盟申請が議題として採択された。これに対して韓国側は、5月10日に北朝鮮加入申請審議延期案をＷＨＯ事務局に提出したように、北朝鮮によるＷＨＯ加入の阻止を試みていた[90]。韓国は北朝鮮の加盟申請の討議を1年延期するべく外交的努力を注いだのである[91]。その努力の成果として、例えば、日本が北朝鮮加入申請審議延期案の共同提案国になった。4月27日に外務省の影井梅夫国連局長は在日韓国大使館の姜永奎公使に共同提案国となることを伝え、韓国側の要請どおりに積極的に側面支援することを伝えた[92]。このように韓国は北朝鮮のＷＨＯ加盟阻止への外交努力を払っていたのであるが、73年5月17日に北朝鮮はＷＨＯへの加盟を果たすことになった[93]。

(89)　その理由として、①13ある機構のなかで、加入に在席過半数だけが必要な唯一の機構（他は2／3以上必要）、②総会の時期が、73年5月と最も早い（他は9，10月）、③事務総長の職権で加盟申請国をオブザーバーとして招請可能であることの3点を挙げていた。「北韓の国際機構進出阻止対策」、1972年12月1日、フィルム番号Ｈ-0021ファイル番号1『北韓의 国際機構加入에 対한 対策』、フレーム番号43-44、韓国外交史料館文書。

(90)　外務部長官発国務総理宛、1973年5月14日、フィルム番号Ｉ-0045ファイル番号6『ＷＨＯ（世界保健機構）総会、第26回、Geneva（스위스）1973．5．7-26．全6巻（V.1 基本文書）』、フレーム番号276-278、韓国外交史料館文書。

(91)　その主な方法は次のようなものだった。①米、英、独、日等の友邦国との戦略会議、②駐韓外交使節団を通じた支持交渉、③すべての関係公館を通じた支持交渉、④各種使節団を通じた交渉、⑤討議延期案に対する共同提案国多数確保、⑥開催地であるジュネーブ所在代表部での事前活動強化、⑦代表団強化および早期派遣。外務部長官発大統領宛、1973年4月3日、同ファイル、フレーム番号33-34。

(92)　駐日大使発外務部長官宛、1973年4月27日、フィルム番号Ｉ-0045ファイル番号8『ＷＨＯ（世界保健機構）総会、第26回、Geneva（스위스）1973．5．7-26．全6巻（V.3 北韓加入阻止交渉Ⅱ：J－S）』、フレーム番号38、韓国外交史料館文書。

(93)　賛成66、反対41、棄権22の票数により北朝鮮のＷＨＯ加盟が認められた。『朝鮮時報』1973年5月19日。北朝鮮がＷＨＯ加盟を果たすことができたのは、73

北朝鮮の国連および国連専門機関に対する立場については、韓国側の分析がそれを理解する助けになるだろう。韓国側の認識によれば、北朝鮮は国連の活動に参加することと、国連に加盟することを別個のものとして厳格に区別していた。そして北朝鮮は、国連同時加盟は朝鮮の永久分断を招来するという論理を展開していた。したがって、韓国側が何らかの対策を講じないことには、北朝鮮はＷＨＯなどの国連専門機関に韓国と同時加盟することで国連本部に代表部を設置し、「事実上の同時加盟」の状況に置かれながらも単一国号による国連加盟を主張する「策略一辺倒の心理戦での攻勢を展開する」と分析されていた[94]。つまり韓国側では、北朝鮮は南北朝鮮の国連加盟には反対するが、国連の場で北朝鮮自らの主張を国際世論に訴えることを予想していたといえる。このような分析は当を得たものであった。北朝鮮は、ＷＨＯ加盟を果たすことによって、国連に拠点を築くことが可能になったからである。

　北朝鮮政府はＷＨＯに加盟することで、国連でのオブザーバー代表部設置が認められた。1971年、72年と二度にわたって国連総会での朝鮮問題討議を延期された経験をもつ北朝鮮としては、国連の場への参加を求めていたのである。そのような希望を金日成自らが語っていた。1972年10月におこなわれた安江良介『世界』編集長とのインタビューで、「南朝鮮の代表は国連に行って自由に活動できますが、われわれの代表はそこへ行って活動することができずにいます」と述べていた。北朝鮮にとって国連は、国際的影響力を増大させる場であった[95]。

　このように北朝鮮は、新たに多くの国々との外交関係を設定し、ＷＨＯに加盟することによって、1973年第28回国連総会への足場を築いた。あとは国連総会において「国連の旗の下」の在韓米軍と国連韓国統一復興委員団の解体が決議されるだけであった。しかし第28回国連総会における北朝鮮の目標の達成は、米中交渉の展開に左右されようとしていたのである。

　　　年の前半までに多くの国と外交関係を設定したことが大きいといえるだろう。
　　　また、ＷＨＯは健康保健問題を取り扱う組織であり、人道主義の見地からも排
　　　他的な決定は難しいとの判断が北朝鮮側にあったのかもしれない。
(94)　「金日成の『単一ＵＮ加入』主張と複数代表権に関する事例比較」、1973年7
　　　月、フィルム番号Ｈ-0021ファイル番号2「韓国의ＵＮ加入問題、1972-
　　　1973」、フレーム番号47-48、韓国外交史料館文書。
(95)　「金日成首相会見記」『世界』1972年12月号、80頁。

2　在韓米軍撤退をめぐる米中関係

南の目標　1973年9月23日に開かれた第28回国連総会一般委員会において、前年から持ち越されていた朝鮮問題討議の実施が決められた。前年に延期が決められた「国連韓国統一復興委員団報告書」と、「朝鮮の自主的平和統一を促進するための望ましい条件の醸成」の二つの議題が採択されたのである。北朝鮮としては、1971年、72年と2年続けて延期された朝鮮問題討議を国連の場に持ち込んだことになる。

　韓国支持側決議案である「国連韓国統一復興委員団報告書」は、国連総会が南北対話を歓迎し、国連韓国統一復興委員団の解体を決定するとともに、南北朝鮮の国連加盟と国連安全保障理事会での朝鮮問題討議を要望するという内容であった[96]。一方、北朝鮮支持側決議案の「朝鮮の自主的平和統一を促進するための望ましい条件の醸成」は、国連総会が南北共同声明の3大原則と南北調節委員会が組織された事実に留意し、南北間の軍事的対立が除去され平和協定が締結されることを希望するとしたうえで、国連韓国統一復興委員団解体を決定し、南朝鮮駐留外国軍による国連旗使用権を破棄するとともに国連軍司令部の解体と南朝鮮からの全ての外国軍隊の撤退を求めるという内容であった[97]。

　韓国側の第28回国連総会における目標は、国連南北同時加盟案の採択と韓国からの外国軍撤収案の否決であった。金溶植韓国外務部長官は、第28回国連総会での問題は、「南北韓同時加入を提案する決議案を採択させることと共産側の外国軍撤収案を否決させること」だとロジャーズに語っている[98]。金溶植は、国連への南北同時加盟について、米国が中国に北朝鮮への影響力を行使するよう求めることを期待した。中国は南北同時加盟に反対する北朝鮮の立場を支持していたのであるが、金溶植は、北朝鮮に対する中国の影響力が最も大きいと認識していたため、「北京をまず説得することが賢明である」と考えたのである[99]。そしてロジャーズに、「こ

---

(96)　A/9146, *The Question of Korea at The 28th Session of The U.N. General Assembly*, Volume 1, Ministry of Foreign Affairs, Republic of Korea, 1973, pp.137-138.
(97)　A/9145, *Ibid.,* pp.141-145.
(98)　外務部長官発大統領宛、1973年7月18日、フィルム番号C-0068ファイル番号6『Rogers, William P. 米国国務長官訪韓, 1973. 7. 18-20』、フレーム番号68、韓国外交史料館文書。
(99)　同文書、フレーム番号67。

の地域の安全と平和のために米国が中共に、北韓の南北韓同時加入反対の態度を変更するよう説得してくれることを要請するのが良い」と述べるのであった(100)。

　韓米両国は朝鮮での停戦協定の維持を追求していた。そのためには、国連軍という名分は便利なものであった。金溶植は、在韓国連軍撤退問題において重要なのは米軍の存続であり、米軍が現在の水準を維持することも承知しているが、国連軍という象徴的な名分が両国ともに便利なことも事実だと述べた。ロジャーズもこの点には同意している(101)。

　韓米両国にとっての国連軍司令部の有用性は次のような点にあった。米国としては、韓国軍の作戦指揮権を米軍が有することを受け入れられる手段であった(102)。韓国軍の作戦指揮権を保持することにより、米国としては停戦協定の下に韓国軍を統制し得たのである。一方の韓国側にも、朝鮮が戦争状態に突入する場合に、米国を巻き込むことになるという安全保障上の利点があった(103)。金溶植は、1973年8月8日と9日に開かれた韓国、米国、日本、イギリス、オーストラリアの当局者による「第28次国連総会韓国問題討議対備友邦戦略会議第一次会議」において、停戦協定の存続が、「韓国の平和と安全維持に絶対不可欠の要素」であると述べている。韓米両国は停戦協定の維持を望んでいたのである(104)。

　しかし韓米側は、国連韓国統一復興委員団の解体は受け入れることになった。国連韓国統一復興委員団の解体については、8月30日に「国連韓国統一復興委員団報告書」が国連総会に提出されていたが、報告書では国連韓国統一復興委員団自らの解体を勧告していた(105)。韓米側は、国連韓

---

(100)　同文書、フレーム番号75。
(101)　同文書、フレーム番号66。
(102)　朝鮮戦争勃発後の1950年7月に韓国軍の指揮権は国連軍司令官、すなわち米軍司令官に委譲されていた。
(103)　Annex C, Analysis of the United Nations Command and the United Nations Commission for the Unification and Rehabilitation of Korea Memorandum For Mr. Henry A. Kissinger The White House, NSSM 154-United States Policy Concerning the Korean Peninsula, 4/3/1973, Item Number：PR01071, DNSA.
(104)　駐国連大使発外務部長官宛、1973年8月10日、フィルム番号H‐0021ファイル番号7『UN総会、第28回、New York, 1973. 9. 18‐12. 18, 全23巻（V. 4 基本対策Ⅳ：1973. 8）』、フレーム番号146、韓国外交史料館文書。
(105)　GAOR, Twenty-Eighth Session, Supplement No. 27（A/9027）, in The Question of Korea at The 28th Session of The U.N. General Assembly, Volume 3, Ministry

国統一復興委員団が、「事実上、重要な役割を果たせなくなっている」ため、その解体を決めたのであった[106]。国連韓国統一復興委員団加盟国のうち1970年にはチリが、1972年にはパキスタンが脱退したように、国連韓国統一復興委員団は韓米両国にとって、さほど重要ではない存在となっていたのである[107]。

北の目標　一方、北朝鮮政府は延期され続けていた朝鮮問題の議題が一般委員会で採択されたことを受けて、9月26日に「朝鮮の自主的平和統一のために」という政府備忘録を発表した。第28回国連総会の議題に朝鮮問題が上程されたことと関連して、「平和統一を成就するための自らの公明正大な立場と方針をあらためて世界に明らかにすることが必要」なためであった[108]。北朝鮮政府は備忘録において、「朝鮮の統一が遅れ、対話がまっとうに進捗していない根源が外国軍の南朝鮮強占と、朝鮮の内政に対する外国の干渉が持続しているところにある」ため、「朝鮮の自主的平和統一を成就させるのであれば、南朝鮮から『国連軍』の看板を持った外国軍が立ち退くべきであり、『国連韓国統一復興委員団』は解体されなければならず、朝鮮の内政に対する全ての外部勢力の干渉が終息するべきであり、朝鮮問題は朝鮮人民自身の手に委ねられるべきである」と訴えたのである[109]。

そして韓米側が提案していた国連南北同時加盟案を、「二つの朝鮮による国連同時加入案」だとして、これに反対した。国連南北同時加盟に関して北朝鮮政府は、「朝鮮が国連に加盟することは当然のことであると捉えているが、国の分裂を防ぎ、統一を成就することに対する全ての民族の意思により、国が統一される前に国連に加盟してはならず、統一、もしくは南北連邦制でも実現された後に、一つの朝鮮として国連に入るべきであ

　　　 of Foreign Affairs, Republic of Korea, 1973, pp.639-673.
(106)　『韓国外交50年』ソウル：外交通商部、1999年、214頁。
(107)　「ＵＮＣＵＲＫ関係参考資料」、1973年8月30日、フィルム番号Ｈ－0024ファイル番号11『ＵＮＣＵＲＫ（国際連合韓国統一復興委員会）全体会議 및 ＵＮＣＵＲＫ解体、1971－74、第2巻（Ｖ.１ 1973全体会議）』、フレーム番号355、韓国外交史料館文書。
(108)　「朝鮮民主主義人民共和国政府備忘録：朝鮮の自主的平和統一のために」1973年9月26日、『朝鮮中央年鑑』1974年、642頁。
(109)　同文書、654頁。

第3節　第28回国連総会

る」と主張したのである[110]。

表決の回避　1973年10月1日、韓国と北朝鮮のオブザーバー資格による国連総会無条件参加が、政治および安全保障問題を取り扱う国連総会第一委員会で決定された[111]。これに対して北朝鮮政府は3日、代表を国連に派遣することを表明した。初めて、南北朝鮮が国連の場で同時に討議に参加することになった。

11月14日から開かれた第一委員会では、北朝鮮支持側と韓国支持側の双方が提出した決議案をもとに討議が行われた。北朝鮮からはリ・ジョンモク外交部副部長が演説を行った。リ・ジョンモクは、国連韓国統一復興委員団解体と韓国駐留外国軍の撤退を主張するとともに、南北朝鮮の国連同時加盟に反対した。また南北対話における南側の無反応と、金大中拉致事件を非難した[112]。一方、韓国側の金溶植外務部長官は、南北対話が北朝鮮によって一方的に打ち切られていると述べ、平和維持のための国連軍の必要性と南北朝鮮の国連同時加盟を主張した[113]。

このように南北双方が国連での討議に加わったのであるが、朝鮮問題に関する表決は回避されることになる。11月21日、国連総会第一委員会での朝鮮問題討議は投票に付されることのない議長のコンセンサス形式によって総会に勧告することで合意に達した[114]。韓国を支持するオランダと北朝鮮を支持するアルジェリアの国連大使が接触を続け、11月20日に双方は決議案の表決を総会では行わないこと、1972年7月4日の南北共同声明に沿って双方が対話を継続すること、国連韓国統一復興委員団を解体することの三点について、基本的な合意に達したのであった[115]。この第一委員

---

(110)　同文書、652頁。
(111)　『朝日新聞』1973年10月2日夕刊。
(112)　『朝日新聞』1973年11月15日夕刊。
(113)　『朝日新聞』1973年11月16日夕刊。
(114)　石橋克巳、前掲論文、58頁。
(115)　『朝日新聞』1973年11月21日夕刊。この合意に関して『朝日新聞』では、「かつて中国が長い間、大国として、あくまでスジを貫き通し、国連を揺るがす大激突を経て登場してきたのに比べると、南北朝鮮の今回の妥協の歩みには、やはり『小国の悲哀』といったものを感ぜざるを得ない―と多くの国連外交官は口をそろえる。全会一致の妥協成立を歓迎しながらも『押しつけられた平和共存』になんとなくふっきれない思いをもつ国がすくなくないのではないか」と

会の勧告が、1973年11月28日の国連総会において討議を経て決議されたのである。

なぜ国連総会において朝鮮問題討議が表決に付されることなく、コンセンサス形式による合意という結果に落着したのだろうか。実は、朝鮮問題に関するコンセンサス形式による合意は、米国と中国の間における妥協の産物であった。

米中妥協の経緯　第3章でも言及したように、国連での朝鮮問題討議は、米中間で議論されていた事柄であった。1972年には米側の討議延期の方針に譲歩した中国であったが、1973年に入ると米側との間で朝鮮問題に関する意見調整を図り始めた。73年2月のキッシンジャー訪中時、周恩来は、「あなたは一昨年と昨年に、今年には国連韓国統一復興委員団を解体できるだろうと言いましたが、どう予想されますか」とキッシンジャーに尋ねた。キッシンジャーは、国連韓国統一復興委員団は73年後半には解体できるとの見解を示し、周恩来はそのように米側が約束できるのなら、この問題が深刻なものにならないよう最善を尽くすと応じた。そして周は、韓国からの米軍撤退が徐々に行われること、韓国への日本の軍事的進出は容認できないことを北朝鮮側に説明しており、これらの点は、北朝鮮側が理解しなければならないことだと述べた[116]。周恩来は、中国は段階的な朝鮮での事態進展に備えていると明らかにしたのである[117]。

この後、米中間の折衝は主にニューヨークやワシントンで行われた。キッシンジャーは、4月の黄華国連中国大使との会談で、国連韓国統一復

　　　評されていた。
(116) Memorandum of Conversation, 2/18/1973, *Foreign Relations of the United States,* 1969-1973, Vol. XVIII , China, 1973-1976 [*FRUS,* China, 1973-1976], pp.169-170. 一方のキッシンジャーは、米軍の撤収については1974年のうちに、その方向に動く考えであることを明かした。キッシンジャーによれば、周恩来は会談終了近くまで朝鮮については触れず、段階的な米軍撤退について形式的に言及しただけであった。Memorandum From the President's Assistant for National Security Affairs (Kissinger) to President Nixon, 2/27/1973, *FRUS,* China, 1973-1976, p.206.
(117) Memorandum From the President's Assistant for National Security Affairs (Kissinger) to President Nixon, 3/2/1973, *FRUS,* China, 1973-1976, p.219. 周恩来は、米軍の段階的撤退と統一に忍耐強く対応するよう平壌に話してきており、このことを北朝鮮は理解し始めていると説明した。

第3節　第28回国連総会

興委員団を解体する代わりに、73年国連総会での朝鮮問題討議が延期されることを希望すると伝えた[118]。しかし翌5月には、国連での朝鮮問題討議に反対しないという立場に変化し[119]、6月になると米側はより具体的な案を中国側に提示することになる。

6月19日、キッシンジャーは、在米中国連絡事務所の黄鎮所長に、朝鮮の状況に関する米側案を手渡した。そこでは、米国は73年の第28回国連総会での朝鮮問題討議を妨げず、北朝鮮の参加にも反対することなく、国連韓国統一復興委員団の解体を進める方針であることが明らかにされた。また、第28回国連総会の後に、米国は国連軍司令部の問題を解決する方法についても議論する準備があり、中国側が韓国との接触の準備ができているのなら米国も北朝鮮との接触の用意があるとされたのであった[120]。キッシンジャーはこの日、73年国連総会の期間に国連韓国統一復興委員団を、そして74年国連総会までに国連軍司令部を解体する準備があると述べたのである[121]。

国連総会の季節を迎えると、国連での朝鮮問題討議に関する米中の見解は、米側案に収斂されていく。9月26日の黄華とキッシンジャーとの会談においては、米中間に見解の差異があるようであった。黄華は、アルジェリア案が合理的なものであると述べるとともに、国連軍司令部の存在が南北朝鮮関係の発展を阻害しているとも主張した。一方のキッシンジャーは、国連韓国統一復興委員団の解体には同意したが、国連軍司令部の解体は困難であることを伝えた。朝鮮停戦協定が国連軍司令部の存在に依拠しているからであり、国連軍司令部を73年中に終結させる必要はないと述べたのである[122]。

しかし10月3日にニューヨークで行われたキッシンジャーと喬冠華中国外交部副部長との会談からは、米中間において、国連での朝鮮問題に関し

---

(118) Memorandum of Conversation, 4/16/1973, Winston Lord Files, Box 328, NA.
(119) Memorandum of Conversation, 5/27/1973, Winston Lord Files, Box 328, NA. このような米国側の変化の理由として、それまで国連での朝鮮問題討議延期を希望していた韓国側の政策が変化した点を指摘できる。6.23宣言という形で明らかにされる韓国の新外交政策については韓米間で協議されていた。
(120) Tab D, Memorandum of Conversation, 6/19/1973, Winston Lord Files, Box 328, NA.
(121) Memorandum of Conversation, 6/19/1973, Winston Lord Files, Box 328, NA.
(122) Memorandum of Conversation, 9/26/1973, Winston Lord Files, Box 374, NA.

ての妥協が成立しつつあったことが明らかになる。キッシンジャーは、米側が国連韓国統一復興委員団の解体に同意したことと、中国側が反対している南北朝鮮の国連加盟問題を米側が国連総会で推し進めなかったことによって、米中間の妥協が可能であることを示唆した。これに対する喬冠華による確たる返答はなかったが、両者は、米中両国の国連大使が国連での朝鮮問題決議に関してその後も接触を続けるべきであることに同意した[123]。

　この後、11月に入ると米中の間に妥協が成立した。11月7日、黄華はニューヨークで、朝鮮問題を巡る対決を回避するための方法として、双方の決議案を投票に付さずに、コンセンサスの内容を議長が発表するといった内容の案を米国側に示した。この案を土台とした米中間の交渉を経て、11月9日から10日にかけて妥協が成立したのである[124]。北京では周恩来が11月11日に行われたキッシンジャーとの会談で、米中間に成立している妥協案の国連第一委員会と総会議長への提出の延期を提案した[125]。そしてこの米中妥協が成立する過程では、当然ながら北朝鮮と中国の間でも協議があった。1973年10月20日から21日にかけて、金日成は中国を訪問し、国際情勢およびアジア、朝鮮半島情勢について意見を交換していた[126]。おそらくこの機会に、国連総会における国連軍司令部解体についての意見調整も試みられたのであろう。中国側の資料においてもこの米中妥協と朝

(123) Memorandum of Conversation, 10/3/1973, Winston Lord Files, Box 328, NA. この会談でキッシンジャーは喬冠華の国連総会での演説に触れて、「あなた方の立場は原則では非常に強固であると存じているが、実際には幾分柔軟でありましょう」と述べたが、これに対して喬冠華はキッシンジャーが中国の方法を理解していると応じていた。

(124) 「韓国問題に関する幕後交渉日誌（第28回総会：1973年）」1973年12月、ＵＮ代表部、フィルム番号Ｈ－0022　ファイル番号5『ＵＮ総会、第28回、New York, 1973.9.18-12.18, 全23巻（V.13 結果報告・幕後交渉日誌 및 各国反応・言論報道）』フレーム番号33－35、韓国外交史料館文書。

(125) Memorandum of Conversation, 11/11/1973, Winston Lord Files, Box 372, NA. 延期理由として、北朝鮮が妥協案について、支援国を説得する時間が必要であることが挙げられた。さらに周恩来としては、キッシンジャーが訪中している間に第一委員会で朝鮮問題が議論されると、ソ連グループが騒動を引き起こす可能性があるとの憂慮があった。

(126) 中共中央文献研究室編、『周恩来年譜（下）』北京：中央文献出版社、1997年、629頁。

中協議に関する次のような記述がある。米国は和解の精神に基づいて自らの南北朝鮮同時加盟案を破棄することを中国側に提案し、中国側にも和解の精神を示すよう求めた。これに対して中国側は、北朝鮮との合意の上でコンセンサス形式での決議を米国側に提案した。そして米中間での協議を経て、コンセンサスが作成されたとされている(127)。北朝鮮としては、中国側による「漸進的な在韓米軍撤退受け入れ」の説得を受け入ざるをえなかったのだろう。

　これまで述べてきたような米中間の調整により、国連における朝鮮問題討議も11月20日に合意に至ったのである。国連韓国統一復興委員団の解体は決定されたが、国連軍司令部解体による在韓米軍撤退についての討議は先送りとなった。キッシンジャーは朝鮮問題に関しては、ニューヨークで中国が米国に満足のいく妥協をしたと表現している(128)。

　さて、中国が米国との対立を回避し、米側の段階的提案を受け入れるのにはどのような事情があったのだろうか。米国側の認識が、この点を理解する一つの手助けになると考えられる。米国政府の認識では、1973年の米中関係はきわめて良好であった。キッシンジャーは73年2月の訪中後に大統領に宛てて書いた秘密メモで、「イギリスを除けば、中華人民共和国は世界で最もわが国に近い存在」であると記していた(129)。ロジャーズは、73年7月に訪韓した際、中国とソ連は米国と良好な関係を維持しており、今後もその状態を維持することを望んでいるため、朝鮮問題をめぐって米国との関係を犠牲にするとは思えないと述べていた(130)。

　米国との良好な関係の維持を望む中国の国連での朝鮮問題討議に対する

---

(127) 王泰平主編、前掲書、42-43頁。この中国側の行為に対して、キッシンジャーは、1974年4月に米国を訪れた鄧小平副首相との会談の際、「昨年の国連軍司令部に関しての」中国側の行動と方法に謝意を表した。Memorandum of Conversation, Secretary's Dinner for Vice Premier of the People's Republic of China, 4/14/1974, Winston Lord Files, Box 331, NA.

(128) From Henry A. Kissinger to the President, 11/19/1973, Winston Lord Files, Box 330, NA.

(129) Mann, James, *About Face : A History of America's Curious Relationship with China, from Nixon to Clinton*, New York : Alfred A. Knopf, 1999, p.60.

(130) 「面談要録」、1973年7月18日、フィルム番号H-0021ファイル番号5『UN総会、第28回、New York, 1973.9.18-12.18, 全23巻（V.1 基本対策Ⅱ：1973.3-6）』、フレーム番号141、韓国外交史料館文書。

姿勢は、米国や英国だけではなくソ連の外交当局者にも、中国が積極的に北朝鮮を支持するものとは映っていなかった。例えば米国の場合、国務省のラナード朝鮮課長は、中国の態度について、「在韓国連軍問題についてはそれほど強く追求しないとみている」と述べた。さらにラナードは、中国が上海共同声明で北朝鮮の立場を支持する姿勢をみせたが、朝鮮問題において中国はそれほど積極的ではないという認識を韓国側に示している[131]。ピーターセン（Chrles Jeffery Petersen）駐韓英国大使から尹錫憲韓国外務次官にもたらされた情報によると、アディス（John Addis）駐中英国大使は喬冠華との対話から、中国がこの度の国連総会で朝鮮問題を控えめに取り扱うとの印象を受けたという[132]。マリク国連ソ連大使と7月30日の安保理理事国の午餐時に接触したマッキンタイヤ（Laurence McIntyre）国連オーストラリア大使は、朝鮮問題に関するソ連側の態度を聞きだした。その場でマリクは、ソ連の態度として国連韓国統一復興委員団の解体とすべての外国軍の撤退を主張したが、「中国は米軍残留にあえて反対の姿勢を表示しないだろう」という見解を示したのである[133]。

　中国が米国との対立を回避した態度には、中ソ対立が影響を及ぼしていた。中国としては、ソ連の兵力が欧州にくぎ付けになっていることが望ま

---

(131) 「米国務省Ranard韓国課長との面談要録　第2回面談」、1973年1月29日、フィルム番号H-0021ファイル番号4『ＵＮ総会、第28回、New York、1973.9.18-12.18、全23巻（V.1 基本対策Ⅰ：1972.10-73.2）』、フレーム番号210-211、韓国外交史料館文書。

(132) 「面談要録」、1973年7月31日、フィルム番号H-0021ファイル番号5『ＵＮ総会、第28回、New York、1973.9.18-12.18、全23巻（V.1 基本対策Ⅱ：1973.3-6）』、フレーム番号206、韓国外交史料館文書。

(133) 「韓国問題に関する中共および蘇聯の態度」、フィルム番号H-0021ファイル番号5『ＵＮ総会、第28回、New York、1973.9.18-12.18、全23巻（V.4 基本対策Ⅳ：1973.8）』、フレーム番号136-139、韓国外交史料館文書。マリクは朝鮮問題に関して北朝鮮が望むものを知らないため、実質的に答えることができないと述べており、マッキンタイヤは、ソ連は朝鮮問題に関して中国よりも等閑視しているという印象を受けていた。また韓国側が得た情報では、1972年にソ連高官がブラジル訪問した際、朝鮮問題が国連議題にのぼっているために仕方なく討議することを求めているのであり、議題にのぼらないのであればソ連としてもその問題に固執しないと述べたという。「米国務省Ranard韓国課長との面談要録　第2回面談」、1973年1月29日、フィルム番号H-0021ファイル番号4『ＵＮ総会、第28回、New York、1973.9.18-12.18、全23巻（V.1 基本対策Ⅰ：1972.10-73.2）』、フレーム番号213、韓国外交史料館文書。

しかった。ロジャーズは尹錫憲外務次官に、周恩来との会談の際、アジアからの外国軍撤退を主張する中国側に対して米側がヨーロッパの米軍駐屯問題を提起すると、周恩来は「あなた方にはあなた方の立場があり、我々には我々の立場がある」と回答したと述べていた[134]。これは、中国はアジアからの外国軍撤退を主張できるが、欧州からの米軍の削減を主張できない状況に直面していたことを意味したといえよう。中国としてはソ連をけん制する必要があったのである。キッシンジャーによれば、周恩来は、「ヨーロッパにおける無分別なデタントによりロシアの西側国境が開放され、『ソ連の汚水を東に押し流す』ことになる」と述べていた。ソ連軍45個師団と対峙している中国としては、ソ連がアメリカおよび西欧との和解に至るのを防ぎ、ソ連が中国を脅かすだけの行動の自由を得られないようにしようと努めていたのである[135]。中国としては、欧州の米軍が削減されることにより、余力を得たソ連の更なる兵力が中国との国境沿いに展開されることは悪夢であった。中国にとっては対ソ戦略上、在韓米軍撤退という要求を声高に米国につきつけることで米国との関係悪化を招くことはできなかったのである。

残された課題　11月21日の国連総会第一委員会の結果を受けて、『労働新聞』社説は、「金日成主席が提示した祖国の自主的平和統一方針の大勝利」と評価した。国連韓国統一復興委員団の解体と国連南北同時加盟案を封じたことが評価されていたのである。国連韓国統一復興委員団解体については、「今回の国連での朝鮮問題討議において成し遂げられた成果の一つは米帝の朝鮮侵略と内政干渉の道具として服務してきた『国連韓国統一復興委員団』を今総会で解体することを決定したことであった。『国連韓国統一復興委員団』が米帝の御用道具として敢行してきた朝鮮に対する内政干渉行為に終止符がうたれ、毎年国連の舞台を汚してきた、人民の民族的自由と権利を冒涜し傷つける『国連韓国統一復興委員団』の醜悪な年例報告も終わることになった」としている。

---

(134)　外務部長官発大統領宛、1973年7月18日、フィルム番号C－0068ファイル番号6『Rogers, William P. 米国国務長官訪韓, 1973. 7. 18-20』、フレーム番号76、韓国外交史料館文書。

(135)　Mann, *op.cit.*, p.62.

国連南北同時加盟案については、「今回の国連総会で二つの朝鮮の国連同時加盟案が封鎖されることにより、二つの朝鮮をつくり、朝鮮の分裂を永久化させようとした米帝とその傀儡の策動は阻止され、二つの朝鮮を作り出すことを政策的方針として打ち出した朴正煕の『特別声明』は雲散霧消した」と位置付けている。これらは、第28回国連総会の結果における北朝鮮にとっての成果であった。

　しかし国連総会の決議によって在韓米軍を撤退させるという目標を実現させることは叶わなかった。11月23日に発表された北朝鮮外交部声明は、第28回国連総会では、「南朝鮮から『国連軍』を撤退させる問題は解決できず、『国連軍』の帽子を被る米軍は、南朝鮮に居残りつづけることになった」として、今後解決されるべき問題として位置付けた[136]。

　第28回国連総会は、金日成が語っていたとおりの結果となった。金日成は9月26日に政府備忘録が発表される直前に、韓国側による国連への南北同時加盟案が国連総会での在韓米軍撤退討議への妨害工作であるとの認識を示していた。金日成は、1973年9月19日におこなわれた岩波書店常務取締役の緑川亨とのインタビューで、南北朝鮮の国連同時加盟案は「国連総会で南朝鮮からのアメリカ軍撤退問題の討議をはばむために持ち出されたものである。これがかれらの追求する基本目的です。かれらはこの案を出すことによって世界人民に『二つの朝鮮』の国連同時加盟問題に興味をもたせ、南朝鮮からのアメリカ軍撤退の問題から耳目をそらせようと策しているのです」と述べていた[137]。第28回国連総会では、南の国連同時加盟案と、北による朝鮮からの外国軍撤退案が相殺されるのであった。

---

(136)　『労働新聞』1973年11月24日。
(137)　「金日成主席会見記」『世界』1973年11月、82頁。

終　章
北朝鮮と東北アジア国際関係

第1節　1970年代前半における北朝鮮の統一外交政策
第2節　継続する停戦協定

　ここまで、1960年代後半に対外・対内的な危機に直面していた北朝鮮が、1970年代に入ってから積極的な統一外交政策を展開していたことについての分析を試みてきた。本章では、これまでの議論を整理しつつ、1970年代初頭における北朝鮮による統一外交政策の特質について述べるとともに、その目標を達成することのできなかった構造的な要因についても言及したい。

第1節　1970年代前半における北朝鮮の統一外交政策

　中国との協調　1971年夏以降、北朝鮮は中国との協調姿勢を維持することを背景に、対外政策を展開していった。北朝鮮指導部は、71年7月にキッシンジャー訪中による米中接近の事実を中国側から伝えられると、8月に入って中国を支持する立場を明らかにした。8月6日、金日成はニクソンの訪中を「中国の勝利」として称えることで、中国の対米接近を側面支援する立場を明らかにしたのである。北朝鮮は中国との協調姿勢を保ちながら、積極外交を展開していく。中国を通じて米国に対する自らの要求を示し、在韓米軍の撤退と国連韓国統一復興委員団の解体を目指していった。このような中国との緊密な関係によって、北朝鮮は米中接近という、一見北朝鮮にとって不利に思われる事態までも外交政策推進の機会として生かすことができたのである。その意味では、北朝鮮の外交政策における中国との協力は、70年代初頭の北朝鮮による外交攻勢の展開における必須条件であった。

　対日関係改善と韓国孤立化　1960年代の東北アジア情勢に危機感を抱いていた北朝鮮は中国との関係を回復し、日本との関係改善も模索してい

た。金日成は1971年9月以降、日本のメディアとのインタビューを通じて、自らの言葉で日朝関係改善を訴えてきた。日韓条約の廃棄を日朝関係正常化の原則としていた北朝鮮の立場は、72年1月に日韓条約の容認、72年9月には南北均等政策要求、そして73年2月には日本の過去を問わないという立場へと変化を遂げた。このような北朝鮮の指導者による日本への関係改善メッセージは、対日政策における原則を取り下げることで日本政府が対朝国交正常化に取り組みやすくなる環境をつくることを目指していた。このような姿勢の変化は、北朝鮮側のアプローチが日朝国交正常化に対する自らの柔軟な立場を日本側に徐々に示してきた過程であったともいえるだろう。北朝鮮による対日関係改善の試みは、抗日武装闘争の経歴を持つ金日成自らが対日「過去問わず」発言を辞さず、金炳植が親韓ロビイストである矢次一夫に接近するという形態として表出したほどであった[1]。

　このように北朝鮮にとって日本との関係改善はきわめて重要な問題であった。何よりも日本との関係改善は韓米日関係に楔を打ち込み、韓国を孤立させることにつながる[2]。北朝鮮指導部は韓国を外交的に孤立させることによる南北対話の推進を試みていたのである[3]。一方、日朝関係が改

---

(1) 金日成の抗日闘争の経験については、例えば和田春樹『金日成と満州抗日戦争』（平凡社、1992年）を参照。
(2) 南北対話は北朝鮮の対日政策とも連動していた。訪朝した日朝議連の久野忠治議員が1972年2月21日に日本記者クラブ主催の講演会で、北朝鮮側の話として、南北赤十字会談とは別途の「南北政府」関係機関において、すでに非公式接触がおこなわれていると述べた。外務省は、この赤十字ルートとは別途の南北朝鮮接触報道に関心を示し、在日韓国大使館側に問い合わせた。これに対して駐日韓国大使は、本国外務部宛てに「日本の言論界は赤十字会談を口実に対北朝鮮交流拡大を主張し、日本政府も世論にかこつけて交流拡大の動きを見せて」いるため、南北接触説を否認する発表をするよう要請していた。駐日大使発外務部長官宛、1972年2月23日、フィルム番号D-0011ファイル番号25『日・朝友好促進議員連盟，1972』、フレーム番号15、韓国外交史料館文書。この件は、いわば北朝鮮による南北秘密接触の事実上のリークだといえる。北朝鮮側が対話をリードするとともに、南北緊張緩和の雰囲気を日朝関係改善に利用する狙いがあったといえよう。朝鮮総聯の金炳植第1副議長が南北赤十字諮問委員に選定されたことも、南北対話の展開を対日関係の進展に反映させようとした事例であった。また、72年9月に朴成哲第2副首相は日本政府に対して南北均等政策を求める発言をしたが、それは南北赤十字会談取材のために訪朝した日本人記者に対して行われたのであった。北朝鮮政府は南北対話の進展状況を対日関係の改善にも利用しようとしていたのである。
(3) 例えば駐東ドイツ北朝鮮大使は東ドイツの党書記との会談で、日米が支持し

善されることは、東北アジアにおける北朝鮮の外交的孤立状況を回避することにもなる。1960年代後半のような東北アジアにおける危機的状況の再来を防ぐためにも日本との関係改善は求められていた。そもそも第2次世界大戦後の東北アジア情勢の展開により、日朝関係の改善は先送りされていたのである。

しかしながら北朝鮮にとって、日本との関係正常化の道は険しかった。日朝間の人的往来や貿易量は増加し、朝鮮総聯幹部を含む在日朝鮮人の北朝鮮往来も原則的に許可されるようになったが、日朝間の政治関係が大きく進展することはなかった[4]。

軍事対峙状況解消のための南北対話　金日成による8月6日演説を契機として、北朝鮮は南側との対話に臨んだ。北朝鮮は南との間で、7.4南北共同声明における「自主、平和、民族大団結」という統一原則と、統一問題解決の協議機関となる南北調節委員会設置に合意した。この南北共同声明発表に至る対話の過程において、北朝鮮指導部は朴正熙政権との協議にも統一問題解決の可能性を見出したのである。

北朝鮮にとって統一問題解決の最優先課題とは、朝鮮での軍事的対峙状況の解消であった[5]。南北対話は、南北間において平和協定を締結し、米

　　　ないのであれば、「朴正熙集団」は北朝鮮の「平和攻勢に跪くであろう。我々の戦術的措置は敵との対話を遂行することで成功的であった」と述べている。さらに韓国政府を北朝鮮との間での交渉に臨む方向に進めるためにも、韓国政府の完全な孤立が必須であると説明した。「1972年7月31日に行われた、東独駐在北韓大使リ・チャンジュと政治局委員でありドイツ社会主義統一党中央委員会書記であるヘルマン・アクセン同志の対談」統一研究院編著『ドイツ地域北韓機密文書集』ソウル：ソニン（통일연구원편저『독일지역 북한기밀문서집』선인）、2006年、249-251頁。

（4）　北朝鮮としても、日本との国交正常化が1970年代初頭の統一外交政策における最優先目標ではなかった。日米との関係の正常化が、北朝鮮指導部によって死活的利益だと認識されていたとするならば、南北関係を国家間関係として規定し、「二つの朝鮮」という現状を固定化する政策をとっていただろう。しかしながら、1974年8月の宇都宮徳馬との会談で金日成は、「ソ連や中国が南を承認したら」北朝鮮を承認するという姿勢である日本政府に対して、「中国が南を承認するという条件の下であるならば」、国交を結ばないと述べている。『毎日新聞』1974年8月23日。

（5）　北朝鮮が南北対話において軍事問題の優先的討議を望んだ背景には、軍事費軽減の必要性という問題もあった。少なくとも南側の李厚洛はそのように認識

軍や国連といった朝鮮での外部勢力の影響力を排除するという政策目標を実現するための手段であった。

　北朝鮮指導部としては、南北間で軍事問題を討議するためにも首脳会談の開催を南側に再三要求した。北側は金日成と朴正熙による南北首脳会談の実現こそが、軍事問題を始めとする諸問題についての南北対話に弾みをつけると認識していたのである。金日成は南北対話を進展させるためにも、青瓦台襲撃未遂事件に関して李厚洛に謝罪の意を表したが、これは換言すれば、過去を謝罪することによって現状を切り開こうとした行為であったともいえよう。

　しかしながら共同声明発表後の南北対話は、北朝鮮側にとって、南側との対話の難しさを認識する過程となった。政治・軍事問題の優先的討議を求める北側に対して、南側は非政治・非軍事的な問題の協議を求めたことで、南北対話は膠着状態に陥るのであった。対話が膠着することで政策目標の実現が困難視されると、北朝鮮側は対米接触を打診し、さらには韓国側の6.23宣言を受けて南北対話の中断を宣言するようになった。すでに1973年3月の南北調節委員会の記者会見の席で朴成哲は、南北間で合意に達してない内容を公開しないという慣例を破って、北側による南北平和協定締結案を公開したが、これは南側の対話姿勢に対する北側の不満の表れであった。

統一外交政策と中国　　1970年代初頭の北朝鮮による積極的な統一外交政策の展開は、米中が接近するとともに日中関係が国交正常化へと向かうなかで、韓国政府の外交的孤立化を図り、朝鮮での軍事的対峙状況の解消

していた。李厚洛がハビブに語ったところよれば、金日成は重い軍事費負担を削減する何らかの方法を探しているとのことであった。Telegram from the US Embassy in Korea to the Secretary of State, 11/22/1972, Political affairs and relations：unification of territories, 韓国国会図書館所蔵米国務省文書、請求記号：ＭＦ007603。韓国側の分析官は、1972年11月2日から4日の間における金日成の発言から、金日成は、①経済発展のために北での軍備削減、②韓国が北を攻撃しないとの保証を得ること、③経済政策については部分的に重工業から消費財生産へと転換するとともに外国から資本と技術を導入すること、を望んでいるとの結論を下している。Telegram from the US Embassy in Korea to the Secretary of State, 11/29/1972, Political affairs and relations：unification of territories, 韓国国会図書館所蔵米国務省文書、請求記号：ＭＦ007604。

を実現することに目標があった。「統一問題解決」という大原則を掲げながらも、朝鮮での軍事的対峙状況からの脱却に向けて多くの力を注いだのである。その目標実現の方法が日朝関係改善であり、南北対話であり、国連での朝鮮問題討議であった。そしてこのような方法を実践するうえで、中国との協調関係が重要な役割を果たしたのである。しかしながら北朝鮮にとっての頼みの綱であった中国が米国との間での妥協を図ることで、1973年国連総会での朝鮮問題討議は、北朝鮮にとっては挫折を味わう結果となった。

　北朝鮮による統一外交政策の展開は、早急な成果を求めるものでもあった。したがって成果を急ぐ場合には金日成が青瓦台襲撃未遂事件を謝罪したり、対日「過去問わず発言」にまで踏み込むなど、柔軟姿勢をアピールした。しかしながら短期間のうちに成果を期待できないとなると、南との対話を中断したり、日本との国交正常化にも関心を示さなくなるのであった。この「性急さ」という側面も、北朝鮮の政策展開に付随する一種の「独自性」として指摘される必要があるだろう。

第2節　継続する停戦協定

現状固定か変更か　それでは、なぜ国連総会での北朝鮮側による国連軍司令部解体と在韓米軍撤退の要求は阻まれることになったのだろうか。そこには東北アジア国際関係における構造的な問題があった。北朝鮮を除く周辺国には、朝鮮での停戦が維持され、韓国に米軍が駐留することに対する不利益はなかったのである。

　米国は朝鮮停戦協定の維持を追求していた。第5章でも言及したが、米国にとって停戦協定の維持は軍事的に有用であった。そこには、①韓国軍の作戦指揮権を米軍が保持でき、韓国による対北武力行使を抑制させることになる、②国連軍司令部は在韓国連軍防衛の行動をとる際、事前協議なく在日米軍基地は使用されるという日米間の密約への論拠となっている、③日本との間での地位協定は、在韓国連軍支援のために在日米軍基地を使用する権利を第3国に与えているが、これも国連軍司令部なしには失効することになる、という理由があった[6]。

---

(6) Annex C, Analysis of the United Nations Command and the United Nations Commission for the Unification and Rehabilitation of Korea, NSSM 154-United States

このような米国にとっての停戦協定に伴う軍事的有用性は、日韓両国政府によっても共有されていたといって良い。韓国の金溶植外務部長官は、1973年8月に開かれた「第28次国連総会韓国問題討議対備友邦戦略会議第一次会議」において、停戦協定の存続が、「韓国の平和と安全維持に絶対不可欠の要素」であると述べていた[7]。

　日本の大平外相は、1973年8月1日、訪米した田中首相とニクソン大統領の日米首脳会談に同席した際、韓国の安定が日本にとって重要だと述べた。そのうえで大平は、「過去に日本は朝鮮に2個師団を置いたが、現在の状況は直接の軍事援助を除外しているため、日本は韓国での2個師団駐留のコストに相当する経済的援助をしたい」と述べた[8]。また米国務省の文書によれば、韓国における国連のプレゼンスは、日本にとって東北アジア安全保障体制における不可欠の要素だとされていた。特に、日本は国連軍司令部の急速な変化の可能性に敏感であり、それは韓国防衛に関して、在日米軍基地使用と直接関係するからであった。日本は、韓国における米軍のプレゼンスを朝鮮半島と東北アジアでの安定的要素だと認識していたとされている[9]。このように韓米日側には、停戦協定の維持および米軍の韓国駐留を変化させる意思がなかったといえよう。

　ソ連もアジア安全保障構想を提唱しており、アジアにおける安定を求めていた。ソ連は、韓国との関係改善を模索するなど、朝鮮に二つの政府が存在する現状の固定化を求めていたのである。

　中国は、米国との間で北朝鮮側に立って代理交渉を行いながらも、在韓米軍の撤退を重要な課題であるとは位置付けていなかった。北朝鮮は、中国との緊密な関係を維持することで外交攻勢を展開したのであるが、中国にとって在韓米軍の撤退問題は、やはり副次的な問題であった。そもそも中国にとっては、米中和解および日中国交正常化によって東北アジアでの

　　　 Policy Concerning the Korean Peninsula, Memorandum for Mr. Henry A. Kissinger The White House, 4/3/1973, Item Number：PR01071, DNSA.
（7）　駐国連大使発外務部長官宛、1973年8月10日、フィルム番号H－0021ファイル番号7『UN総会、第28回、New York, 1973. 9. 18 - 12. 18、全23巻（V.4 基本対策Ⅳ：1973. 8）』、フレーム番号146、韓国外交史料館文書。
（8）　Second Meeting between the President and Prime Minister, 8/1/1973, Item Number：JU01792, DNSA.
（9）　The Korean Peninsula, November 1973, Item Number：JU01822, DNSA.

第2節　継続する停戦協定

軍事的脅威感は減殺されていたのである[10]。1972年と73年における国連での朝鮮問題討議についての米中間の交渉から明らかになるのは、中国が米国側に対して譲歩を重ねてきたという事実である。73年の国連総会では北朝鮮の要求を、米中が共同で抑え込んだ形になるのであった。周恩来は北朝鮮政府に対して在韓米軍撤退については忍耐強い対応を求めていたのであるが、それは北朝鮮ではなく、むしろ米国を利することになった[11]。北朝鮮にとっては、中国という対米「代理交渉者」が、その役割を果たさなかったのである。

一連の中国の譲歩は、朝鮮問題によって米国との関係が悪化することを望まなかったことに起因していた。ソ連の脅威を感じていた中国としては、ソ連に対抗するためにも、米国と対立することはできなかった。米ソ間の緊張緩和が進むことによって、欧州に配置されているソ連軍が中ソ国境沿いに展開されることは中国の悪夢であった。このように、中国の対米譲歩姿勢には中ソ対立という要因が影響を与えていたのである。

以上で指摘してきたように、韓国、米国、日本、中国、ソ連の5カ国には、朝鮮での軍事的対峙状況が停戦協定によって維持されている現状に不利益はなかった[12]。韓米日側は、停戦協定が維持されることで地域にお

---

(10) 米国側の認識によれば、東北アジアでは在韓米軍の急速な撤退や完全な撤退を望む国は存在しないとされた。それは在韓米軍が、南北朝鮮の冒険主義を抑制すると受けとめられているからであった。さらにデタント期においては、在韓米軍が中国やソ連から脅威だとみなされていないと米側では理解していた。Annex A, United States Military Presence in Korea, NSSM 154-United States Policy Concerning the Korean Peninsula, Memorandum for Mr. Henry A. Kissinger The White House, 4/3/1973, Item Number：PR01071, DNSA., p.7.
(11) キッシンジャーは朴正煕との会談で、「奇妙なことであるが、中国は朝鮮での米軍駐留を気にかけないと思う」と述べている。そしてキッシンジャーは、中国は朝鮮での米軍の影響力が減じると日本の影響力が増加すると考えているようだとも語った。Memorandum of Conversation, 11/16/1973, Internal Affairs of Korea, 1970-1973, 韓国国会図書館所蔵米国務省文書、請求記号：ＭＦ008527。
(12) 山本は、日本政府が目指したものは、南北朝鮮の分断を固定し、朝鮮半島の平和を国際的に保障するというものであったと述べている。78年5月、山本は74年7月から外相を務めていた木村俊夫が外相を辞任したあと、外相時代の朝鮮政策について、オフ・レコで質したことがある。そこで木村は、日本政府が進めているのは、分断固定化であると述べたという。山本が、「それは、米国、日本が北朝鮮を承認し、中国、ソ連が韓国を承認する『クロス承認』のことか」と尋ねたのにたいし、木村は「それは結果であって目的ではない。重要なことは、現状を固定化することであって、その結果『クロス承認』となればそれは

ける「平和」が保たれることを望んでいた。そして中国とソ連も韓米日側の利益に大きく反対することはなかったのである。

南北朝鮮と米中日ソの周辺4カ国の間では、北朝鮮だけが停戦協定によって維持されている朝鮮の「平和」の現状に反対していた。その反対の意思が北朝鮮の政策として展開されていたのである。1970年代初頭の北朝鮮による統一外交政策の展開は、朝鮮での軍事的対峙状況が停戦協定によって支えられている現状の打破を目指す過程であった。

朝米平和協定締結提案　1973年までの経験において現状打破を果たすことのできなかった北朝鮮指導部は、翌年に新たな行動を起こすことになる。北朝鮮政府は、1974年には対米直接交渉の意思をより鮮明に打ち出していくのであった。中国というそれまでの「代理交渉者」を立てることなく、米国との間での協議開始という道に邁進しようとしたのである。

1974年3月25日、北朝鮮の許錟外交部長は、最高人民会議第5期第3回会議で、北朝鮮と米国の間での平和協定締結を訴えた。許錟は、朝鮮停戦協定を平和協定にかえる問題を討議することを「アメリカ合衆国に正式に提起」したのであった[13]。北朝鮮は、73年の間には水面下での対米アプローチを推進していたのだが、74年に入ると朝米会談の開催を公開的に求め始めたのである。北朝鮮が米国を平和協定締結の対象として選定したのは、「南朝鮮から米帝侵略軍を撤去させ、武力と軍備の増強を中止し、北と南の間の武力衝突の危険性をなくすこと」が、「国の自主的平和統一を成し遂げる上での焦眉の問題であり、前提条件である」のにも関わらず、このような「切実な問題」は、「統一の道を開拓するための平和協定を締結することに対する我々の提案を執拗に拒否している南朝鮮統治集団を相手にしては解決できない」と認識されたからである。したがって、「このような切迫した要求」に基づいて、「朝鮮から緊張状態をなくし、祖国の自主的平和統一を促進するための前提を醸成するための実践的措置として、朝鮮停戦協定に調印した一方である米国と平和協定を締結することについ

それで結構。ただ、日本は公式には、平和統一の支持を掲げていく」と答えたという。「記録：日朝不正常関係史　日朝関係：その歴史と現在」『世界』臨時増刊第567号、岩波書店、1992年4月、161頁。

(13)　『朝鮮時報』1974年3月30日。

ての問題を提議した」のであった(14)。

　北朝鮮は米国との直接交渉を実現するため、エジプトやルーマニアといった第3国に「仲介」を依頼した。1972年、73年と続いた国連朝鮮問題討議に関する米中間討議での中国の妥協という要素が作用したからであろう。北朝鮮政府は、「仲介者」を介しての対米直接交渉を目指したのであった。しかしながら、このような「仲介者」の努力によっても朝米政府当局者による直接対話が実現することはなかった。金日成は、8月に訪朝した自民党の宇都宮徳馬議員との会談で、米国との接触の方法を探しあぐねていることを次のように率直に吐露している。

　　私たちは米国と会談しようと、手紙を送ったが、返事がない。反対であるという態度表明もない。緊張緩和にとって非常に大きな問題だ。私たちは同情してくれる人たちがいる。第三世界の首脳たちが数十人もいる。こういう人たちが米国に対して「会談の要求をどうして受けないのか」といってくれている。米国は、ある第三世界の指導者には「今度機会をみて秘密会談をやろう」といっている。また「北が保証を与えるならばやる」といったりしているが、私たちには何の保証かわからない(15)。
　　私たちも米国とつき合ってみようと思うのだが、手がない。第三国の人たちの話では、同じ米国の中にもいろいろの系統があるという。国務省、国防総省、ホワイトハウス。これらが違った意見を持っている。私たちは権限をもっている人たちとの間で問題を解決しなければならない(16)。

　北朝鮮の対米直接交渉への努力が功を奏することはなく、第29回国連総

---

(14) 『労働新聞』1974年3月27日。この社説では米国は当事者であるという点が強調された。「朝鮮停戦協定を平和協定に変えるためには、現実的にそれを保証するだけの実権を持つ当事者同士で問題を解決しなければならない。米国はといえば、自らの軍隊を南朝鮮に駐屯させ、全ての軍事統帥権を握っており、停戦協定に調印した当事者である」という主張であった。

(15)　実際に8月26日、ルーマニアのヴァシーレ・プンガン（Vasile Pungan）大統領顧問との会談でキッシンジャーは、米朝の接触は、金日成が国連での問題に関して韓国に対して抑制された方法で行動すること、米朝接触が韓国との政治闘争に費やされるものではないことを米国側に保証するのであれば可能になるとの条件を付した。Memorandum of Conversation, 8/26/1974, Secretary's Meeting with Romanian Special Emissary-US-North Korean Contacts, Item Number：KT01310, DNSA.

(16) 『毎日新聞』1974年8月22日。

会の季節を迎えた。ところが、すでに北朝鮮の中国に対する対米「代理交渉者」としての期待値は低下していた。すなわち、1974年には前年までの国連総会に向けての北朝鮮と中国の間の協調関係はみられなくなったのである。米国政府が74年には国連軍司令部の解体について討議するという言質を中国側に与えていたことから、米中間における協議は74年に入ってからも継続的に行われていた(17)。しかしながら朝中間での調整には支障をきたしたのである。10月2日、中国の喬冠華外交部副部長はキッシンジャーに対して、米国の提案を北朝鮮側に伝達したが、返答を得られていないことを明らかにした。そして中国との協議を経ずに、北朝鮮側決議案が国連総会に提出されたのであった。つまり北朝鮮側は、中国との調整を経ずに国連総会に臨もうとしていたのである。喬冠華によれば、中国政府は北朝鮮政府の見解を尊重するしかなかった(18)。結局、中国との調整を経なかった74年の第29回国連総会では、北朝鮮側決議案は否決されることになる。

翌1975年8月、ペルーのリマで開かれた非同盟諸国外相会議において北朝鮮の加盟が可決された。このあと北朝鮮は、非同盟外交に力を注ぐようになっていく。

---

(17) 但し、国連軍司令部解体についての米国案は停戦協定の存続を前提とするものであった。1974年6月13日にロード（Winston Lord）政策企画室長が中国側に示した案では、国連軍司令部の解体には、国連軍司令部に代替する韓米連合司令官が停戦協定の署名者となり、中国が停戦協定を維持する機構に留まることなどの措置が必要であるとされていた。Memorandum of Conversation, Presentation to PRCLO Officials of the U.S. Position on Termination of the United Nations Command, 6/13/1974, Winston Lord Files, Box331, NA.

(18) Memorandum of Conversation, 10/2/1974, Winston Lord Files, Box331, NA.

【付録】

南北共同声明

　最近平壌とソウルで南北関係を改善し、分断された祖国を統一する問題を協議するための会談が開かれた。ソウルの李厚洛中央情報部長が1972年5月2日から5日まで平壌を訪問して平壌の金英柱組織指導部長と会談し、金英柱部長の代理として朴成哲第2副首相が1972年5月29日から6月1日の間ソウルを訪問して李厚洛部長と会談した。
　これらの会談で、双方は祖国の平和的統一を一日も早くもたらさねばならないという共通の念願をいだいて虚心坦懐に意見を交換し、双方の理解を増進させるうえで多大な成果を収めた。この過程において、双方は互いに長らく会えなかったために生じた南北間の誤解、不信を解き、緊張を緩和させ、ひいては祖国統一を促進するために次の問題に関して完全な見解の一致に達した。
1　双方は次のような祖国統一に関する原則で合意した。
　（1）　統一は外部勢力に依存したり、外部勢力の干渉を受けることなく自主的に解決すべきである。
　（2）　統一は互いに武力行使によらず、平和的方法で実現すべきである。
　（3）　思想と理念、制度の差違を超越してまず単一民族としての民族的大団結をはかるべきである。
2　双方は南北間の緊張状態を緩和し信頼の雰囲気を醸成するため、互いに相手を中傷、誹謗せず、大小を問わず武装挑発をせず、不意の軍事的衝突事件を防止するために積極的な措置をとることに合意した。
3　双方は断ち切られた民族的連係を回復し、互いの理解を増進させ、自主的平和統一を促進させるために南北間において多方面にわたる諸般の交流を実施することに合意した。
4　双方は現在、全民族の大きな期待のうちに進行されている南北赤十字会談が一日も早く実を結ぶよう積極的に協調することに合意した。
5　双方は突発的軍事事故を防止し，南北間に提起される諸問題を直接・迅速・正確に処理するためにソウルと平壌間に常設直通電話を設

けることに合意した。
6 　双方はこうした合意事項を推進するとともに南北間の諸問題を改善・解決することで合意した。双方はまた祖国統一原則に基づいて統一問題を解決することを目的として、金英柱部長と李厚洛部長を共同委員長とする南北調節委員会を構成し、運営することに合意した。
7 　双方は以上の合意事項は祖国統一を一日千秋の思いで渇望する民族全体の念願に符合すると確信し、この合意事項を誠実に履行することを全民族の前に厳粛に約束する。

互いに上部の意を体して
金英柱　李厚洛
1972年7月4日

（1972年7月4日付『労働新聞』より作成）

あ と が き

　2000年6月の南北首脳会談から10年の時が経ようとしている。2000年6月15日、平壌を訪れた金大中大統領と金正日委員長との間で署名された南北共同宣言（6.15共同宣言）は、朝鮮戦争の勃発から50年の時を経て実現した、初の南北朝鮮首脳による会談の成果であった。この6.15共同宣言をひとつの契機として、その後の南北間の交流は驚くべき勢いで拡大するとともに深化した。

　北朝鮮では、2000年を前後して、南北関係を進展させるのと同時に対外関係をも活発化させた。南北首脳会談に先立つ2000年5月、金正日は1983年以来17年ぶりに中国を非公式に訪れた。7月には、ロシアのプーチン（Vladimir Putin）大統領が訪朝した。また、北朝鮮政府はそれまで外交関係のなかった国々とも関係を正常化している。2000年にはイタリア、オーストラリア、フィリピン、英国と、2001年に入りカナダ、スペイン、ドイツ、ＥＵとの外交関係を樹立したのであった。

　2000年には、北朝鮮が最も切実に改善を求めていた米国との関係も大きな進展をみていた。北朝鮮の趙明禄(チョミョンロク)国防委員会第一副委員長が訪米し、米国のオルブライト（Madeleine Albright）国務長官が訪朝するなど、朝米関係は改善の兆しをみせていたのである。クリントン（Bill Clinton）米国大統領の訪朝も実現可能性のある問題として議論されていた。このように関係改善の推移を高めつつあった朝米関係であったが、米国での政権交代によって、北朝鮮はブッシュ（George W. Bush）大統領に「悪の枢軸」と規定される立場になった。

　他方、2002年に顕在化した北朝鮮による日本との関係改善の試みは挫折した。2002年9月17日に小泉純一郎首相が訪朝し、日朝首脳会談を経て日朝平壌宣言が発表された。しかし、日朝両国関係改善の契機になるであろうという小泉訪朝に対する期待は、拉致問題「暴発」によって逆流する結果を招いた。その後の日朝関係は「最悪状態」を更新し続けているかのようである。拉致問題解決への動きは漂流し続け、在日朝鮮人のアイデン

ティティ・クライシスも叫ばれて久しい。

　筆者は、このような2000年から2002年にかけての国際政治の動きのなかに、東北アジアの未来への希望を見出すと同時に絶望にも向きあうことになった。その経験が、本書における研究テーマへと突き進む大きな動機となったのである。本書での議論が、今日の朝鮮での停戦協定体制と東北アジア国際関係の理解に資することができれば、望外の幸せである。

＊　　　　　　＊　　　　　　＊

　本書は、2006年1月に一橋大学大学院法学研究科に提出した博士学位請求論文「北朝鮮の統一・外交政策と東北アジア国際政治：1969-1973」に修正を施し、書き改めたものである。

　本書が世に出るまでの過程で筆者は多くの方々のお世話になった。全ての方のお名前を挙げることはできないが、この場で感謝の気持ちを表すことにしたい。まず誰よりも、大学院の修士課程入学以来、指導教官としてご指導いただいた田中孝彦先生に感謝申し上げたい。田中先生との出会いはもう13年も前のことであるが、礼儀知らずの筆者が田中先生の研究室に突然電話をかけた時に始まった。先生は筆者を温かく研究室に迎え入れてくださり、世界情勢に関心を持ちながらも国際政治学とは縁のなかった筆者の相談に親身になって乗ってくださった。修士課程と博士課程において、田中先生の情熱的でありながらも丁寧な指導を受けることがなければ、筆者は研究生活を断念していたかもしれない。筆者が博士論文を執筆することができたのも田中先生の指導の賜物である。現在も田中先生にはお世話になってばかりであるが、本書が刊行されることで、その学恩に少しは報いることができたと思う。心から感謝の意を表したい。

　津田塾大学の林哲（リムチョル）先生には大学での授業でお会いして以来、公私ともに大変お世話になっている。本書が国際政治史のみならず朝鮮現代史としての側面をも有しているとすれば、それは林先生の影響によるものだといえる。記して感謝したい。

　博士課程でのソウル大学校大学院外交学科への留学時、および同大学校国際問題研究所の客員研究員としてソウルに滞在した際には、申旭熙（シンウッキ）先生のお世話になった。申先生には研究のみならず生活面においてもご助力いただいた。この場で感謝したい。

　本書の最終的な執筆作業は、成蹊大学アジア太平洋研究センターが提供

してくれた素晴らしい研究環境の下で行われた。このような環境の存在によって本書は世に出ることができたと思う。筆者が成蹊大学アジア太平洋研究センターに籍を置くことができたのは、李静和(リジョンファ)先生の協力あってのことである。李先生は、久しぶりに消息を知らせた筆者を研究員で迎え入れるよう尽力してくださった。また前所長の亀嶋庸一先生、現所長の中神康博先生をはじめとするアジア太平洋研究センタースタッフの方々による配慮のおかげで、筆者は快適な研究生活を過ごすことが出来ている。記して感謝申し上げたい。

筆者は大学院入学以来、多くの友人と知り合うことができた。一橋大学田中ゼミを通じて出会った大学院生、学部生の皆さんとの議論のなかで、筆者が学問的にも人間的にも鍛錬されたことは言うまでもない。とりわけ高瀬弘文氏との酒を酌み交わしながらの対話は、非常に楽しい時間であった。政治から音楽まで、多岐に渡る議論の積み重ねのなかで考えさせられたことは数多い。また山本健氏からは、ヨーロッパ国際関係からの視点を常に提供されている。何かと東アジアばかりに向きがちな筆者にとっては視野を広げてくれる貴重な存在である。また名前は挙げられないが、幾つかの研究会や読書会を通じて知遇を得た友人たちにも感謝申し上げたい。そのような場での人との出会いと議論は、筆者の世界観の形成に大きな影響を及ぼしている。さらに、ソウル留学時に出会った大学内外での友人たちにも謝意を表さなければならないだろう。ソウル生活によって私の貧困な想像力も少しはましなものになったのかもしれない。というのも、彼／彼女らとの出会いと議論のおかげで、筆者は停戦協定体制という軍事的対峙状況が個々の人間の人生や思想に及ぼす影響力の大きさを、ほんの少しでも想像することができたと思うからである。友人たちに記して感謝したい。

なお、本書の出版に際しては高瀬弘文氏と河崎祐子氏に尽力いただいたことを付言する。感謝いたします。また、昨今の厳しい出版事情のなか、研究者の自主性を尊重しながら、本書の出版を引き受けてくださった信山社の方々に感謝申し上げたい。

本書刊行に至るまでの研究の過程で、筆者は様々な機関から奨学金や財政支援を受けている。ソウル大学校大学院外交学科への留学の際には、財団法人如水会から一橋大学海外留学奨学金をいただいた。日本以外での史

資料収集に際しては、一橋大学21世紀COEプログラム「ヨーロッパの革新的研究拠点―衝突と和解」における若手研究者による自発的研究活動経費の助成を受けた。ソウル大学校国際問題研究所に客員研究員として滞在できたのは、財団法人日韓文化交流基金の訪韓フェローシップによる支援を受けたためである。そして成蹊大学アジア太平洋研究センター客員研究員の任用に際しては、韓国国際交流基金 (Korea Foundation) のポストドクトラル・フェローシップによる支援を受けている。これらの奨学金や研究助成を受けて、本書は世に出されることになる。あらためて感謝いたします。

　最後に、家族に感謝することで本書を結ぶことにしたい。両親、それから祖父母たちの努力があって、私は本書を執筆することができました。本書を捧げます。

　　2010年5月

　　　　　　　　　　　　　　　　　　　　　　　　　高　　一

──────〔事項索引〕──────

【あ行】

相川理一郎 …………………………… 55
アグニュー，スピロ（Spiro Agnew）… 76
朝日新聞 ……………… 73, 80, 109, 111, 149
アジア集団安全保障構想 …………… 185
飛鳥田一雄 …………………… 52, 115
アディス，ジョン（John Addis）…… 198
アルジェリア案 ……………… 103, 187
アン・ヨンチョル …………… 182-184
イギリス ……………………… 102, 105
石橋克巳 ………………………… 5, 70
石橋政嗣 ………………………… 46
李鍾奭（イ・ジョンソク）… 4, 19, 27, 32
　　　　　　　　　　　　　36, 61, 64, 86
李東馥（イ・ドンボク）………… 75, 95
李秉禧（イ・ビョンヒ）…………… 125
李厚洛（イ・フラク）…… 3, 42, 88, 90, 93
　　　　　　　　　160, 161, 163, 168, 181
　　――の平壌訪問 ………………… 90
李厚洛・朴成哲会談 …………… 91, 92
今里広記 ………………………… 136
岩佐凱実 ………………………… 136
植村甲午郎 ……………………… 136
宇都宮徳馬 ……………… 16, 144, 209
禹文旗（ウ・ムンギ）…………… 135
蔚珍・三陟事件 …………………… 28
NSSM 154 ……………………… 179
遠藤哲也 ………………… 123, 134, 152
オーバードーファー，ドン
　（Don Oberdofer）………………… 69
王国権 …………………………… 126, 127
大平正芳 ………………… 141, 142, 206
呉圭祥（オ・ギュサン）…………… 8
小此木政夫 ……………………… 6, 15
呉振宇（オ・ジヌ）……………… 67

【か行】

外務省 …………………………… 42, 45
革新市長会 ……………… 52, 53, 115
「過去問わず発言」……………… 122, 202
下層統一戦線 …………………… 98
「片道切符」による北朝鮮訪問 …… 148
川崎寛治 ………………………… 70, 115
康仁徳（カン・イクドル）…………… 76
韓国軍の作戦指揮権 ………… 191, 205
韓国国籍 ………………………… 15
韓国条項 ………………………… 36
「韓国」籍 ……………… 15, 47, 51
韓国による社会主義国への接近 …… 181
姜周一（カン・ジュイル）………… 108
韓ソ接近 ………………………… 181
姜希源（カン・ヒウォン）………… 115
姜永奎（カン・ヨンギュ）… 144, 151, 188
木川田一隆 ……………………… 136
帰国協定 ………………………… 17, 54
帰国事業 ………………………… 40
岸信介 …………………………… 42, 134
「北風」…………………………… 79
北朝鮮行き商用旅券 …………… 55
北朝鮮革命力量 ………………… 12
北朝鮮側関係者の日本入国 …… 54, 56
「北朝鮮事情について」………… 67, 111
キッシンジャー，ヘンリー
　（Henry A. Kissinger）…… 59, 68, 104, 164
　　　　　　165, 179, 194, 195, 197, 210
キッシンジャー訪中 …………… 60, 68
姫鵬飛 …………………………… 165
金　一（キム・イル）……… 19, 61, 125
金日成（キム・イルソン）……… 3, 10, 12
　　　　　　26, 36, 60, 68, 90, 115, 116, 128
　　　　　140, 145, 146, 152, 185, 200, 209
　　――の8月6日演説 …………… 64
金日成還暦祝賀団 ………………… 149

事項索引

金日成11月訪中 ………………………… 69
金日成・周恩来会談 …………………… 86
金日成訪中 ……………………………… 37
金志炯（キム・ジヒョン）……… 5, 86, 175
金珠栄（キム・ジュヨン）……………… 46
金鍾泌（キム・ジョンピル）…………… 11
金正廉（キム・ジョンヨム）………… 92, 94
金錫鎮（キム・ソクチン）…………… 132
キム・チャングク …………………… 185
金昌奉（キム・チャンボン）………… 26, 27
キム・チュンウォン …………………… 27
金太智（キム・テジ）………………… 152
金大中（キム・デジュン）……………… 78
金大中拉致事件 ……………………… 176
金泰禧（キム・テヒ）…………………… 99
キム・ドクヒョン ……… 85, 86, 88, 89, 93
金炯旭（キム・ヒョンウク）…………… 74
金炳植（キム・ビョンシク）……… 71, 100
　　　　　108, 127, 131 - 135, 139
　　　　　145, 149, 151, 152, 178, 202
　――による財界接触 ………… 135, 139
　――の財界接触 ……………………… 133
　――（の）失脚 ………………… 137, 145
金溶植（キム・ヨンシク）………… 25, 170
　　　　　　　　　　　190, 193, 206
金英柱（キム・ヨンジュ）…… 88, 90, 174
金英柱・李厚洛会談 …………………… 90
金英柱声明 …………………… 174, 177, 180
キューバ危機 …………………………… 18
協亜物産 ………………………… 135, 138
喬冠華 …………………………… 67, 195, 210
協定永住権 ………………………… 50, 51
共和国の在外公民 ……………………… 53
勤労者 …………………………………… 98
グーデタ ………………………………… 10
久野忠治 ………………………… 124, 202
倉田秀也 ……………………………… 186
グロムイコ，アンドレイ
　（Andrei Gromyko）………… 13, 15, 20, 24
軍事的対峙状況の解消 ………… 203, 204
軍事問題（の）討議 ………… 160, 165, 166

経済建設と国防建設を同時に推進する
　路線（併進路線）…………………… 29
経済発展7ヵ年計画 ………………… 29, 30
「現情勢と我が党の課業」…………… 21
黄永勝 …………………………………… 67
黄　華 ……………………… 105, 194, 195
黄　鎮 ………………………… 173, 195
抗日闘争 ………………………………… 32
公明党 …………………………… 118, 125
高麗連邦共和国 ……………………… 172
国際革命力量 ………………………… 12, 13
国策研究会 …………………………… 134
国連韓国統一復興委員団 ………… 23, 104
　――の解体 ………………… 24, 101, 191
国連韓国統一復興委員団報告書 …… 190
国連軍司令部 ………………………… 103
　――の有用性 ……………………… 191
国連総会 ………………………… 23, 24
　第26回―― ………………………… 101
　第27回―― ………………………… 105
　第28回―― ………………………… 186
　第29回―― ………………………… 209
国連南北同時加盟案 ………… 190, 192, 200
コスイギン，アレクセイ
　（Aleksei Kosygin）……………… 17, 26
国共内戦 ………………………………… 32
後藤基夫 ………………………… 80, 109
紅衛兵 …………………………………… 22
小林与三次 …………………………… 129
コーヘン，ジェローム（Jerome Cohen）
　………………………………………… 178
小森武 …………………………… 113, 126
コンセンサス形式 …………… 193, 197

【さ行】

在外外交機関としての朝鮮総聯 ……… 126
財界主流 ………………………… 135, 136
財界（による）訪朝使節団 …… 135, 137, 138
在韓米軍 ………………………………… 23
　――（の）撤退 …………… 24, 71, 101, 103
在韓米軍削減問題 ……………………… 76

事項索引　　　　　　　　　219

最高人民会議
　　第5期第2回会議･･････････････････ 168
　　第5期第3回会議･･････････････････ 208
「最後のカード」････････････････････････ 122
在日朝鮮人帰国事業 ････････････････････ 54
在日朝鮮人国籍問題 ････････････････････ 48
在日朝鮮人の「祖国自由往来」 ･･････ 146, 147
在日朝鮮統一民主戦線 ･････････････････ 33
在日本朝鮮人総聯合会　→朝鮮総聯
在日本朝鮮人聯盟 ･･････････････････････ 33
再入国許可 ･･････････････････････････ 151
佐藤栄作 ･･････････････････････････ 35, 42
3大革命力量 ････････････････････････ 12
シアヌーク，ノロドム
　　（Norodom Sihanouk）･････････････ 62
シェーファー，ベルント
　　（Bernd Schaefer）････････････････ 22, 23
ジェンキンス，アルフレッド
　　（Alfred L. Jenkins）･･････････････ 180
自民党 ･････････････････････････････ 111
諮問委員 ････････････････････････････ 99
社会党 ･･････････････････････････ 45-47, 51
社会党代表団訪朝 ･････････････････････ 45
上海ジュニアサッカーチーム ････････････ 129
上海バレエ団 ････････････････････････ 129
周恩来 ･･･････････････ 19, 34, 60, 72, 75, 104
　　　　　 122, 126, 128, 164, 194, 199, 207
周恩来・キッシンジャー会談 ･････････････ 86
周恩来訪朝 ････････････････････････････ 35
周4条件 ･･･････････････････････････ 137
首脳会談 ･･･････････････････････････ 162
上層統一戦線 ･････････････････････････ 98
申敬完（シン・キョンワン）････････････ 28
人民軍党第4期第4次会議全員会議 ･･･ 28
須之部量三 ･･････････････････････ 142, 144
青瓦台（韓国大統領官邸）襲撃未遂事件
　　　　　　　　　　　　･････････ 27, 28, 90
『世界』 ･･･････････････････････ 106, 121, 189
世界保健機構（ＷＨＯ）･････････ 186, 188
赤十字会談 ･････････････････････････ 83
赤十字国際委員会 ･････････････････････ 57

赤十字諮問委員 ･･･････････････ 99, 100, 151
妹尾正毅 ･････････････････････････ 143
ソールズベリー，ハリソン
　　（Harrison E. Salisbury）･･････････ 178
相互主義 ･････････････････････････ 110
祖国統一5大綱領 ････････････････････ 172
祖国統一3大原則 ･････････････ 3, 94, 95, 97
孫成弼（ソン・ソンピル）･･････････････ 81

【た行】

第1回南北調節委員会 ････････････････ 162
大韓赤十字社 ････････････････････････ 81
対中一辺倒 ･････････････････････････ 19
対朝プラント輸出 ････････････････････ 141
対米8項目要求 ････････････････ 62, 65, 68
第4回日韓定期閣僚会議 ･････････････ 42
代理交渉者 ･･･････････････････ 69, 72, 208
台湾条項 ･････････････････････････ 36
高木健夫 ･････････････････････････ 70, 113
高崎宗司 ･････････････････････････ 46
田川市 ･･･････････････････････････ 47, 52
竹入義勝 ･････････････････････････ 118
竹下登 ･･･････････････････････････ 149
ダッダ，モクタル・ウルド
　　（Mokhtar Ould Daddah）･･････････ 38
伊達宗起 ･････････････････････････ 42
田中角栄 ･････････････････････ 126, 141, 206
田辺繁雄 ･････････････････････････ 55
ＷＨＯ　→世界保健機構
崔圭夏（チェ・ギュハ）････････････････ 76
崔斗善（チェ・ドゥソン）･････････････ 81
崔庸健（チェ・ヨンゴン）･････････････ 33
張基栄（チャン・ギヨン）･････････････ 75
張　勉（チャン・ミョン）････････････ 10
中国共産党第9回全国代表大会 ･･････････ 38
中国の国連代表権回復 ････････････ 102, 106
中ソ軍事衝突 ･･････････････････････ 37
中日備忘録貿易弁事処駐東京連絡処 ･･･ 127
張香山 ･････････････････････････ 36
朝鮮化 ･････････････････････････ 173
朝鮮国際貿易促進委員会 ･････････ 132, 143

事項索引

朝鮮国籍回復運動 15, 51
「朝鮮」籍 15, 47, 51
朝鮮赤十字会 81, 82
朝鮮戦争 32
朝鮮総聯 4, 33, 50, 125, 126
　　　　　　　　　128, 145, 149, 151
朝鮮の自主的平和統一を促進するため
　の望ましい条件 103, 190
朝鮮放送技術代表団 143
朝鮮問題(の)討議 25, 190
　──の延期 102, 105
朝鮮労働党 45, 87
朝鮮労働党代表者会議 21
朝鮮労働党第4回大会 12, 15
朝鮮労働党第4期第8次全員会議 12
朝鮮労働党中央委員会第5期第3次
　全員会議 69
朝ソ軍事協定 20
朝ソ友好協力相互援助条約 26
朝中関係(の)回復 32, 37, 41
朝中共同コミュニケ 35, 39
朝・日輸出入商社 133, 140
朝米外交官接触 180
丁一権（チョン・イルグォン）....... 76
田仁徹（チョン・インチョル）... 46, 55
鄭準沢（チョン・ジュンテク）....... 37
チョン・トゥファン 17, 26
鄭洪鎮（チョン・ホンジン）... 85, 86, 88
　　　　　　　　　　　89, 93, 95, 175
　──とキム・ドクヒョンによる
　　　　　　相互準備訪問 89
佃　有 70, 113
停戦協定 205
ティトフ，セルゲイ（Sergei Titov）... 185
統一外交政策 4, 7, 204, 205
統一の3原則 90
統一問題解決 205
　──の最優先課題 203
東京新聞 119, 145
東京朝鮮高級学校サッカー部 150, 154
鄧小平 19

党代表者会議 29
土光敏夫 136, 138
トロヤノフスキー，オレグ
　　（Oleg A. Toroyanovsky）..... 181

【な行】

永野重雄 136, 138
中平立 145
7．4南北共同声明 97
南　日（ナム・イル）.......... 10, 57
習志野高校サッカー部 129
南北関係主要日誌 99
南北関係の「国際化」............. 172
南北関係の「朝鮮化」............. 172
南北共同声明 3, 150, 158
南北均等政策 115, 130
南北首脳会談 90, 91
南北赤十字会談 81
南北赤十字本会談 158
南北赤十字予備会談 84
南北接触の「公表問題」............ 92
南北対話 62
南北対話史料集 5
南北対話白書 86, 99
南北調節委員会 91, 97, 159
　　　　　　　　　　160, 162, 163, 166
　第2回── 166
南北調節委員会共同委員長による会議
　　　　　　　　　.......... 159, 160
南北平和協定 31, 70, 71, 160, 167, 168
ニクソン，リチャード（Richard M. Nixon）
　　　　　　　　　　........ 35, 75, 206
ニクソン・ドクトリン 86, 110
日米共同声明 35, 39, 41
日韓会談 16
日韓関係正常化 15
日韓国交正常化 17
日韓条約 14
　──(の)破棄 114, 117
日中国交回復促進議員連盟 123
日中国交正常化 121, 122, 140

事項索引

日朝議連の訪朝団 …………………… 125
日朝赤十字会談 ……………………… 17
日朝貿易会 ………………… 55, 132, 135
日朝友好促進議員連盟（日朝議連） … 123
日本からのプラント輸出 …………… 131
日本軍国主義批判 …………… 15, 39, 40
日本国と朝鮮民主主義人民共和国の
　貿易促進に関する合意書 ………… 132
日本再入国許可 ……………… 149, 153
日本社会党と朝鮮労働党との共同
　コミュニケ ………………………… 46
日本赤十字社 ………………………… 54
日本輸出入銀行資金（輸銀資金）……… 141

【は行】

パク・イングン ……………………… 94
朴慶植（パク・キョンシク） ………… 6
朴相煕（パク・サンヒ） ……………… 11
朴成哲（パク・ソンチョル） …… 3, 13, 16
　　　　　　　　　20, 24, 29, 46, 91, 95
　　　　　　　97, 115, 116, 159, 162, 166
　　──のソウル訪問 ……………… 91
朴在魯（パク・チェロ） …………… 152
朴正煕（パク・チョンヒ） …… 10, 11, 180
朴英植（パク・ヨンシク） …………… 82
8月6日演説 ……………………… 66, 74
8項目平和統一方案 ………………… 79
8.15宣言 …………………………… 77
ハビブ，フィリップ（Philip Habib）
　………………………… 93, 163, 168, 180
ハリソン，セリグ（Selig S. Harrison）
　…………………………………… 71, 177
韓徳銖（ハン・ドクス）
　………………………… 108, 127, 137, 145
ハン・モニカ ………………………… 11
板門店 …………………………… 82, 83
東ドイツ ……………………………… 22
ピシュギン，オレグ（Oleg Piciughin）
　……………………………………… 182-184
ピーターセン，チャールズ
　（Chrles Jeffery Petersen） ………… 198

非同盟諸国外相会議 ………………… 210
玄俊極（ヒョン・ジュングク） ……… 33
黄泰成（ファン・テソン） …………… 11
プエブロ号事件 ………………… 25, 28
福田赳夫 ………………… 42, 125, 150
フサーク，グスタフ（Gustav Husak）
　……………………………………… 172
「二つの朝鮮」 ……………………… 119
ブッシュ，ジョージ（George H.W. Bush）
　……………………………………… 105
プラント（の）輸出 ………… 141, 142, 144
古海忠之 …………………………… 135
フルシチョフ，ニキータ
　（Nikita Khrushchev） ……………… 19
ブレジネフ，レオニード
　（Leonid Brezhnev） ………………… 25
文化大革命 …………………………… 22
米軍の国連旗使用権 ……………… 104
米中間の妥協 ……………………… 196
米中共同コミュニケ ………………… 72
米中接近 ………………………… 64, 66
平和協定 ………………………… 30, 208
平和統一外交政策に関する特別声明
　（6.23宣言） ………………… 169, 170, 184
ベトナム戦争 ………………………… 17
ポーイス（J. G. Powys） …………… 185
法的地位協定 …………………… 14, 49
ホ・ソプ …………………………… 185
ポーター，ウィリアム（William Porter）
　……………………………………… 74
ホーネッカー，エーリッヒ
　（Erich Honecker） ………………… 22
許　錟（ホ・ダム） … 72, 78, 164, 165, 208
　──外相の訪ソ ……………………… 72
堀田一郎 ………………… 119, 121, 145
ポドゴルヌイ，ニコライ
　（Nikolay Podgorny） ……………… 27, 34
許鳳学（ホ・ボンハク） ……………… 28
保利茂 …………………………… 52, 124
洪錫律（ホン・ソクリュル）……… 6, 175

【ま行】

毎日新聞 …………… 96, 109, 116, 131
前尾繁三郎 ………………… 149, 151
松岡英夫 …………………… 109, 131
マッキンタイヤ, ローレンス
　（Laurence McIntyre）………… 198
マリク, ヤコフ
　（Jakov Aleksandrovich Malik）… 106, 198
万景峰号 ……………………… 82, 148
緑川亨 …………………………… 200
南朝鮮革命力量 ………………… 12, 13
南朝鮮労働党（南労党）………… 11
美濃部亮吉 ……………… 53, 112, 128
　――の訪朝 ……………………… 112
　――の訪朝・訪中 ………… 126, 127
宮本顕治 ………………………… 46
民主共和党 ……………………… 87
民団（在日大韓民国居留民団）… 50
村上貞雄 …………………… 132, 155
毛沢東 ……………… 19, 34, 122, 126

【や行】

安江良介 ……………… 106, 121, 189
矢次一夫 …………………… 128, 134
山花秀雄 ……………………… 45, 52
山本剛士 ………………………… 6
輸銀資金 ………………………… 143
ユニバーシアード・モスクワ大会 … 181
尹基福（ユン・ギボク）………… 130
尹錫憲（ユン・ソクホン）…… 198, 199

横浜朝鮮初級学校音楽舞踊サークル
　………………………………… 150, 154
吉田健三 ………………………… 142
吉田猛 …………………………… 144
よど号ハイジャック事件 ……… 44
読売新聞 ……………… 69, 70, 113, 149
4大軍事路線 …………………… 18
4.19革命 ……………………… 10, 12

【ら行】

ラナード, ロナルド（Ronald Ranard）
　………………………………… 77, 198
李季白（リ・ケベク）…………… 149
李宰弼（リ・ジェピル）………… 180
リー, ジョン（John Lee）……… 178
リ・ジョンモク ………………… 193
李先念 …………………………… 37
リ・チョルジョン ……………… 83
労働新聞 ……………………… 87, 94
6.23宣言 →平和統一外交政策に関する
　特別声明
ロジャーズ, ウィリアム（William Rogers）
　………………… 76, 142, 178, 197, 199
ロード, ウィンストン（Winston Lord）
　………………………………… 210

【わ行】

ワシントン・ポスト ………… 71, 177
和田春樹 …………………… 27, 46
ワルトハイム, クルト（Kurt Waldheim）
　………………………………… 103

〈著者紹介〉

高　一（こ・いる）

1971年、東京生まれ。
一橋大学大学院法学研究科博士課程修了。博士（法学）。
一橋大学大学院法学研究科講師（ジュニアフェロー）、
ソウル大学校国際問題研究所客員研究員を経て、
現在、成蹊大学アジア太平洋研究センター客員研究員。

〈主要著作〉

「朝鮮民主主義人民共和国の対ソ『統一攻勢』と中国ファクター：1949-1950」『一橋論叢』第127巻（第1号）、2002年1月
「『北朝鮮問題』解決への二つの課題」『現代思想』2007年2月号（第35巻第2号）ほか。

学術選書
2011
政　治

❀❀❀

北朝鮮外交と東北アジア
1970-1973

2010(平成22)年6月30日　第1版第1刷発行

著　者　高　　　一
発行者　今井　貴　渡辺左近
発行所　株式会社 信山社

〒113-0033 東京都文京区本郷6-2-9-102
Tel 03-3818-1019　Fax 03-3818-0344
info@shinzansha.co.jp
笠間才木支店　〒309-1600 茨城県笠間市才木515-3
笠間来栖支店　〒309-1625 茨城県笠間市来栖2345-1
Tel 0296-71-0215　Fax 0296-72-5410
出版契約 2010-5481-5-01011 Printed in Japan

©高　一, 2010 印刷・製本／松澤印刷・渋谷文泉閣
ISBN978-4-7972-5481-5 C3332　分類311.500-a002政治・国際関係
5481-0101:012-050-015《禁無断複写》 p240.p7800

戦後日本の経済外交
―「日本イメージ」の再定義と「信用の回復」の努力―

高瀬 弘文 著

外交政策の展開のみならず、戦後日本の経済成長とその政治的・社会的基盤の確立に向けた日本の政策決定者たちの認識や思考パターン、さらに富の配分のあり方など、「自己」定義をめぐる、現代的な問題を考察する。

◇序章　研究課題と分析の視角
◇第１章　「日本イメージ」の再定義
◇第２章　「過去」の意義付けの変化
◇第３章　日本を取り巻く国際環境
◇第４章　「信用の回復」Ⅰ
◇第５章　「信用の回復」Ⅱ
◇第６章　「信用の回復」Ⅲ
◇終章　暫定的結論と若干の展望

信山社

広中俊雄 編著

日本民法典資料集成
第一巻 民法典編纂の新方針

【目　次】
全巻凡例　日本民法典編纂史年表
全巻総目次　第一巻目次（第一部細目次）
第一部　「民法典編纂の新方針」総説
　Ⅰ　新方針＝「民法修正」の基礎
　Ⅱ　法典調査会の作業方針
　Ⅲ　甲号議案審議前に提出された乙号議案とその審議
　Ⅳ　民法目次案とその審議
　Ⅴ　甲号議案審議以後に提出された乙号議案
第一部あとがき《研究ノート》

来栖三郎著作集Ⅰ～Ⅲ

各一二〇〇〇円（税別）

《解説》
安達三季生・池田恒男・岩城謙二・清水誠・須永醇・瀬川信久・田島裕・利谷信義・唄孝一・久留都茂子・三藤邦彦・山田卓生

■Ⅰ　法律家・法的解釈、財産法
　法律家　1 法の解釈適用と法の遵守　2 法律家　3 法の解釈における法律家　4 法の解釈の制定法の意義　5 法の解釈（いわゆる擬制について、いわゆる事実と法たる慣習と法たる慣習を除く）　6 法における擬制について　7 民法における財産法と身分法　8 学界展望・民法　9 民法における財産法と身分法　10 立木取引における明認方法について　11 債権の準占有と免責証券　12 損害賠償の範囲および方法に関する日独両法の比較研究　13 契約法につらなるもの
■Ⅱ　契約法判例評釈（一）債権・物権
　契約法　14 契約法の歴史と解釈　15 契約法の歴史と解釈　16 日本の贈与法　17 第三者のためにする契約　18 日本の手付法　19 小売商人の瑕疵担保責任　20 民法上の組合の訴訟当事者能力　＊ 財産法判例評釈（2）〔債権・その他〕
■Ⅲ　家族法判例評釈（親族・相続）、D 親族法に関するもの、E 相続法に関するもの、F その他・家族法に関する論文
　21 内縁関係に関する学説の発展　22 婚姻の無効と戸籍の訂正　23 穂積陳重先生の自由継承と種類継承制度の研究（講義）　24 妾子制度に関する二三の問題について　25 日本の養子法　26 中川善之助「日本の親族法」（紹介）　E 相続法に関するもの　27 共同相続財産に就いて　28 相続順位　29 相続税と相続制度　30 遺言の取消　31 遺言の解釈　32 Donerについて　F その他・家族法に関する論文　33 戸籍法と親族相続法　34 中川善之助・身分法の総則的課題─身分権及び身分行為〔新刊紹介〕　＊ 家族法判例評釈〔親族・相続〕　付・略歴・業績目録

信山社

核軍縮不拡散の法と政治〈黒澤満先生退職記念〉 浅田正彦・戸崎洋史 編

ISBN 9784797291766 ¥12,000(税別) <CR> NPT体制の動態と国際法〈浅田正彦〉 安全保障と軍備管理〈納家政嗣〉 核軍縮・不拡散問題における国際機関の役割と課題〈阿部信泰〉 日本の軍縮・不拡散政策〈天野之弥〉 戦略核軍縮の現状と課題〈岩田修一郎〉 核軍備管理における「レーガン再評価」の考察〈吉田文彦〉 米国核政策の展開〈梅ヶ垣也〉 中国と核軍縮〈小川伸一〉 欧州における核軍縮・不拡散〈佐渡紀子〉 多国間核軍縮・不拡散交渉と核兵器国問題〈広瀬訓〉 核実験の歴史と検証〈一政祐行〉 核軍縮と核実験〈鷹葉正広〉 「核兵器国向け」輸出管理〈内山裕三〉 輸出管理へのアプローチ〈戸崎洋史〉 検証制限問題と核抑制〈菊地昌廣〉 平和利用の推進と不拡散の両立〈秋山佳胤〉 中国向け原子力輸出の現状と課題〈倉田秀也〉 中東の核問題と核不拡散体制〈戸崎洋史〉 米国の核不拡散政策〈石川卓〉 六者会議と北朝鮮の原子力「平和利用」の模倣〈倉田秀也〉 中東の核問題と核不拡散体制〈斎藤直樹〉 非核兵器地帯〈石栗勉〉 北東アジア非核兵器地帯の設立を求めるNGOの挑戦〈梅林宏道〉 核テロリズム〈宮坂直史〉 核セキュリティと核不拡散体制〈宮本直樹〉

国際関係の中の拡大EU　森井裕一 編

定価：本体¥2,840(税別) ISBN：4-7972-3337-0　**第一線の執筆陣**

第1部　変容する欧州をみる視野
1　拡大EUの概要—歴史と制度〈森井裕一〉
2　EU法制度の形成と東方拡大〈中村民雄〉
3　拡大EUの経済的挑戦〈廣田功〉
4　経済統合の政治的インパクト〈鈴木一人〉
5　拡大EUと欧州安全保障防衛政策〈植田隆子〉
6　EUの民主的ガバナンス〈戸澤英典〉

第2部　拡大EUと国際
7　ドイツ連邦共和国とEU〈森井裕一〉
8　フランスのヨーロッパ政策〈上原良子〉
9　イギリスとEU〈木畑洋一〉
10　拡大EUと中・東欧、ワイダー・ヨーロッパ〈羽場久浘子〉
11　ポーランドとEU〈小森田秋夫〉
12　EUと北欧諸国〈大島美穂〉

Cooperation Experiences in Europe and Asia　張蘊嶺・森井裕一 編

定価：本体¥3,000(税別) ISBN：4-7972-3330-3

EU拡大のフロンティア—トルコとの対話　八谷まち子・関寧・森井裕一 著

ISBN 9784797254501　¥2,900(税別)　国際関係・国内政治・歴史の視点から拡大EUの最先端の現状と課題を考察

●新感覚の入門書 ブリッジブックシリーズ● ブリッジブック 日本の外交　井上寿一 著

日本外交の辿って来た道筋を平明に説く入門書　定価：本体¥2,000(税別) ISBN：4-7972-2318-9

講座国際人権法1　国際人権法と憲法
講座国際人権法2　国際人権規範の形成と展開

芹田健太郎・棟居快行・薬師寺公夫・坂元茂樹 編

ドイツ憲法集【第6版】　高田敏・初宿正典 編訳
●近代以降のドイツから現在までのドイツの憲法典を通観する基礎的史料新装最新版！

ドイツの憲法判例III　ドイツ憲法判例研究会 編　栗城壽夫・戸波江二・嶋崎健太郎 編集代表
●基本用語集、関連文献一覧を新たに付した。1996〜2005年の重要判例を網羅した、公法研究に必備の判例研究書の最新版。『鑑』からの資料もアップデートして再掲。

フランスの憲法判例　フランス憲法判例研究会 編　辻村みよ子 編集代表
●日本初のフランス憲法判例集。フランス第五共和制憲法で創設されたフランス憲法院の重要判例を選出し、その意義や論点を解説。●フランス憲法院（1958〜2001年）の重要判例67件を、体系的に整理・配列して理論的に解説。

信山社

森井裕一 著
東京大学大学院総合文化研究科

現代ドイツの外交と政治

第一線の研究者が、現代のドイツの姿を分かり易く解説。

戦後ドイツの外交と政治と最新の状況、その未来を知りたい方に最適の書。

本体￥2,000（税別）四六判 約250頁

◆目次◆

第一章 安定と分権――政治システムの特徴
一 「安定」建設的不信任／二 「民主主義」国家機関（連邦首相，連邦議会，連邦参議院，連邦大統領，連邦憲法裁判所）／三 「分権」／四 ヨーロッパの中のドイツ
第二章 アデナウアー政権と政治システムの確立
一 アデナウアー政権／二 エアハルト政権と大連立政権
第三章 社会民主党政権――東方政策と社会変容
一 ブラント政権／二 シュミット政権
第四章 コール政権とドイツ統一
一 コール政権と「転換」／二 東西ドイツ共存からドイツ統一への転換
第五章 統一後の苦悩とヨーロッパ化の進展
一 東西ドイツの統一／二 苦悩する統一ドイツ
第六章 シュレーダー政権とドイツ政治の変容
一 第一期シュレーダー政権／二 第二期シュレーダー政権
第七章 メルケル大連立政権とドイツ政治の課題
一 大連立政権の特徴／二 政策課題への挑戦／三 ドイツ政治の展望
文献案内／関連年表

現代選書
分野や世代の枠にとらわれない、共通の知識の土壌を提供

信山社

2008年9月15日刊行　978-4-7972-5545-4　定価：本体6,800円（税別）

ヨーロッパ人権裁判所の判例
Essential Cases of the European Court of Human Rights

〈編集〉戸波江二・北村泰三・建石真公子・小畑 郁・江島晶子

ボーダーレスな実効的人権保障の理論と実体
ヨーロッパ人権裁判所の全貌を一冊に！！

◯特別寄稿◯Ⅰ ヨーロッパ人権裁判所と人権保障／Ⅱ 在ストラスブール日本国総領事館と欧州評議会◯概説◯Ⅰ ヨーロッパ人権条約の実施システムの歩みと展望／Ⅱ ヨーロッパ人権裁判所の組織と手続／Ⅲ ヨーロッパ人権条約が保障する権利／Ⅳ ヨーロッパ人権裁判所の解釈の特徴／Ⅴ ⑴ヨーロッパ人権条約とイギリス ⑵ヨーロッパ人権条約とフランス ⑶ヨーロッパ人権条約とドイツ◯Ⅰ ヨーロッパ人権条約の基本問題◯（A ヨーロッパ人権条約とヨーロッパ人権裁判所の位置づけと性格）1 ヨーロッパ憲法・憲法裁判所との関係／2 EC法・EC司法裁判所との関係⑴／3 EC法・EC司法裁判所との関係⑵／4 国家間紛争と人権裁判所／5 非国際的武力紛争と人権裁判所／6 管轄の異地性と地域性／7 国家免除との関係／8 留保／9 実施機関の権限の制限／10 パイロット判決／（B 国家の条約実施義務）11 国家の義務の特殊性／12 私人の行為と国家の責任⑴／13 私人の行為と国家の責任⑵／14 ノン・ルフールマン原則と犯罪人引渡／15 ノン・ルフールマン原則と退去強制／（C 条約の解釈）16 条約の解釈／17 目的的解釈／18 評価の余地／（D 権利の拡張）19 実効的救済手段を得る権利／20 個人の人権裁判所への申立権と暫定措置／（E 一般的権利制限）21 デロゲーション／22 権利の濫用の禁止／（F 条約の濫用手続）23 国家間申立／24 国内の救済措置の尽用／25 国内的救済原則⑵／26 訴訟目的の消滅◯Ⅱ ヨーロッパ人権条約が保障する権利◯（A 生命に対する権利【2条】）27 死刑／28 自発判決と憲のの『死の権利』／（B 人身の自由・被拘禁者の権利）29 拷問の禁止と調査義務／30 被拘禁者の処遇／31 受刑者の信教の自由／32 精神障害者の人身の自由／（C 刑事手続上の原則【5条・6条】）33 裁判手続へのアクセス／34 無料で弁護人の援助を受ける権利／35 無料で通訳の援助を受ける権利／36 殺人事件判決／37 刑事手続の確定／38 罪刑法定主義と罪及び処罰の禁止／39 一事不再理／（D 裁判を受ける権利【6条】）40 裁判を受ける権利の保障範囲／41 裁判所に対するアクセスの権利／42 公正な裁判の保障と武器平等／対審原則／43 裁判の介入／44 迅速な裁判／45 判決の執行／（E 入格権・プライバシーの権利【8条】）46 氏名／47 性転換／48 同性愛／49 自己情報／50 住居からの権利／51 有名人のプライバシー／52 公害／53 騒音／54 通信の秘密／55 住居の専重／（F 家族生活の専重・婚姻の権利【8条・12条】）56 外国人の在留と私生活・家族生活の専重／57 公的ケア下にいる子どもと交流する親の権利／58 非嫡出子／59 婚姻の権利／（G 信教の自由【9条】）60 国家の宗教的中立性／（H 表現の自由【10条】）61 表現の自由と民主的社会／62 政治の自由と民主的社会／63 放送の自由／64 営業的表現／65 商業的影響の有る表現／66 記者の秘匿特権／（I 人権裁判所の内在的権限の開発）67 人種差別的表現／68 政治的表現の自由／69 裁判結果の自由／（I 集会・結社の自由【11条】）70 集会の自由／71 訴訟的結社の自由／（J 財産権【議定書1条】）72 社会改革と財産権／73 未執行の土地収用と財産権／74 財政利用と相続／（K 教育権【議定書2条】）75 性教育／76 私立学校の自由（L 自由選挙の自由【議定書3条】）77 選挙権／（M 平等・少数者）78 婚姻外での自由における道籍別扱⑴／80 被選挙資格としての宣誓拒否◯専講◯Ⅰ 人権および基本的自由の個人のための条約（ヨーロッパ人権条約）／Ⅱ ヨーロッパ人権条約成定書一覧／Ⅲ ヨーロッパ人権裁判所裁判官一覧／Ⅳ ヨーロッパ人権裁判所各形式構成／Ⅴ 人権に関するヨーロッパ評議会の機構（概略）／Ⅵ 個人申立の審査手続の流れ／Ⅶ 事件処理状況／Ⅷ 欧文基本参考図書／Ⅸ 検索ツールによる判例・文献の調べ方

解説判例80件に加え、概説・資料も充実
来たるべき国際人権法学の最先端

信山社

芦部信喜・高橋和之・高見勝利・日比野勤 編著

日本立法資料全集
日本国憲法制定資料全集

(1) 憲法問題調査委員会関係資料等

(2) 憲法問題調査委員会参考資料

(4)-Ⅰ 憲法改正草案・要綱の世論調査資料

(4)-Ⅱ 憲法改正草案・要綱の世論調査資料

(6) 法制局参考資料・民間の修正意見

続 刊

信山社

柳原正治 編著

国際法先例資料集1・2　　日本立法資料全集

不戦条約〈上〉・〈下〉

今日の武力不行使原則や平和主義の原型となった「不戦条約」の批准をめぐる政府部内での検討作業と交渉の経過を電信等の一次資料により克明に解明した資料集。国内政治と国際政治の現実過程を詳やかに描気、国際法先例資料集のモデル的労作となる貴重な書籍。徹底した資料考証に基づく重要論点解説と資料解題・アクセス方法を付す。
◇第1部 解説◇第2部 基本資料編（不戦条約成立の背景；条約署名に向けての検討作業；条約署名；条約批准に向けての検討作業）◇第3部 参考資料編（政府関係者の私信・日記等；反対運動関連の書類；意見書・論文等）

信山社